Udo W. Kliebisch / Roland Meloefski

LehrerSein

Erfolgreich handeln in der Praxis

Band 1

Grundlagen der Pädagogik und Didaktik

Kompetenzen

Unterrichtsentwurf

Selbst-Qualifizierung

5. überarbeitete und erweiterte Auflage

Schneider Verlag Hohengehren GmbH

Umschlagbild: © ioannis kounadeas – Fotolia.com

Gedruckt auf umweltfreundlichem Papier (chlor- und säurefrei hergestellt).

Bibliografische Information der Deutschen Nationalbibliothek

Die Deutsche Nationalbibliothek verzeichnet diese Publikation in der Deutschen Nationalbibliografie; detaillierte bibliografische Daten sind im Internet über ›http://dnb.d-nb.de‹ abrufbar.

LehrerSein Band 1:	ISBN 978-3-8340-0971-5
LehrerSein Band 2:	ISBN 978-3-8340-0972-2
LehrerSein Band 1+2 zusammen:	ISBN 978-3-8340-0970-8
LehrerAlltag Band 1:	ISBN 978-3-8340-0620-2
LehrerAlltag Band 2:	ISBN 978-3-8340-0621-9
LehrerAlltag Band 1+2 zusammen:	ISBN 978-3-8340-0622-6
LehrerSein + LehrerAlltag 4 Bände zusammen:	ISBN 978-3-8340-0630-1

Schneider Verlag Hohengehren, 73666 Baltmannsweiler

Band 1

Band 2

Vorwort zur 5. Auflage

LehrerSein gibt es in **zwei Bänden**! Ausführlich und sinnvoll kann *LehrerSein* weitreichenden Anforderungen Rechnung tragen, die die Ausbildung an Lehrerinnen und Lehrer stellt. Bildungspolitische Entwicklungen erhöhen vielerorts die Ansprüche an die jungen Kolleginnen und Kollegen, zugleich wird ihr Berufsfeld immer komplexer. Eben diese Komplexität berücksichtigen die Autoren von *LehrerSein*!

Die Eingliederung der Lehramtsanwärterinnen und Lehramtsanwärter in den realen beruflichen Alltag und in die Kollegien vollzieht sich heutzutage kurzfristig. Aus Sicht der schulpraktischen Lehrerausbildung werden dadurch sowohl einige Vorteile aber auch einige Probleme erkennbar, denen sich der Vorbereitungsdienst stellen muss:

- Ausbildung muss in noch stärkerem Maße als bisher Selbstausbildung sein. Diese Selbstausbildung bedarf aber auch einer besonderen Unterstützung, die das individuelle Einfinden in die Lehrerrolle befördert. Solche Unterstützung muss Hilfe zur Selbsthilfe sein, muss durch Anleitung und Beratung Stress mindern und die unreflektierte Übernahme etwa rezeptologischer Verfahrensweisen verhindern.
- Die Umsetzung von Verordnungen, Erlassen und erwachsenenpädagogischen Konzepten stützt sich in der Ausbildung auf neue Standards und neue pädagogische Einsichten. Die verschiedenen Lehrerfunktionen müssen heute differenzierter als früher wahrgenommen werden. Deshalb vollzieht *LehrerSein* – konsequent praxisorientiert – den Schritt zur Darstellung der vielfältigen pädagogischen Tätigkeiten in Handlungsfeldern (vgl. Band 2), welche sich wiederum in professionell zu erschließenden Handlungssituationen konkretisieren. So wird die Ganzheitlichkeit, aber eben auch die Problemhaltigkeit oder „Störanfälligkeit" von situativen schulischen Kontexten unmittelbar berücksichtigt und gewürdigt. Zugleich nimmt *LehrerSein* dabei die berufsbezogenen Handlungsfelder aber eben auch zum Anlass, Berufsanfängerinnen und Berufsanfänger eigene Perspektiven auf ihr Handeln entwickeln zu lassen. Es ist dies ein ambitionierter und teilweise der Aktualität (Reform der Lehrerausbildung) geschuldeter Ansatz, sehr innovativ und sehr solide zugleich!
- Die jungen Kolleginnen und Kollegen müssen die Möglichkeit des Rückgriffs auf bewährte Konzeptionen, didaktische Positionen, methodische Vorschläge, kurzum: auch auf externe Hilfen erhalten. Solche Hilfen sind – gerade im Kontext der Ausbildung in allgemeinpädagogischen Handlungsfeldern – nötig, um Praxisrelevanz zu vermitteln, um als Wissens- und Methodenspeicher zu dienen, vor allem aber um das Bewusstsein für die eigene Situation zu stärken und zu klären.

Bei der Entwicklung der Fähigkeit zur konstanten professionellen Selbstreflexion im gesamten Berufsleben, zunächst aber auch bei der Orientierung im Berufsfeld und in der Vorbereitung von Prüfungssituationen ist *LehrerSein* eine überaus substanzielle, sach- und methodenkompetente und immer subjektbezogene Hilfe! Die zwei Bände aktivieren Übungspotenziale mit Blick auf konkrete Erfordernisse der Lehrerausbildung; sie leisten einen Beitrag zur Qualitätssicherung von Unterricht, von Lehrerhandeln insgesamt. Die Bücher beziehen sich erfreulich pragmatisch und lernerzentriert wirklich auf die komplexe Situation, die die Lehramtsanwärterinnen und Lehramtsanwärter erwartet. Die Autoren sind erfahrene Lehrerausbilder, die Arbeitsanregungen geben, Arbeitsmaterial zur Verfügung stellen und den Leser im besten Sinne inspirieren. Sie liefern etwas, dessen Lehramtsanwärterinnen und Lehramtsanwärter wirklich bedürfen: Ein hervorragend geeignetes Lehr- und Lernwerk für die gemeinsame Arbeit in der Ausbildungsgruppe und für die individuelle Auseinandersetzung und damit für das persönliche Training der Planung, Durchführung und Reflexion nicht nur des Unterrichtens, sondern auch aller anderen Lehrerfunktionen!

Diese Chance zur Erweiterung eigener Kompetenz können auch gestandene Lehrerinnen und Lehrer nutzen: Ihnen bietet *LehrerSein* Einblicke in die jüngste Diskussion um pädagogisches Handeln.

Band 1 stellt im ersten Kapitel Grundlagen vor. Denn: Praxis ohne Theorie ist blind! Der Leser hat die Möglichkeit der Arbeit mit unterschiedlichen didaktischen Modellen und Perspektiven; er kann sie sich subjektiv aneignen. Das zweite Kapitel konkretisiert sehr anschaulich den Kompetenzbegriff und bezieht ihn auf Schule insgesamt, auf den Unterricht und auf den Lehrplan insbesondere auch der Sekundarstufe I. Das umfangreiche dritte Kapitel „Unterrichtsentwurf" führt in das Panorama der Unterrichtsplanung ein. Es berücksichtigt umfassend Kategorien und Prinzipien der Selbstvergegenwärtigung mit Blick auf das eigene unterrichtliche Handeln und gibt praktische Impulse zu didaktisch-methodischen Entscheidungen. Neu und überaus nützlich ist das vierte Kapitel, welches – im Kontext der Strukturen eines reformierten Vorbereitungsdienstes – nun konsequent auf die „Selbst-Entwicklung" der Auszubildenden fokussiert. Das Medium dieses Prozesses ist das Portfolio, seine angemessene Organisationsform die Selbstlerngruppe, seine adäquate Ausbildungsstruktur die personenorientierte Beratung.

Band 2 veranschaulicht die Qualität von Lehren und Lernen im Kontext der Ausbildung. Die multidimensionale und multiperspektivische Bedeutung der pädagogischen Handlungsfelder ist im ersten Kapitel Ausgangspunkt für einen Prozess der Selbstvergewisserung auf Seiten der jungen Kolleginnen und Kollegen. Schwerpunkte bilden der produktive Umgang mit Heterogenität sowie die Anregung zur kollegialen Zusammenarbeit. Das zweite Kapitel „Kooperatives Lernen" akzentuiert Merkmale und Prinzipien der Zusammenarbeit von Lernenden, ehe das dritte Kapitel „Soziales Lernen" als Schulung sozialer Kompetenzen darstellt. Im vierten Kapitel „Unterrichtsbesuch" als „Kernsituation" kulminiert die Frage nach der Qualität von Lehr- und Lernprozessen. Checklisten leiten an zur individuellen Analyse und Entwicklung von Fähigkeiten.

Die konsequente Orientierung am und für den Leser durch Übungen, Arbeitsanregungen, konkrete Hilfen und Tipps ist das wesentliche Merkmal des Buches. *LehrerSein* ist selbst beispielhaft, gerade weil das Buch so viele „Beispiele" gibt!

Dortmund, im Juni 2011

Dr. Peter Lücke
(Leiter des Seminars Gymnasium / Gesamtschule im Zentrum für schulpraktische Lehrerausbildung in Dortmund)

„Wer lächelt,

statt zu toben,

ist immer

der Stärkere."

(Japanische Weisheit)

Hinweise

Soweit in diesem Buch für bestimmte Funktionen und Rollen (z. B. Lehrer / Schüler / Kollegen / Ausbilder / Teilnehmer) nur männliche Formen verwendet werden, sind die weiblichen stets mitgemeint.

Das Buch enthält zahlreiche Arbeitsanregungen. Lösungen zu diesen Aufgaben enthält es nicht. Im pädagogischen Raum gibt es nicht die Lösung schlechthin, die eine Frage abschließend klärt. Die Arbeitsanregungen fordern heraus, sich mit der Aufgabe auf individuelle Weise zu beschäftigen; sie sollen zur Diskussion anregen. Das Gefühl für die Unvollständigkeit der individuellen Lösung ist dabei durchaus beabsichtigt, da es hellhörig machen kann dafür, im Angesicht neuer Bedingungen weiter nach Lösungen zu suchen und Probleme und Fallsituationen aufs Neue zu bedenken. Außerdem soll der Leser ermutigt werden, bei Bedarf weitere Literatur hinzuzuziehen, um seine Fach- und Handlungskompetenz zu erhöhen.

1. Grundlagen der Pädagogik und Didaktik

„Es gibt nichts Praktischeres als eine gute Theorie.“

(Klaus Schaller)

1.1. Hauptströmungen der Pädagogik

Wissenschaft und somit auch wissenschaftliche Pädagogik weiß sich stets **erkenntnisleitenden Interessen** verpflichtet. Umstritten ist freilich, welche Rolle das Erkennen bei wissenschaftlicher Erkenntnis tatsächlich spielt: Die neopositivistische Wissenschaftstheorie ebenso wie etwa Edmund Husserls transzendentale Phänomenologie (2007) fordern und streben nach Interessenfreiheit der Wissenschaft, Jürgen Habermas stellt dagegen die Interessengebundenheit jeglicher wissenschaftlicher Erkenntnis heraus. Er bezieht sich dabei auf Max Horkheimers Kritik des traditionellen Theoriebegriffs (siehe Horkheimer 1990 u. 2005). Eine der philosophischen Tradition entsprechende Dreiteilung der Wissenschaften begründet Habermas mit einer Dreigeteiltheit des „erkenntnisleitenden Interesses".

Die empirisch **analytischen Wissenschaften** (= Naturwissenschaften) auf der einen Seite treffen nomologische Aussagen, die den Objektbereich auf seinen Verwendungszusammenhang hin untersuchen; sie beschäftigen sich mit der Wirklichkeit vor allem unter dem Aspekt einer möglichen **technischen** Verfügung. Die Aussagen der **hermeneutischen Wissenschaften** (= Geisteswissenschaften) auf der anderen Seite orientieren sich an einem **praktischen** Erkenntnisinteresse; diese Wissenschaften interpretieren die Wirklichkeit im Hinblick darauf, sich mit anderen Menschen in einem vorgegeben hermeneutischen Horizont über gemeinsames Handeln zu verständigen. Den **systematischen Handlungswissenschaften** (= aufgeklärte Geisteswissenschaften wie etwa die Soziologie und Politik) schließlich liegt ein **emanzipatorisches** Erkenntnisinteresse zugrunde; dieses soll im Rahmen eines herrschaftsfreien Diskurses Abhängigkeitsverhältnisse bewusst machen und bestehende Normen auf ihre Berechtigung hin überprüfen (Habermas 2008).

Habermas differenziert also den Interessenbegriff mit Blick auf Natur- und Gesellschaftswissenschaften; diese Differenzierung ist charakteristisch für Vertreter der Kritischen Theorie der Frankfurter Schule. Habermas' Interessenbegriff hat man auch für die Pädagogik fruchtbar gemacht. Parallel zu den drei von Habermas formulierten erkenntnisleitenden Interessen haben sich drei zum Teil stark miteinander konkurrierende Strömungen innerhalb der Pädagogik herausgebildet, und zwar die

- geisteswissenschaftliche Pädagogik

- kritisch-rationalistische Erziehungswissenschaft
- emanzipatorische Pädagogik.

⇨ **Bevor Sie weiterlesen:**

- Welche drei erkenntnisleitenden Prinzipien nennt Habermas und wie ordnet er sie den Wissenschaften zu?

1. analytische Wissenschaften → Naturwissenschaften
2. hermeneutische Wissenschaften → Geisteswissenschaften
3. systematische Handlungswissenschaften → aufgeklärte Geisteswissenschaften (Soziologie, Politik)

1.1.1. Geisteswissenschaftliche Pädagogik

Die geisteswissenschaftliche Pädagogik, einem **praktischen Erkenntnisinteresse** folgend, gründet ihre Überlegungen vor allem auf Wilhelm Dilthey. Dilthey und seine Schüler – insbesondere Nohl, Weniger, Litt, Flitner und Klafki – wenden sich explizit gegen eine traditionelle, normativ ausgerichtete Pädagogik und deren von konkreter Geschichte abstrahierende Betrachtungsweise. **Geisteswissenschaftliche Pädagogik betrachtet die konkrete Erziehungswirklichkeit mit all seinen Möglichkeiten und Gefahren.** Sie verzichtet dabei konsequent auf die Vorstellung, man könne Prinzipien erzieherischen Handelns mit Hilfe naturwissenschaftlicher Methoden eindeutig ableiten und vorhersagen (vgl. Matthes 2011).

Vor diesem Hintergrund ist es erklärtes Ziel geisteswissenschaftlicher Pädagogik, aus dem **hermeneutisch-verstehenden Studium** bedeutsamer Schriften deren Bildungsgehalt zu eruieren und für die Gegenwart und Zukunft der Heranwachsenden fruchtbar zu machen. Mit Hilfe naturwissenschaftlicher Methoden lässt sich aus der Sicht der geisteswissenschaftlichen Pädagogik nur wenig erklären, was Erziehungs- und Ausbildungsprozesse tatsächlich ausmacht. Erziehung und Ausbildung sind nämlich Vorgänge, die niemals in gleicher Weise, vor allem niemals vollkommen determiniert verlaufen. Man muss sie insbesondere im Blick auf die ihnen immanente Sinnstiftung individuell betrachten und deuten. Dies eben geschieht über die Auslegung historischer Schriften: Deren Gehalt vermittelt einen Eindruck über die Grundmuster der Erziehung sowie über die tatsächliche Erziehungs- und Ausbildungspraxis zu einer bestimmten Zeit.

⇨ **Bevor Sie weiterlesen:**

1. Formulieren Sie das Ziel geisteswissenschaftlicher Pädagogik.
2. Beurteilen Sie das Ziel geisteswissenschaftlicher Pädagogik.

1. durch das hermeneutische Verstehen von Schriften, deren Bildungsgehalt einschätzen und für Schüler+ ihnen greifbar machen

2. Aktualitätsbezug so gegeben?

Herman Nohl ist Schüler von Dilthey und Paulsen und ein Exponent geisteswissenschaftlicher Pädagogik. Für Nohl vollzieht sich der Erziehungsprozess im **„Pädagogischen Bezug“**. Nohl unterstellt ein lineares Verhältnis des Erziehers zum Heranwachsenden und beschreibt den pädagogischen Bezug als „das leidenschaftliche Verhältnis eines reifen Menschen zu einem werdenden Menschen, und zwar um seiner selbst willen, dass er zu seinem Leben und zu seiner Form komme.“ Der Erzieher müsse sich dem Kind und Jugendlichen in doppelter Liebe widmen; dabei handele es sich einmal um die Liebe zur Person, zum anderen um die Liebe zu dem „Ziel, dem Ideal des Kindes [...]. So fordert die pädagogische Liebe Einfühlung in das Kind und seine Anlagen, in die Möglichkeit seiner Bildsamkeit, immer im Hinblick auf sein vollendetes Leben.“ (2002, 134ff.)

Das pädagogische Verhältnis eines Erwachsenen zu einem Kind ist stets ein **Verhältnis ganz eigener Art**. Das Verhältnis der beiden Kontaktpersonen, eines Lehrers und eines Schülers beispielsweise, ist stets intensiv verknüpft mit den sozialen Kontexten, in denen Lehrer und Schüler leben und arbeiten. Der pädagogische Bezug ist nicht Selbstzweck; er ist in seiner Grundstruktur vergleichbar mit dem Verhältnis eines Therapeuten zu seinem Klienten: Der eigentliche Zweck der Beziehung ist es aus der Sicht des Therapeuten, den Klienten so zu stabilisieren, dass dieser den Therapeuten nicht mehr braucht. In diesem Sinne nutzt der Erzieher den pädagogischen Bezug zum Kind und zum Jugendlichen mit dem Ziel, sich selbst als Erzieher überflüssig zu machen (vgl. Hasenauer 2010).

⇨ **Bevor Sie weiterlesen:**

1. Was gehört zum „Pädagogischen Bezug", wie ihn Nohl versteht?
2. Wie beurteilen Sie Nohls Vorstellung?

1. Unterstützen, damit SuS zu ihrer „Form" kommen.
Ziel: sich überflüssig machen

2. erscheint schlüssig, stimme zu

Der Lehrer muss also die zunächst zum Schüler **aufgebaute Bindung mit der Zeit wieder lösen**, um den Schüler in die Selbstständigkeit zu entlassen. Durch diese Selbstständigkeit kann der Schüler letztlich zielgerichtet seinen eigenen Weg gehen. Bis zu diesem Zeitpunkt sollte die pädagogische Beziehung durch wechselseitiges Vertrauen gekennzeichnet sein, aber auch – je nach Rolle – durch Autorität und Gehorsam. So gesehen konzentriert sich das pädagogische Verhältnis stark auf die gefühlsmäßigen Komponenten der Beziehung. Dies ist in jüngerer Zeit immer wieder kritisiert worden: Zwar geht man neuerdings von einem ganzheitlichen Verständnis des Menschen aus, das Gefühle und kritisch-rationale Aspekte integriert. Allerdings legte man dann das Augenmerk zum Teil einseitig auf den zweiten Aspekt (⇨ s. Kap. 1.1.2.).

durch päd. Beziehung (Vertrauen, Autorität, Gehorsam) zu Selbstständigkeit des*r S*

Die geisteswissenschaftliche Pädagogik hebt die **historische Dimension** der Erziehungswirklichkeit hervor und verabschiedet sich damit von dem Postulat allgemeingültiger Normen. Dies kann über eins nicht hinwegtäuschen: Geisteswissenschaftliche Pädagogik fordert keine Reflexion der konkreten historisch-gesellschaftlichen Wirklichkeit, in die sie doch als pädagogische Theorie und Praxis selbst eingebunden Kritik bleibt. Auf diesen Gesichtspunkt hat gerade die emanzipatorisch orientierte Pädagogik aufmerksam gemacht (⇨ s. Kap. 1.1.3.). In der Vernachlässigung der gesellschaftlichen Bedingtheit und Verflochtenheit pädagogischen Denkens und Handelns liegt ein zweiter Kritikpunkt an den Grundannahmen der geisteswissenschaftlichen Pädagogik. Trotz dieser aus heutiger Sicht unzulänglichen reflektorischen Schärfe war die geisteswissenschaftliche Pädagogik bis in die 60-er Jahre des vergangenen Jahrhunderts hinein die wesentliche erziehungswissenschaftliche Position in der Bundesrepublik.

1.1.2. Kritisch-rationalistische Erziehungswissenschaft

Die kritisch-rationalistische Erziehungswissenschaft, einem **technischen** Erkenntnisinteresse verhaftet, beruft sich auf die von Karl Popper begründete Wissenschaftstheorie des Kritischen Rationalismus. Das Ziel der Theoriebildung in den empirischen Erfahrungswissenschaften sieht der Kritische Rationalismus darin, mit dem Anspruch der Wertfreiheit kohärente Gesetzmäßigkeiten zu entwickeln. Man kann allerdings keine letzte Gewissheit über die Wahrheit einer Theorie erlangen, so Popper. Denn die Sicherheit einer wissenschaftlichen Theorie wächst weder durch das methodische Instrument des induktiven Schließens noch durch die Zahl identischer Beobachtungen eines Sachverhalts. Dennoch kann man sich der Wahrheit approximativ nähern; dazu sucht man nach Tatsachen, die den bislang theoretisch behaupteten Gesetzmäßigkeiten widersprechen (**Falsifizierung**). Auf der dann neuen Erkenntnisgrundlage kann man überkommene Theorien modifizieren (Popper 2007).

Wolfgang Brezinka (1999), pädagogischer Exponent des Kritischen Rationalismus, fordert auf dem Hintergrund des skizzierten Wissenschaftsverständnisses eine **Aufteilung der Pädagogik in drei Klassen von Theorien**: Zum einen die wissenschaftliche Pädagogik, die auf der Grundlage empirisch-analytischer Forschungsmethoden beruht, zum anderen philosophische Theorien; und schließlich schlägt er als dritte Klasse die praktische Pädagogik vor. Diese Dreiteilung pädagogischer Theoriebildung korrespondiert mit einem vernunftorientierten Menschenbild. Ein solches Menschenbild ist eine Konstruktion. Den nur vernünftigen Menschen gibt es in der Wirklichkeit nicht, er ist ein Ideal! Wenn Emotionen stören, wünschen wir uns zwar mehr

Kopfsteuerung, andererseits wäre der pure Kopfmensch ein nur halbes Geschöpf, dem Teile seiner Menschlichkeit fehlten.

⇨ **Bevor Sie weiterlesen:**

1. Welche drei Theorieebenen der Pädagogik nennt Brezinka?
2. Was stellen Sie sich unter diesen Ebenen vor?
3. Ordnen Sie sich begründet einer Ebene zu.

1. wissenschaftliche Pädagogik (1)
philosophische Pädagogik (2)
praktische Pädagogik (3)

2. empirischer Ansatz, Forschung im Fokus → (1)
Theoriefokussiert → (2)
praktischer (Schul-)bezug → (3)

3. (3) wäre Ziel, da in dieser P. Theorie und Empirische Forschung als Basis zum pädagogischen Arbeiten genutzt werden können → päd. Handeln

Eine derart empirisch begründete, an der Vernunft orientierte Pädagogik kommt als Erfahrungswissenschaft zu **präziseren Aussagen über die Erziehungswirklichkeit** als eine hermeneutische Erziehungswissenschaft. Mit diesem methodischen Vorgehen wird jedoch gleichzeitig eine eingeschränkte Betrachtung in Kauf genommen; diese Engführung erkauft Wertneutralität im Theoriezusammenhang mit dem Verzicht auf eine kritische Analyse jener historisch gegebenen und damit gesellschaftlich bedingten Tatsachen, die die Theorie hervorbringt. Eine solche Pädagogik reduziert erzieherische Prozesse unzulässig auf ein instrumentell vermitteltes Wenn-dann-Schema. Pädagogik kann aber vom Grundsatz her nicht darauf verzichten, den gesellschaftlichen Wandel in ihre Betrachtung einzubeziehen. Denn die **Erziehungswirklichkeit** ist nicht isoliert von der Realität; die Erziehungswirklichkeit ist vielmehr stets als ein **Teil gesellschaftlicher Wirklichkeit** zu begreifen. Daher muss die Pädagogik den sozialen Wandel zugleich als Bedingung der Möglichkeit und damit als Motor ihrer Theoriebildung sowie als kritisches Korrektiv ihrer eigenen Praxis zu verstehen lernen.

Pädagogik darf also Gesellschaft nicht außer Acht lassen, will sie adäquate Aussagen zu aktuellem und gegenwärtig notwendigem erzieherischem Handeln ermöglichen. Die ahistorische Zugangsweise der kritisch-rationalen Erziehungswissenschaft wirft an diesem Punkt beachtliche Probleme auf. Felix v. Cube, kybernetischer Pädagoge, räumt denn auch Schwierigkeiten ein. Eine wesentliche Schwierigkeit kritisch-rationaler Erziehungswissenschaft sei darin zu sehen, „daß der logisch empirische Wissenschaftsbegriff hier nicht auf einen gegebenen Wirklichkeitsbereich angewandt wird, sondern auf ein zielorientiertes System: den Prozeß der Erziehung oder Ausbildung." Für v. Cube ist der **Erziehungsprozess ein Regelungsvorgang**, den man als kybernetischen Regelkreis darstellen kann. Natürlich sei der Mensch als System etwas anderes als ein Objekt in der Biologie oder Technik, immerhin sei der Mensch auch ein Bündel von Motiven und Bedürfnissen, geprägt durch die Sozialisation. Aber er sei eben auch beeinflussbar, man könne ihn gezielt steuern und nur das sei wichtig für Erziehung und Ausbildung (2002, 66 u. 59).

In seiner Terminologie nennt v. Cube Erziehungsziele die Soll-Werte der Erziehung. Ausgehend vom Ist-Zustand des Heranwachsenden hilft der Lehrer als Regler im System dem Schüler als dem Zuerziehenden, den angestrebten Soll-Zustand zu erreichen. Im Verlauf des Erziehungs- oder Ausbildungsprozesses nutzt der Lehrer als Regler so genannte Stellglieder; dies sind Medien und Personen. Über die Stellglieder steuert der Lehrer den Erziehungsprozess. Messfühler sind Lernkontrollen; sie erlauben dem Regler (= Lehrer) festzustellen, wie weit sich der Ist-Zustand des Schülers dem geplanten Soll-Zustand genähert hat. Aus dem skizzierten Zusammenhang ergibt sich für v. Cube allerdings der Verzicht auf die Setzung von Erziehungszielen; denn „sie sind weder wahr noch falsch, man kann sie nur begründen oder legitimieren. [...] Für eine Erziehungswissenschaft bleiben somit zwei mögliche Gegenstandsbereiche: die Untersuchung gegebener Erziehungsziele [...] und die Optimierung der Zielerreichung nach den Kategorien Zeit, Ökonomie usw. (Die Untersuchung des Adressaten und seiner Sozialisation gehört zu den Aufgabenbereichen der Psychologie und Soziologie)." (2002, 67; siehe Cube 2005)

⇨ **Bevor Sie weiterlesen:**

1. Zeichnen Sie ein pädagogisches Regelsystem, wie es v. Cube darstellt.
2. Wie beurteilen Sie das Konzept v. Cubes vor dem Hintergrund Ihres Selbstverständnisses als Lehrer?

1.   2.

Mit diesem Hinweis fällt die kritisch-rationalistische Erziehungswissenschaft hinter Einsichten der geisteswissenschaftlichen Pädagogik zurück. Bereits Dilthey betont die notwendige Reflexion auf die Bedeutung des Heranwachsenden, um dessen willen Erziehungsprozesse überhaupt eingeleitet und durchgeführt werden. Ebenso deutlich sieht Dilthey die Beziehung zum Erzieher als qualitatives Kriterium einer erfolgreichen Pädagogik. H. Nohl bringt (wie erwähnt) den Begriff des „pädagogischen Bezugs" in die wissenschaftliche Debatte ein; dieses ganz besondere Verhältnis zwischen Erwachsenem und Jugendlichem erklärt Nohl alsbald zum leitenden Prinzip von Erziehung überhaupt. Damit nimmt Nohl die pädagogische Zuwendung zum Heranwachsenden als unverzichtbares und selbstverständliches Verhalten des Erziehers an. Diese wünschenswerte Zuwendung ist aber weder zu denken noch zu praktizieren ohne den differenzierten Blick auf den Heranwachsenden selbst und die

Bedingungen seines aktuellen Lebensvollzugs und seines auf die Zukunft ausgerichteten Lebensplans.

1.1.3. Emanzipatorische Pädagogik

Geisteswissenschaftliche Pädagogik definiert Erziehungsziele anders als eine kritisch-rationalistische Pädagogik. Ein geisteswissenschaftlicher Pädagoge wird die konkreten gesellschaftlichen Rahmenbedingungen für solche Entscheidungen nicht immer hinreichend mit bedenken; so werden die traditionell als relevant angenommenen Wertvorstellungen vielfach unbefragt weitergegeben. Gegen dieses Vorgehen wendet sich die **emanzipatorische** Pädagogik. Sie stützt sich in ihren Grundüberlegungen auf Aussagen der „Kritischen Theorie“ der Frankfurter Schule, die vor allem mit den Namen Adorno, Horkheimer und Habermas verknüpft ist.

Die Kritische Theorie, auf Marx rekurrierend, hat nach Max Horkheimer mit der traditionellen Theorie lediglich „das Interesse an der Aufhebung des gesellschaftlichen Unrechts“ gemein (2005, 56). Aus dieser Perspektive kommt der Kritischen Theorie die Verpflichtung zu, das „auszudrücken, was im Allgemeinen so nicht ausgedrückt wird. Sie muss deshalb auf die Kosten des Fortschritts hinweisen, auf die Gefahr, dass in seinem Gefolge sogar die Idee des autonomen Subjekts, die Idee der Seele zergeht, weil sie gegenüber dem Universum als nichtig erscheint.“ (1990, 171) Bei dieser **kritischen Reflexion** im Blick auf die gesellschaftlichen Verhältnisse hat die Kritische Theorie stets auch ihr eigenes methodisches Vorgehen kritisch zu bedenken und ideologisch zu hinterfragen.

Die Erziehungswissenschaft hat das Gedankengut der Kritischen Theorie vor allem seit Klaus Mollenhauers Buch „Erziehung und Emanzipation“ aufgegriffen. „Analyse der empirisch nachprüfbaren Prozesse und Kritik der Zwecke, denen solche Prozesse wie auch die Analyse selbst unterstellt werden, sind zusammengenommen erst die unteilbare Aufgabe der Erziehungswissenschaft“, resümiert Mollenhauer. Eine solche Analyse weiß sich dem **Prinzip der Rationalität** verpflichtet und verfolgt das Ziel, „die Momente der Wirklichkeit, die Vernünftigkeit verhindern“, aufzuspüren, zu kritisieren und schließlich als „Unterdrückung, Verfälschung, Vorurteil, Ideologie“ zu enttarnen (1986, 67ff.; s. dazu Möger 2010).

Eine so verstandene Erziehungswissenschaft impliziert nach Klafki (s. 2007 u. 2010) rückblickend stets auch ein spezifisches Erkenntnisinteresse. Pädagogik wird hier im engeren Sinne politisch, indem sie gesellschaftliche Prozesse bedenkt und in Richtung von mehr von Demokratie verändern möchte. Die wissenschaftliche Diskussion hat diesen Veränderungswillen der Pädagogik anhand der Mündigkeit und Emanzipation der Heranwachsenden konkretisiert. Kriterium für die Güte der Pädagogik war das Maß, in dem die Heranwachsenden über Erziehung demokratisiert wurden.

⇨ **Bevor Sie weiterlesen:**

1. Beschreiben Sie das Erziehungsverständnis Klafkis.
2. Wie beurteilen Sie Klafkis Sicht?
3. Inwieweit bestimmt Klafkis Vorstellung Teile Ihres Unterrichts?

1.
2.
3.

Anders als die kritisch-rationalistische Erziehungswissenschaft sieht die emanzipatorische Pädagogik also durchaus die Möglichkeit und zugleich die Notwendigkeit, im Erziehungsprozess Ziele zu setzen. Dabei steht die emanzipatorische Pädagogik im Einklang mit dem Zeitgeist, wenn es um die inhaltliche Ausgestaltung solcher Zielvorstellungen geht. Das Interesse an **Emanzipation der Heranwachsenden** ist ungebrochen; insofern wird diese Zielvorstellung von einer kritisch-emanzipatorischen

Pädagogik nach wie vor projektiert. Klaus Schaller, ein früher Exponent der kritisch-kommunikativen Pädagogik, sieht es so: Zielvorstellungen sind nicht primär von außen dem Erziehungsprozess vorgegebene Vorschriften, sondern müssen vielmehr „im edukativen Gruppenprozeß [...] entwickelt oder – soweit vorhanden – in Frage gestellt, legitimiert oder [...] abgewiesen [...] werden." (1986, 112) Diese Feststellung kann sich letztlich aber nicht auf das Grundmotiv des Erziehens selbst ausdehnen, nämlich emanzipatorisch zu wirken; denn dadurch würde der edukative Prozess als ganzer im Blick auf seine prinzipielle Ausrichtung zur Disposition gestellt.

Rainer Winkel macht klar: Die kritisch-kommunikative Pädagogik erhebt vor allem Einwände gegen „die bedenkenlose Vernachlässigung kritisch-emanzipatorischer Momente", wie sie nach seiner Einschätzung anderen Konzepten innewohnt (2002, 98). Angesichts der Zielreflexion wird auch deutlich: Der Kritischen Erziehungswissenschaft geht es um mehr, als den im pädagogischen Handlungsfeld begegnenden Interessen ein emanzipatorisches Erkenntnisinteresse entgegenzusetzen. Die Kritische Erziehungswissenschaft will zudem ein emanzipatorisches Handlungsinteresse etablieren, das die bestehende gesellschaftliche Praxis zu ändern hilft. Erst in diesem Zweiklang führt der Ansatz der kritisch-emanzipatorischen Erziehungswissenschaft über die Konzeption der Geisteswissenschaftlichen Pädagogik hinaus: Bei letzterer stand die Verantwortung für die Persönlichkeit des Heranwachsenden stets im Vordergrund der erzieherischen Bemühungen; im Kontext emanzipatorischer Pädagogik „scheint nun das ‚Interesse' an Veränderung gesellschaftlicher Praxis auf dem Weg von Erziehung und Bildung an ihre Stelle zu treten." (Schaller 1985, 26)

Nach Schaller hat eine demokratische Gesellschaft das Recht, an ihre Mitglieder den Anspruch einer „politischen Lebensführung" zu stellen. Dabei wird der Begriff des Politischen sehr weit gefasst: Der Einzelne soll zum aktiven Partizipieren an den gesellschaftlichen Entscheidungsprozessen befähigt werden; der Bürger soll instandgesetzt werden, **im Rahmen rationaler Diskussion Bestehendes zu kritisieren und Besseres auszuhandeln**. Dieser sich an symmetrischen Kommunikationsabläufen orientierende rationale Diskurs kennt kein Machtgehabe Einzelner; in der rationalen Diskussion zählt die Kraft der vernünftiger Argumente, die sich im spezifisch menschlichen Vollzug der Auseinandersetzung letztlich durchsetzen werden. „Erziehung hat jeden Menschen zu solcher menschlichen Lebensführung, zur Rationalität derart politischer Lebensführung zu emanzipieren und zu provozieren." (Schaller 1987, 105; vgl. zum Gesagten insgesamt Lichtenstern 2010)

⇨ **Bevor Sie weiterlesen:**

1. Nennen Sie vier Substantive, die geeignet sind, die Kommunikative Pädagogik zu charakterisieren.
2. Wie verhält sich die Kommunikative Pädagogik zur kritisch-rationalistischen?

1.
2.

Josef Derbolav problematisiert gerade diese Tendenz emanzipatorischer Pädagogik, letztlich politische Kategorien auf die Erziehung zu übertragen: Die emanzipatorische Pädagogik antiautoritärer Prägung „will alle Herrschaftsverhältnisse aus dem pädagogischen Raum verdrängen und übersieht dabei, dass das Lehrer-Schüler-Verhältnis nicht einfach ein Herrschaftsverhältnis im politischen Sinn, sondern eine Beziehung sui generis darstellt, wie sie dem Leistungs- und Verantwortungsgefälle zwischen den beiden im Erziehungsgeschehen vereinigten Partnern notwendig entspricht." (1982, 17)

Eine zweite Variante der emanzipatorischen Erziehungswissenschaft nennt Derbolav „Revolutionspädagogik"; er kritisiert sie dahingehend, dass sie die heranwachsende Generation „einlinig auf die Überwindung alles Bestehenden" ausrichte. Sie übersehe dabei, „daß die pädagogische Praxis letztlich doch zu schwach ist, um zum Hebel von Gesellschaftsveränderungen zu werden, und daß Erziehung und Bildung nicht dazu da sind, Überliefertes abzuwerfen und Symptome zu sprengen, sondern Traditionen fortzuführen und dabei freilich auch kritisch zu erneuern." (ebd.)

⇨ **Bevor Sie weiterlesen:**

1. Gegen welche Fehlformen der emanzipatorischen Pädagogik wendet sich Derbolav?
2. Inwieweit stimmen Sie Derbolavs Kritik zu?
3. Entwickeln Sie ein eigenes Verständnis von Emanzipation im Blick auf Ihre pädagogische Arbeit.

1.   2.   3.

Auch Mollenhauer beschreibt zwar die Aufgabe der Erziehung als eine doppelte, nämlich als „Integration in ein gegebenes System von Herrschaftsverhältnissen und Ordnungen" auf der einen und ebenso als „Emanzipation aus solchen Verhältnissen" auf der anderen Seite (1972, 122). Mollenhauer geht es aber im Rahmen des edukativen Prozesses primär um die Emanzipation des Kindes und weniger um dessen Integration in ein vorgefundenes Sozialsystem. Dies zeigt auch Mollenhauers Rekurs auf Rousseaus „Émile“: Schon Jean-Jacques Rousseau, der vehemente Kulturkritiker, beklagt, dass die Menschen zwar schon immer ihren Nachwuchs erzogen, allerdings dabei stets ungeeignete Mittel wie Eifersucht, Neid und Konkurrenzkampf verwendet haben. Dem gegenüber habe man „die wohlgeordnete Freiheit“ als Erziehungsmittel nicht eingesetzt. Rousseau fordert deshalb: „Haltet eurem Zögling keine Reden: Er darf nur aus der Erfahrung lernen. [...] Laßt ihn frei, allein. Schaut ihm zu, wenn er etwas tut, ohne ihm etwas zu sagen.“ (1998, 70f., 153)

⇨ **Bevor Sie weiterlesen:**

1. Charakterisieren Sie das Erziehungsverständnis Mollenhauers.
2. Nehmen Sie zu Mollenhauers Position Stellung.
3. Inwieweit ist Ihnen der Ansatz Mollenhauers für Ihren Unterricht wichtig?

1.   2.   3.

Klaus Mollenhauer favorisiert also den emanzipatorischen und damit auf Gesellschaftsveränderung ausgerichteten Aspekt in der Erziehung deutlich stärker als den integrativen. Dies ist sicher zurückzuführen auf die beinahe kritiklose Übernahme der Grundüberzeugungen der Kritischen Theorie. L. Kerstiens trägt dieser vereinseitigten Sicht Rechnung und greift, in kritisch-konstruktiver Auseinandersetzung mit den Leitgedanken der emanzipatorischen Pädagogik, Anregungen aus der Emanzipationstheorie auf und reflektiert sie neu.

Kerstiens geht von einer spezifischen anthropologischen Vorstellung aus: Menschliches Leben vollzieht sich stets zwischen den beiden Polen des Sich-Bindens und des Sich-Emanzipierens. Insofern kann das **Ziel von Erziehung** nur „darin bestehen, den Menschen zu befähigen, selbst ein Urteil darüber zu fällen, was er affirmativ annehmen will und wovon er sich emanzipieren muß"; d. h. „menschliches Leben mit diesem doppelten Aspekt in dialektischer Einheit zu ermöglichen und zu fördern" (1975, 160). Kerstiens ist Realist und gibt zu: Angesichts der starren Rahmenbedingungen des staatlichen Schulwesens ist es keineswegs einfach, **Schüler zur Emanzipation zu befähigen**. Er hält dies aber dort für möglich, wo Lehrer einer freiheitsorientierten Pädagogik den Weg ebnen und sowohl affirmative als auch emanzipatorische Aspekte in ihre Arbeit integrieren.

Auch Wolfgang Brezinka bezweifelt in seinen jüngeren Arbeiten zur praktischen Pädagogik den Sinn einer permanent kritischen Einstellung. Brezinka stellt dazu u. a. fest: „Es ist psychologisch ganz unwahrscheinlich, dass die unablässige Anleitung von Kindern und Jugendlichen zu Kritik an ihrer Lebenswelt, an ihren Mitmenschen und an ihren Glaubensüberzeugungen ein geeignetes Mittel ist, um sie zu befähigen, die Gesellschaft zu verbessern." Schließlich nimmt Brezinka an: **Affirmation und Emanzipation sind zwei Seiten derselben pädagogischen Medaille** und voneinander nicht zu trennen; denn „erzieherische Anleitung zur Kritik ist notwendig, aber nur als Ergänzung der Anleitung zur Bejahung und zum Verständnis der Lebensformen und Lebensbedingungen, die der Gemeinschaft, der die Kinder angehören, Halt geben." (1999, 45f.)

Kerstiens bestreitet dies: Für ihn haben die beiden Pole des skizzierten dialektischen Verhältnisses, Bindung und Befreiung, nicht die gleiche Bedeutung. „Lösung (Emanzipation) kann nicht absolut gesetzt werden, da sie immer zu neuer Bindung führen muß, wie revidierbar diese auch gehalten wird. Ganz ohne Bindung an etwas, was man für sich als maßgeblich anerkennt [...] kann man nicht leben." (1978, 140). Kerstiens nimmt an: Der Mensch kann nur dort die angestrebte Selbstverwirklichung erreichen, wo er sich in personalen Beziehungen als unverwechselbares Subjekt wiedererkennt. Der Mensch muss dabei fähig werden, im Rahmen einer auf Empathie gründenden Kommunikation sich selbst darzustellen und doch zugleich mit dem Interaktionspartner nicht zuletzt in emotionaler Hinsicht vertrauensvoll übereinzustimmen: „Gerade die typisch menschlichen Gefühle wie Zärtlichkeit oder Mitleid kennzeichnen die personale Beziehung und sind Ausdruck der grundlegenden Zustimmung zum Partner." (1978, 159)

⇨ **Bevor Sie weiterlesen:**

1. Beschreiben Sie das Erziehungsverständnis Kerstiens'.
2. Vergleichen Sie Kerstiens' Position mit der Mollenhauers.
3. Wie kommen aus Ihrer Sicht Freiheit und Bindung in Ihrem eigenen Erziehungshandeln zum Ausdruck?

1.

2.

3.

Kerstiens' Ansatz beschreibt demnach eine **Wechselwirkung von notwendiger Integration und wünschenswerter Emanzipation**. Kerstiens verliert dabei nicht aus dem Blick: Emanzipation kann man stets nur denken auf dem Hintergrund gegebener und fortlaufender Sozialisation. An dieser Stelle lässt Kerstiens den einseitig emanzipationsorientierten Ansatz Mollenhauers hinter sich und setzt sich ebenso deutlich von einer **Anti-Pädagogik** ab, die sich bis zu einer Ablehnung und Dämonisierung jeglicher Erziehungsbemühungen aufschwingt.

Eine solche Negation von Erziehung erfolgt seitens der Anti-Pädagogen allerdings nicht grundlos: Die Anti-Pädagogen berufen sich dabei gern auf Rousseau und dessen Kulturkritik. Ekkehard v. Braunmühl (2006) zum Beispiel fordert innere Freiheit für das Kind, um die angeblich stets problematischen Einflüsse der Erziehungspersonen und der Gesellschaft als Ganzer in Grenzen zu halten. Im Interesse einer solchen inneren Freiheit müssen Kinder nach v. Braunmühl von Geburt an das tun und lassen können, was sie wollen. V. Braunmühl übersieht nicht die denkbaren negativen Konsequenzen einer solchen Geisteshaltung zumindest für die gegenwärtige Gesellschaft. Er lässt aber am Ende offen, wie der Weg zu der von ihm gewünschten Gesellschaft ohne Erziehung im Einzelnen zu gestalten ist.

Erziehung wird sicher oft nicht zum Vorteil der Jugendlichen *ge*nutzt, sondern vielmehr zum Nachteil der Heranwachsenden *aus*genutzt; dies kann man kaum bestreiten. So gesehen hat Alice Miller Recht, wenn sie resümiert: „Man kann in den ersten zwei Jahren unendlich viel mit dem Kind machen, es biegen, über es verfügen, ihm gute Gewohnheiten beibringen, es züchtigen und strafen, ohne daß dem Erzieher etwas passiert, ohne daß das Kind sich rächt." (2008, 21). Man kann daher nicht oft genug die Forderung wiederholen: Erziehung muss dem Wohl der Heranwachsenden dienen und nicht etwa der Befriedigung geheimer Bedürfnisse der Erzieher.

Dennoch kann die Forderung nach radikaler Abschaffung von Erziehung nicht wirklich überzeugen, auch dann nicht, wenn man diese Forderung auf dem Hintergrund sicher vorhandener Auswüchse erzieherischen Verhaltens erhebt. Kinder und Jugendliche leben heute bei uns in einer Mediengesellschaft, die ganz eigene Rezeptionsgesetze hat. Die Heranwachsenden gehen in vielen Situationen mit medialen Informationen sehr souverän um und eignen sich die für sie wichtigen Erfahrungen weitgehend selbstständig an; sicher vereinsamen sie dabei auch oft. Der Mensch ist aber ein auf eine gesellschaftliche Gemeinschaft hin angelegtes Wesen; diese Tatsache ist anthropologisch und geschichtlich nicht hintergehbar und genau das übersieht eine radikal antipädagogische Position. **Eine absolute Negation jeglicher Erziehung kann daher nicht einmal als kritisches Postulat sinnvoll erscheinen**;

denn mit der Akzeptanz eines soziologischen Menschenbildes geht auch notwendig die Forderung einher, dass die Gesellschaft sich mit Hilfe der Erziehung der heranwachsenden Generation reproduzieren muss.

1.1.4. Arbeitsanregungen

Hauptströmungen der Pädagogik

Worin liegt nach H. Nohl das Besondere im pädagogischen Verhältnis?	
Finden Sie Beispiele für einen angemessenen pädagogischen Bezug.	
Welche Bedeutung hat nach Ihrer Einschätzung das pädagogische Verhältnis im Vergleich zum Unterrichtsinhalt?	
Nehmen Sie Stellung zu der These: „Pädagogischer Bezug ist eine Umschreibung für Gefühlsduselei.“	

Der pädagogische Bezug wird linear verstanden. Wie beurteilen Sie diesen Umstand?	
Mit welchen Methoden könnten Sie eine pädagogische Beziehung aufbauen, wie Sie sie für angemessen halten?	
Welche Aspekte geisteswissenschaftlicher Pädagogik könnten Sie mit Ihrem pädagogischen Selbstverständnis vereinbaren?	
Worin besteht das Kritisch-rationale in der kritisch-rationalen Pädagogik?	
Welche Konsequenzen hat es, in der Pädagogik von einem rationalistischen Menschenbild auszugehen?	

Wie sinnvoll ist es, pädagogische Prozesse als kybernetischen Regelkreis zu erklären?	
Vergleichen Sie den Ansatz der geisteswissenschaftlichen mit dem der kritisch-rationalistischen Pädagogik.	
„Erziehungsziele sind weder wahr noch falsch.“ Nehmen Sie Stellung zu dieser These Felix v. Cubes.	
Welche Bedeutung hat es für die Theoriebildung, dass die Erziehungswirklichkeit Teil der Gesamtwirklichkeit ist?	
Was verstehen Sie im pädagogischen Kontext unter Emanzipation?	

Bestimmen Sie das Verhältnis von Erziehung und Politik.	
Wie beurteilen Sie die Position der Anti-Pädagogen?	
Wie und inwieweit erreichen Sie in Ihrem Unterricht das Leitziel Emanzipation?	
Wie müsste sich ein Schüler verhalten, der emanzipiert ist?	
Welche Erziehungsziele sind Leitziele Ihres Unterrichts?	

„Emanzipierte Schüler setzen emanzipierte Lehrer voraus.“ Erörtern Sie diese These.	
Welche der drei Grundströmungen der Pädagogik erscheint Ihnen als Leitkonzept für Ihren Unterricht besonders tragfähig?	
Ermitteln Sie, welches Erziehungsverständnis Ihre Schüler haben.	

1.2. Modelle der Didaktik

Das Axiom „Man kann nicht nicht erziehen!“ ist für die Pädagogik unverzichtbar. Allerdings bleibt (im Rekurs auf die beschriebenen Hauptströmungen der Pädagogik) zu fragen: Sind die heute verfügbaren Didaktikkonzeptionen allein in der Lage, Erziehung und Unterricht zu verwirklichen? Man kann dies bezweifeln angesichts der realen Schwierigkeiten, denen sich Lehrer und Schüler in der Schule gegenübersehen. Vermutbar ist dies: Lehrer benötigen zur Bewältigung ihrer Aufgabe heute mehr denn je ein Bündel sozialkommunikativer Kompetenzen und Wertvorstellungen; nur so können die Pädagogen mit den Problemen des Unterrichtens und Erziehens fertig werden, die sich in einer wertpluralistischen Mediengesellschaft zeigen.

Dennoch gehört die Vermittlung grundlegender Kenntnisse über verschiedene didaktische Modelle in die zweite Phase der Lehrerausbildung. Nur so können angehende

Lehrer selbst begründete Entscheidungen über das Was, Wie und Wozu ihrer Arbeit treffen. **Was überhaupt ist Didaktik?** Didaktik ist eine Unterdisziplin der Pädagogik; das Wort Didaktik bedeutet so viel wie „Unterricht, Lehre, Unterweisung". Das griechische Verb *didaskein* kann man aktiv oder passiv übersetzen: So kann es „lehren" und „belehrt werden" bedeuten.

⇨ **Bevor Sie weiterlesen:**

- Welche didaktischen Konzeptionen kennen Sie aus Ihrem Studium?

Als **Allgemeine Didaktik hat** die Didaktik vor allem **zwei Aufgaben**:

- Sie stellt den Fachdidaktiken allgemeine Prinzipien zur Verfügung, nach denen man Unterricht planen und analysieren kann. Die Fachdidaktiken müssen diese allgemeinen Prinzipien um fachspezifische Anteile ergänzen.
- Sie entwickelt allgemeine Grundsätze für Schule und Unterricht, die nicht fachgebunden sind. So beschäftigt sie sich z. B. mit Fragen der Lehrer- und Schülerrolle, mit Unterrichtsstörungen und Konflikten in der Schule, aber auch mit allgemeinen (Erziehungs-)Zielen für Unterricht.

In ihren Grundsätzen ist die Allgemeine Didaktik nicht frei; sie muss sich an den Grundsätzen einer demokratisch-verfassten Gesellschaft orientieren, die der Maßstab für mögliches und wünschenswertes Handeln sind (vgl. Bovet / Huwendiek 2008; Terhart 2009).

Zwischen 1960 und der Jahrtausendwende wurden in Deutschland zahlreiche **didaktische Modelle** diskutiert; diese Konzepte beziehen sich (mehr oder weniger direkt) auf die eingangs skizzierten Strömungen der Pädagogik und widersprechen sich oftmals in grundlegenden Fragen deutlich. Zu diesen Konzepten gehören:

- Bildungstheoretische Didaktik (Nohl / Flitner)
- Konstruktiv-kritische Didaktik (Klafki)
- Curriculare Didaktik (Möller)
- Lehr-lerntheoretische Didaktik (Heimann / Otto / Schulz)
- Kybernetische Didaktik (Cube)
- Konstruktivistische Didaktik (Glasersfeld / Reich)
- Kommunikative Didaktik (Schaller / Schäfer / Winkel)

Auch heute nutzt die Lehrerausbildung Aspekte einiger dieser klassischen und zum Teil auch modernen Ansätze. Darüber hinaus kamen in den letzten Jahrzehnten weitere Zugangsweisen in den Blick, die als **Unterrichtskonzepte** die didaktische Diskussion befruchtet haben. Dazu zählen:

- Offener Unterricht (Bönsch / Schittko / Wagner)
- Projektunterricht (Bönsch)
- Zukunftswerkstatt / Werkstattunterricht (Jungk / Reichen)
- Themenzentrierte Interaktion (Cohn)
- Handlungsorientierter Unterricht (Meyer / Gudjons)
- Kooperatives Lernen (Green)

Die Begriffe Didaktik und didaktisch nutzt man in der Pädagogik sehr unterschiedlich. Der Bedeutungsbereich des Stammwortes und seiner Ableitungen hat zu dieser Differenziertheit geführt. In engerer Auffassung versteht man unter Didaktik die Wissenschaft vom Unterricht, in der erweiterten wird als Didaktik die Wissenschaft vom Lehren und Lernen verstanden. Im Bereich dieser Auffassungen von Didaktik gibt es verschiedene Positionen, die teilweise in der Form von Modellen beschrieben sind. Als ein didaktisches Modell bezeichnet man eine erziehungswissenschaftliche Theorie, die das didaktische Handeln auf allgemeiner Ebene analysiert und strukturiert.

Für Lehrer ist Didaktik in diesem Sinne eine **„Erschließungswissenschaft“**. Durch Didaktik kann man die Anliegen und Ziele, Personen und Beziehungen, Gegenstände, Sachverhalte und Prozesse sowie Methoden und Medien sozusagen aufschließen. So macht Didaktik die Elemente für die Planung des Lehr-/Lernprozesses verfügbar. Daneben bestehen außerdem Unterrichtskonzepte, die durch keine allgemeine pädagogische Theorie begründet sind. Diese entstammen der Unterrichtspraxis und stellen bestimmte Ausprägungen des Unterrichts dar (z. B. handlungsorientierter Unterricht / schülerzentrierter Unterricht / offener Unterricht / Projektunterricht / Freiarbeit; vgl. u.a. Frey 2010; Gudjons 2008; Bohl / Kucharz / Jürgens 2010).

⇨ **Bevor Sie weiterlesen:**

- Was bedeutet konkret das Aufschließen von Planungselementen?

Für die gegenwärtige Unterrichtspraxis sind in erster Linie folgende, zu zeitgemäßen Formen weiterentwickelte didaktische Modelle **von Bedeutung**:

1. die **bildungstheoretische Didaktik** als kritisch-konstruktive Didaktik (Wolfgang Klafki)
2. die **curriculare Didaktik** in ihrem lernzielorientierten Ansatz (Christine Möller)
3. die **lerntheoretische Didaktik** in der Darstellung der Hamburger Schule (Wolfgang Schulz)
4. die **kritisch-kommunikative Didaktik** (Rainer Winkel)
5. die **konstruktivistische Didaktik** (Kersten Reich)

Unterricht – so zeigt es die Praxis – ist ein Prozess, der **nicht allein von einem einzigen didaktischen Modell beschrieben** werden kann. Im Unterrichtsalltag wählt der Lehrer aus den verschiedenen Modellen die für die Praxis geeigneten Elemente aus und kombiniert sie. Durch dieses **integrative Vorgehen** kann der Lehrer die eigene Unterrichtsarbeit nach bestimmten Vorgaben der Richtlinien und nach dem didaktischen Verständnis des Faches bewältigen. Im Folgenden werden die genannten fünf didaktischen Modelle in den ihnen zu Grunde liegenden Bezügen unter der Fragestellung skizziert: Welche Gesichtspunkte erhellen und bestimmen aus welchen Gründen bevorzugt die Unterrichtspraxis?

1.2.1. Bildungstheoretische Didaktik

Der zentrale Begriff in einem bildungstheoretischen Modell ist der der **Bildung**. Er bezieht sich auf die Auswahl bestimmter Inhalte in einem Lehrkanon. Die Inhalte als bildende Lehre muss man auf bestimmte Weise verwenden: Die Inhalte sollen kritische Vernunft freisetzen, die sich auch gegen den Inhalt selbst richten darf. Bildung ist danach aufzufassen als vermittelnde Kategorie zwischen den Ansprüchen der objektiven Welt und dem Recht auf Selbstsein des Subjekts. Wolfgang Klafki hat diese Beziehung als kategoriale Bildung bezeichnet. In ihr sind die Ansprüche sowohl materialer als auch formaler Bildungstheorien vereint (vgl. Klafki 2002 u. 2007).

Die **materialen Bildungstheorien** definieren Bildung nur inhaltlich, weisen einen bestimmten Kanon von Inhalten aus und kennzeichnen Bildung als den geistigen Besitz dieser Inhalte. Die formale Bildung ist gekennzeichnet durch **Formung, Entwicklung und Reifung von körperlichen, seelischen und geistigen Kräften,** nicht aber durch Aufnahme und Aneignung von Inhalten. Inhalte kann man hierbei beliebig, d. h. allein nach ihrem formalen Wert wählen, da es nur auf den Prozess ankommt. Die **kategorialen Bildung** gründet sich darauf, dass man Bildung immer nur in der Vereinigung materialer und formaler Gesichtspunkte sehen kann. Die Inhalte müssen daher repräsentativ sein sowohl hinsichtlich ihrer gesellschaftlichen Bedeutung als auch im Hinblick auf die persönliche Bedeutung für die Schüler. Man spricht von einer doppelten Erschließung. Bildung als kategoriale Bildung ist einerseits Erschlossensein einer dinglichen und geistigen Wirklichkeit für einen Menschen, andererseits zugleich Erschlossensein dieses Menschen für diese seine Wirklichkeit. Unter diesem Bezug erhält Bildung ihre **gegenwartsbezogene Bedeutung als Hilfe zur Selbstbestimmung, Mitbestimmung und Solidarität** (siehe Klafki 2010).

Klafkis Konzept der didaktischen Analyse benennt den **Gegenstand** als **Ausgangspunkt der Unterrichtsplanung**. Das Konzept erlaubt es, Gegenstände auf Ziele für den Unterricht hin zu analysieren. In seinem **Perspektivenschema** der Unterrichtsplanung skizziert Klafki sieben Problemfelder bzw. Fragedimensionen, die der Lehrer in der Unterrichtsplanung aufarbeiten muss. Im Perspektivenschema weist Klafki die Ebene der Fragerichtungen mit folgenden vier Gesichtspunkten aus:

- Begründungszusammenhang
  mit drei Fragen an den Gegenstand:
  Gegenwartsbedeutung, Zukunftsbedeutung, Exemplarität
- thematische Strukturierung
- Bestimmung von Zugangs- und Darstellungsmöglichkeiten
- methodische Strukturierung

⇨ **Bevor Sie weiterlesen:**

- Was verstehen Sie unter der Gegenwartsbedeutung, der Zukunftsbedeutung und der Exemplarität eines Gegenstands? Veranschaulichen Sie die verschiedenen Bedeutungsebenen an einem konkreten Gegenstand.

1. Gegenwartsbedeutung
2. Zukunftsbedeutung
3. Exemplarität

Für die Unterrichtspraxis ergibt sich zunächst eine Reihe von **Einzelfragen an den Gegenstand**, die in der Regel unter folgenden Gesichtspunkten bearbeitet werden:

- Struktur (z. B. fachwissenschaftlicher Zusammenhang, elementare Beziehungen, sachliche Gliederung, Kontexte)
- Gegenwartsbedeutung (z. B. mögliche Interessen wie sachlicher, gesellschaftlicher Bezug, Anknüpfungsmöglichkeiten)
- Zukunftsbedeutung (z. B. Qualifikationen, gesellschaftliche Perspektiven)

- Exemplarität (z. B. Übertragbarkeit, Grundsätzlichkeit)
- Zugänglichkeit (z. B. mögliche Verfahrens-/Aktionsformen, Darstellungsweisen)

1.2.2. Lernzielorientierte Didaktik

Curriculum bedeutet aus heutiger Sicht die organisierte Anordnung von Lernvorgängen im Hinblick auf bestimmte Lernziele. Der lernzielorientierte Lehrplan umfasst alle inhaltlichen Dimensionen des Lehrens und Lernens. Ein Curriculum kann man von unterschiedlichen didaktischen Ausgangspositionen her entwickeln; ein curriculares Didaktikmodell selbst existiert nicht. Ein lernzielorientierter Ansatz im Rahmen eines Curriculums (Möller 2002) geht von folgenden **Annahmen** aus:

- Eine präzise Klärung der Ziele ist zentraler Bestandteil jeder Unterrichtsplanung. Für das Bestimmen der Ziele werden Handlungsschritte festgelegt, die erlernbar sind.
- Man muss eindeutig beschreiben: a) das Verhalten, das der Schüler zeigen soll, und b) den Inhalt, an dem der Schüler das Verhalten äußern soll.
- Präzises Beschreiben der Ziele ist eine wichtige Voraussetzung für eine effektive Methodenwahl.
- Den Erfolg des Lernens und Lehrens kann man nur an Hand der Ziele wirkungsvoll überprüfen.

Diese Aufgabe ist Gegenstand des ersten Teilprozesses, der als Lernplanung bezeichnet wird. Die **Entwicklung einer Unterrichtseinheit** wird vorgenommen unter den Aspekten:

- Lernplanung
- Lernorganisation
- Lernkontrolle

In der **Lernplanung** geht es um das Ermitteln und Festlegen von **Richt-, Grob- und Feinzielen** und um deren Einordnung in vorgegebene Taxonomien (z. B. in die nach Bloom 1972; ⇨ vgl. a. Kap. 3.3.). Voraus geht die Frage nach den Normen, die als grundlegende Wert- und Zielentscheidungen den Unterricht bestimmen. Die Curriculumtheorie fordert als Grundlage einen weitreichenden Konsens der pluralistischen Gesellschaft für normative Entscheidungen. In dieses didaktische Modell haben Begriffe Eingang gefunden wie **Partizipation, Emanzipation, Solidarität** (soziale Verantwortung) und **Selbstbestimmung**. Sie dienen als **leitende Erziehungsziele** des Unterrichts (vgl. Terhart 2009).

⇨ **Bevor Sie weiterlesen:**

1. Was verstehen Sie unter Grob- und Feinzielen? Geben Sie jeweils ein Beispiel an und erläutern Sie es.
2. Welchen Nutzen haben Lernziele?

1. Grobziel   2. Feinziel   3. Nutzen von Zielen

Der lernzielorientierte Ansatz gibt **Handlungsanweisungen** vor, die für den Unterricht, für seine Planung, Durchführung und Analyse ausschlaggebend sind. Die Handlungsanweisungen stützen sich zum einen auf Ergebnisse der empirischen Unterrichtsforschung, also auf Fakten der Unterrichtswirklichkeit und deren Abhängigkeitsbeziehungen. Zum anderen beziehen sich die Handlungsanweisungen auf Ergebnisse der normativen Didaktik. Normative Didaktik beschäftigt sich damit, welche Ziele angestrebt werden sollen und wie man überhaupt zu Zielen gelangt. Die normative Didaktik geht von vor-pädagogischen Sinn-Normen über menschliches Leben, über die Stellung des Menschen in der Welt oder von ähnlichen Bezügen aus. Diese Normen werden auf Erziehungsziele ausgelegt, von welchen die Inhalte und Methoden des Unterrichts hergeleitet werden. Es geht zunächst um die Ermittlung der obersten Lernziele. Von diesen werden konkrete, in Verhaltensweisen ausgedrückte Teilziele abgeleitet.

Kritik an diesem Verfahren ergibt sich zunächst daraus: Didaktisch-methodische Entscheidungen sind durch viele Faktoren mit bedingt, die nicht aus Sinn-Normen abgeleitet werden können. Weiterhin ist die Ableitungskette nie eindeutig bestimmbar: Von gleichen obersten Lernzielen kann man verschiedene Teillernziele ableiten, verschiedene oberste Lernziele können zu gleichen oder ähnlichen Teilzielen führen.

⇨ **Bevor Sie weiterlesen:**

1. „Ausdrücklich formulierte Lernziele machen ein Unterrichtsgeschehen transparent." Nehmen Sie dazu Stellung.
2. Das Attribut „ausdrücklich" in der These oben legt nahe, dass es auch nicht ausdrücklich formulierte Lernziele geben könnte. Was meinen Sie dazu?

1.   2.

Der lernzielorientierte Ansatz eines curricularen Didaktikmodells hat in seiner Gesamtheit für die Unterrichtspraxis kaum Bedeutung erlangt. Für die Unterrichtspraxis hat aber eine **explizierte Lernzielformulierung** einige **Vorteile**: Ausdrücklich formulierte Lernziele machen ein **Unterrichtsgeschehen transparent**. Sie sind die Voraussetzung für eine adäquate Lernorganisation, für den Einsatz entsprechender Unterrichtsmittel und die Auswahl geeigneter Lernstrategien. Sie sind außerdem die erste Voraussetzung für eine angemessene **Lernkontrolle**. Allerdings muss man die Lernzielorientierung heute durch eine Kompetenzorientierung ergänzen (⇨ siehe MSW NRW 2011b u. unten Kap. 2).

Für das Verfahren der **Lernzielfindung** liefert der lernzielorientierte Ansatz wertvolle Unterstützung. In der Unterrichtspraxis führt häufig die Gegenstandsanalyse zur ersten Lernzielbestimmung, nicht allein auf fachlicher Ebene. In einem solchen Fall ergeben sich unter Einbeziehung der Lernenden, deren Kenntnisse und Interessen als Bestimmungsgrößen neue Bedingungen, unter denen die zunächst entwickelten Lernziele bestätigt oder modifiziert werden. Modifizierungen ergeben sich außerdem mit Blick auf die allgemeine Zielsetzung. Weitere Präzisierungen über das intendierte Vorhaben können durch Hierarchisierung und Dimensionierung der Lernziele geschaffen werden (⇨ vgl. Kap. 3.3.).

1.2.3. Lehr-lerntheoretische Didaktik

Das Modell der lehr-lerntheoretischen Didaktik geht auf Heimann, Otto und Schulz (1997; **„Berliner Schule“**) zurück; die lehr-lerntheoretische Didaktik versteht sich als eine **Theorie des Unterrichts, die alle im Unterricht auftretenden Erscheinungen und Bedingungen der wissenschaftlichen Kontrolle unterzieht**. Unter diesem Gesichtspunkt betont dieses Konzept (vgl. Schulz 2002):

- Untersuchungen über die personellen und materiellen Voraussetzungen schulischen Lernens
- Zielvorstellungen von Schülern, Eltern und Lehrern
- Vorgaben in Richtlinien und Lehrplänen
- Fragen der Unterrichtssteuerung und der Effektivitätskontrolle sowie
- Beziehungen aller Einzelfaktoren zueinander

Das Modell begründet sich aus der Methodologie der empirischen Sozialforschung; die Problemstellungen sind größtenteils soziologischer oder sozialpsychologischer Art. Durch die Bezeichnung „lerntheoretisch“ (später lehrtheoretisch) wird in der historischen Situation der Entwicklung dieses Modells eine **Abgrenzung zu bildungstheoretischen Modellen (Bildung) und zu informationstheoretischen Modellen (Lernen)** der Didaktik vorgenommen. Das lehr-lerntheoretische Modell weist den Funktionen **Lernen und Bildung** keinen jeweils zentralen Stellenwert zu, wie es in den jeweils anderen Modellen geschieht; stattdessen werden diese Funktionen als **voneinander und von weiteren Funktionen abhängig** angesehen. Die Frage nach den Zielen und nach ihrer Ableitung hat keine bevorrechtigte Position. Entscheidend ist: Unterrichtsziele, wie auch immer intendiert, kann man mit diesem Modell klären und in ihrer Bedeutung eindeutig beschreiben.

Grundlegend für dieses Modell ist die Annahme: **Zwischen inhaltlichen und methodischen Entscheidungen besteht ein Implikationszusammenhang.** Damit ist zweierlei gemeint:

- Jede Unterrichtsmethode enthält inhaltliche Vorentscheidungen.
- Inhaltliche Zielsetzungen für den Unterricht können nicht ohne Bezugnahme auf ihre mögliche methodische Durchsetzung sein.

Die didaktische Ableitung methodischer Maßnahmen muss man aus der vorweg entschiedenen Inhaltlichkeit problematisieren. Die methodische Strukturierung des Unterrichts hat immer die individuell-subjektiven (anthropogenen) Voraussetzungen der Schüler mit dem objektiven Sachanspruch zu vereinen. Dieser Sachanspruch unterliegt soziokulturellen Ansprüchen (vgl. Terhart 2009).

⇨ **Bevor Sie weiterlesen:**

1. Was verstehen Sie unter der Wechselbeziehung von Inhalt und Methode?
2. Wie äußert sich diese Wechselbeziehung bei der konkreten Unterrichtsplanung?

1.   2.

Im Sinne einer Didaktik von der Wissenschaft des Unterrichts wird auf eine vollständige Erfassung aller Faktoren Wert gelegt. Dazu verhilft die **Strukturanalyse**. Mit ihrer Hilfe kann man in sechs Feldern den gesamten Umkreis von Unterricht erfassen. Es handelt sich dabei um vier **Entscheidungsfelder**

1. Intentionalität
2. Thematik
3. Methodik
4. Medienauswahl

und zwei **Bedingungsfelder**

1. anthropogene Voraussetzungen und
2. soziokulturelle Voraussetzungen.

Auf Grund dieser Beziehungen erhält die lehr-lerntheoretische Didaktik eher einen technologischen Charakter. Als **Prinzipien der Planung** gelten z. B.:

- Interdependenz, d. h. die Herstellung einer widerspruchsfreien Wechselwirkung zwischen allen Planungselementen
- Kontrollierbarkeit, d. h. die Entwicklung der Unterrichtsplanung in der Weise, dass durch den Verlauf oder das Ergebnis der Unterricht korrigiert oder bestätigt werden kann

Das Modell dient zugleich der **Planung und der Analyse** des Unterrichts.

Die Weiterentwicklung dieses Modells durch Wolfgang Schulz (2002; **„Hamburger Schule“**) ergibt eine Nuancierung: Erziehung und Unterricht werden jetzt als ein Prozess der Verständigung zwischen den Lehrenden und Lernenden aufgefasst. Als grundlegende Intention gilt die Vermittlung von Kompetenz, Autonomie und Solidarität in den drei Erfahrungsfeldern des Sach-, Gefühls- und Sozialbereichs. Das **didaktische Handlungsfeld** umfasst vier zentrale Handlungsmomente:

1. Unterrichtsziele (Intentionen, Themen)
2. Ausgangslage der Lernenden und Lehrenden, auf die sich die Ziele beziehen
3. Vermittlungsvariablen (Methoden und Medien, mit deren Hilfe man von der Ausgangslage zur jeweils vorläufigen Endlage gelangt)
4. Erfolgskontrolle, die den Lernenden und Lehrenden die Selbststeuerung in der unterrichtlichen Kommunikation ermöglichen

Die Verständigung untereinander wird in erster Linie bestimmt durch die institutionellen Bedingungen, im Weiteren durch die gesellschaftlichen Rahmenbedingungen.

⇨ **Bevor Sie weiterlesen:**

1. Erläutern Sie den letzten Satz: „Die Verständigung untereinander wird bestimmt in erster Linie durch die institutionellen Bedingungen, im Weiteren durch die gesellschaftlichen Rahmenbedingungen."
2. Wie beurteilen Sie die Möglichkeit zu einer solchen Verständigung?
3. Wie wichtig ist diese Verständigung nach Ihrer Meinung?

1.   2.   3.

Für den konkreten Unterricht fordert dieses Modell

- eine Perspektivplanung, die längerfristig angelegt ist, und die Umrissplanung, bei der es um die Konzipierung einzelner Unterrichtseinheiten nach den vier zentralen Handlungsmomenten in ihrem Implikationszusammenhang geht,
- die Prozessplanung, durch die die Umrissplanung in einen Handlungsablauf übersetzt wird (zeitliche Abfolge der Unterrichtsschritte, Kommunikations- und Arbeitsformen), und
- die Planungskorrektur, die Konsequenzen aus der in der Realität auftretenden Wirkung aufgreift.

1.2.4. Kritisch-kommunikative Didaktik

Die kritisch-kommunikative Didaktik ist eine Theorie des schulischen Lehrens und Lernens, die kommunikativ im Sinne der sozialen Interaktion ausgerichtet ist. Die kritisch-kommunikative Didaktik hat zudem den Unterrichtsprozess zur Voraussetzung mit dem Ziel, vorhandene gesellschaftliche Wirklichkeit zu reflektieren und diese, falls nötig, in anspruchsvollere Möglichkeiten zu transformieren. **Der Unterricht wird dabei als konkrete Reihung von Situationen im Zusammenhang von Kommunikations- und Handlungsintentionen gesehen.** Schulisches Agieren soll in eine selbst- und mitbestimmte Lebensführung der Heranwachsenden einmünden. Unter kritisch wird eine angemessene Distanz und das Hinterfragen des sozialpolitischen Geschehens verstanden; Emanzipation ist Handlungsziel und erkenntnisleitendes Interesse dieser Didaktik (vgl. Schäfer / Schaller 1985).

Rainer Winkel (2002) beschreibt die kritisch-kommunikative Didaktik nicht als Gegensatz, sondern als Ergänzung zur bildungstheoretischen und lerntheoretischen Didaktik. Sie macht es sich zu einem Anliegen, „in Form von Strukturanalysen die Komplexität des Unterrichts deskriptiv-empirisch" zu erfassen, um die Baugesetze und -pläne unterrichtlicher Prozesse hermeneutisch zu erschließen und kritisch für eine permanente Verbesserung des Unterrichts einzusetzen". Für diese Aufgabe wurde ein **Analyse- und Planungskonzept** entwickelt, das folgende zentrale Elemente für den Unterricht akzentuiert:

- Einbeziehung der störfaktorialen Momente
- zunehmende Partizipation der Lernenden
- Aufbau kritisch-praktischer Handlungsfähigkeit
- zunehmende symmetrische Kommunikation der Beteiligten

⇨ Bevor Sie weiterlesen:

1. Welche Bedeutung haben Unterrichtsstörungen für Sie?
2. Welchen Sinn hat es, mögliche Unterrichtsstörungen mit in die Planung einzubeziehen?
3. Welchen Sinn kann es haben, Unterrichtsstörungen bei der Evaluation von Unterricht zu berücksichtigen.

1.

2.

3.

Die kritisch-kommunikative Didaktik entwickelt die Unterrichtsprozesse unter dem Gesichtspunkt ihrer Vermittlung, dem der Inhalte, dem der Beziehungen und unter dem Gesichtspunkt der Störfaktizität. Diese Faktoren stehen nicht nebeneinander, sondern greifen ineinander, so dass man mit ihrer Hilfe Interdependenzen feststellen kann. Jeder Gesichtspunkt wird ferner in eine Reihe analytisch zu verwendender Momente untergliedert. Die **Unterrichtsplanung** zielt darauf ab, Themen nicht allein sachadäquat, sondern vor allem **interaktionsadäquat** zu vermitteln. Die Lehrperson übernimmt in einem solchen Unterricht neue Funktionen.

Die kritisch-kommunikativen Didaktik **akzentuiert Fragestellungen auf der Beziehungsebene**, für die die übrigen Didaktiken keine Hinweise geben. Darin ist ihre besondere Bedeutung für die Unterrichtspraxis zu sehen. Die flexible Ausrichtung auf das vorzufindende didaktische Normensystem lässt Raum zu subjektiver Interpretation und individueller Ausgestaltung und ist damit ein Angebot zur Identitätsfindung für die Lernenden (siehe Schaller 1986; Lichtenstern 2010).

1.2.5. Konstruktivistische Didaktik

Im Gefolge handlungsorientierter Didaktikkonzepte (z. B. Gudjons 2008a) hat sich seit den 1990-er Jahren das Modell einer konstruktivistischen Didaktik einen Namen gemacht. Die konstruktivistische Didaktik bezieht sich in ihren Begründungen vor allem auf lern- und kognitionspsychologische Phänomene, aber auch auf erkenntnistheoretische Annahmen: Menschen nehmen mit Hilfe der Wahrnehmungskanäle Informationen aus der Umwelt auf; diese Informationen durchlaufen in unserem Gehirn einen internen Verarbeitungsprozess mit dem Ziel, Wissen zu erzeugen und Sinn zu stiften. **Am Ende dieser Verarbeitung steht ein Modell der Wirklichkeit, eine subjektive Landkarte der Welt.** Die Wahrnehmungsarbeit des Gehirns selbst wird uns dabei nicht bewusst; wohl aber deren Ergebnis, die subjektive Interpretation der Wirklichkeit. Wichtig dabei ist zu sehen, „dass die Landkarte sich notgedrungen von dem Gebiet, das sie darstellt, unterscheidet und dass sich jede Landkarte von allen anderen in irgendeiner Weise unterscheiden wird." (Bandler / Grinder 200, 12; siehe auch Bandler / Grinder 2010a). **Die Weltsicht eines einzelnen Menschen ist demnach weder mit der objektiven Wirklichkeit identisch, ist also nicht im eigentlichen Sinne *wahr*, noch stimmt sie in allen Punkten mit der Weltsicht eines anderen Menschen überein.**

Das Handeln der Menschen und ihre Überzeugungen sind demnach keine Reaktion auf die Wirklichkeit selbst; denn diese bleibt letztlich für den Menschen unzugänglich. **Menschliches Denken und Handeln ist vielmehr eine Reaktion auf die Interpretationen der Welt, auf die kognitiven Landkarten unseres Gehirns.** „Wir operieren aufgrund von verkodeten Deutungen über unsere Umwelt, die von unseren sinnlichen Repräsentationssystemen empfangen und erfahren werden [...]." (Dilts u. a. 2003, 23) Das menschliche Gehirn bildet also die Wirklichkeit nicht objektiv ab, sondern produziert die Realität gleichsam neu und erschafft, konstruiert dabei auf vielfältige Weise und weitgehend unvorhersehbar ein subjektives Bild der objektiven Realität, ein Bild der „Welt an sich" (vgl. Kant 2005; Lorenz 1999). Wenn man, so die Neurobiologen Maturana und Varela (2009, 30), von einem Erkenntnisakt spricht, so kann man dies nicht so verstehen, „als gäbe es ‚Tatsachen' und Objekte *da draußen*, die man nur aufgreifen und in den Kopf hineinzutun habe. [...] Die Erfahrung von jedem Ding ‚da draußen' wird auf eine spezifische Weise durch die menschliche Struktur konfiguriert, welche ‚das Ding', das in der Beschreibung entsteht, erst möglich macht." In diesem Sinne wird plausibel, „dass *jeder Akt des Erkennens eine Welt hervorbringt*" (ebd.; siehe auch Roth / Spitzer / Caspary 2008; Herrmann 2009).

⇨ **Bevor Sie weiterlesen:**

1. Was bedeutet es für die Planung von Unterricht, wenn die Schüler ihre eigene Wirklichkeit erzeugen?
2. Welche Lehrerrolle ergibt sich daraus, dass auch der Lehrer Konstrukteur seiner eigenen Wirklichkeit ist?
3. Inwieweit kann man aus konstruktivistischer Sicht noch von Bildungsgütern sprechen?

Der Mensch kann also nicht nicht konstruieren, weil er nicht nicht interpretieren kann. Mit der Neuerschaffung von Welt im Vollzuge des Erkenntnisprozesses **folgt das menschliche Gehirn den Regeln der Evolution.** Für die Evolution sind letztlich nur solche Entwicklungen nützlich, die dem Fortbestand der Gattung, also deren Überleben, dienen. Objektive Welterkenntnis gehört aus dieser Sicht nicht zu den Aufgaben des Menschen, ist für ihn überflüssig und deshalb auch nicht möglich. So kann man erklären, weshalb Menschen im atomaren oder interstellaren Raum, also im Mikro- oder Makrokosmos, über die eigenen sensorischen Repräsentationssysteme allein keine konkreten Wahrnehmungen haben können. Der Mensch braucht das Wissen über diese Bereiche nicht. Dieses Wissen ist für den Menschen nicht von Bedeutung, um in dem für ihn wichtigen Mesokosmos zu überleben. Die Evolution hat das menschliche Gehirn also nicht zu dem Zweck hervorgebracht, dem Menschen eine objektive Erkenntnis über die Welt zu vermitteln. Das Gehirn ist ein Organ, das dem Überleben der Gattung Mensch dient. Es kann daher keine objektiv gültigen Aussagen über die Umwelt bereitstellen und braucht dies auch nicht. **Die Konstruktion dieser subjektiv-individuellen Betrachtungsweise der Welt ist in ihren Möglichkeiten beschränkt:** Neurologische Begrenzungen, soziale Kontexte und individuelle Erfahrungen hindern den Menschen, über die Subjektivität hinauszugreifen und die objektive Welt auch objektiv abzubilden (Bandler / Grinder 2006; s. a. Foerster / Glasersfeld 2010).

Die konstruktivistische Didaktik greift auf diese Grundgedanken menschlichen Erkennens zurück (vgl. Reich 2008 u. 2010). Lernprozesse schaffen Möglichkeiten des Erkennens und müssen demnach so gestaltet sein, dass sie für den Lernenden die Konstruktion einer eigenen (inneren) Wirklichkeit zulassen und unterstützen. **Wissen kann also im engeren Sinne nicht vermittelt werden, sondern wird vom Lernenden jeweils neu aufgebaut, eben konstruiert.** Die (Um)Konstruktion der eigenen Wirklichkeit hilft dem Lernenden und damit jedem Menschen dabei, sein inneres Gleichgewicht aufzubauen, zu erhalten bzw. wiederherzustellen. **Eine konstruktivistische Didaktik orientiert sich daher radikal am lernenden Schüler; Unterricht muss Schülern die Gelegenheit bieten, neue Informationen mit der bereits in ihrem Kopf vorliegenden Landkarte zu verknüpfen.** Dieser Vernetzungsvorgang schafft eine neue Sicht auf die bisherige Wirklichkeit; doch auch die neue Sicht bleibt letztlich immer eine vorläufige. Denn **Wissen ist stets ein „Konstrukt" des Menschen und damit niemals endgültig**, weder zeitlich noch persönlich; Wissen unterliegt also einem steten Strukturieren und Umstrukturieren der Informationen (vgl. Reich 2010; Glasersfeld 2008).

Lernen im Sinne der konstruktivistischen Theorie ist Selbstentwicklung eines kognitiven Systems. Der Unterricht soll diese Selbstentwicklung fordern und fördern. Der Lehrer hat die Aufgabe, das Thema, den jeweiligen Gesichtspunkt eines Inhalts mit den subjektiven Lernvoraussetzungen der Schüler zu verbinden. So kann der Schüler eigene Wissensstrukturen aufbauen und diese mit seinen bisherigen Wissensstrukturen verknüpfen bzw. abgleichen sowie in verschiedenen Interaktionshandlungen Kontexte herstellen. Auf diese Weise gelangt der Lernende zu vernetzten Wissens- und Erkenntnisstrukturen. Diese erlauben es ihm, unterschiedliche Sichtweisen eines Sachverhaltes zu erkennen und Sachverhalte außerdem unter verschiedenen Perspektiven zu betrachten und zu bewerten.

Bei der Planung von Unterricht muss der Lehrer die Wirklichkeiten der Schüler berücksichtigen und als Arbeitsweise deren Eigeninitiative fordern. Konkret bedeut dies:

- Herstellung einer optimale Diskrepanz zwischen der Deutung einer neuen Wahrnehmung und der Erwartung des Schülers, um die Entwicklung einer neuen subjektiven Erfahrung zu fördern („Radikale Problemorientierung")
- Organisation eines selbstgesteuerten Prozesses, bei dem der Schüler im Rahmen vorgegebener Zielsetzungen eigene Handlungsziele verfolgen und eine rationale und emotionale Beziehung zum Lerngegenstand herstellen kann („Radikale Schülerorientierung")
- Verschiedene Lernanregungen bzw. Schaffung einer kreativ-pragmatischen Lernumgebung (z. B. Nutzung verschiedener Medien und multisensorischer Vorgehensweisen; Gestaltung offener Unterrichtsformen wie Frei-, Wochen oder Projektarbeit)
- Herausforderung des Schülers, eigene Vorstellungen bzw. Bedeutungen zu entwickeln und diese mit den Mitschülern zu kommunizieren (Austausch, Reflexion und Neugestaltung subjektiver Wirklichkeiten)

Die Aufgabe des Lehrers ist es, für die Konstruktion von neuer Wirklichkeit **geeignete Lernarrangements zu kreieren** (vgl. Klein / Öttinger 2007). Der Lehrer als Arrangeur ist ein Helfer; er vermittelt und begleitet die kognitiven Konstruktionsprozesse der Schüler.

1.2.6. Arbeitsanregungen

Modelle der Didaktik

Nach welchem didaktischen Modell planen Sie Ihren Unterricht? Mit welcher Eindeutigkeit benutzen Sie das gewählte Modell?	
Inwiefern lässt sich Emanzipation als Zielsetzung im Unterricht Ihrer Fächer verwirklichen? Welche der besprochenen Didaktiken hilft Ihnen bei der Umsetzung dieser Zielsetzung am meisten?	
Als Erziehungsziel wird in der Regel Emanzipation, seltener Mündigkeit genannt. Welchem dieser Erziehungsziele räumen Sie an der Schule Vorrang ein?	
Was verstehen Sie unter symmetrischer Kommunikation im Unterricht? Aus der Sicht welcher Didaktiken ist es Ihrer Meinung nach wichtig, symmetrische Kommunikation im Unterricht aufzubauen?	

Sowohl im Rahmen einer kritisch-kommunikativen Didaktik als auch aus der Sicht der konstruktivistischen Didaktik übernimmt der Lehrer im Unterricht neue Rollen. Welche könnten bzw. müssten das sein? Vergleichen Sie.
Wählen Sie einen Unterrichtsinhalt eines Ihrer Fächer. Zeigen Sie dessen Gegenwarts- und Zukunftsbedeutung sowie seine exemplarische Bedeutung.

In welcher Weise kann Bildung zur Selbst- und zur Mitbestimmung beitragen?	
Wie wichtig ist für die Unterrichtspraxis die sachliche Struktur eines Gegenstands?	
Wie sehen Sie das Verhältnis des Gegenstands zum methodischen Vorgehen im Unterricht?	

Wie wichtig finden Sie Lernziele für Ihren Unterricht? Begründen Sie Ihre Auffassung.	
„Eine sinnvolle Methodenwahl setzt eine präzise Zielbeschreibung voraus.“ Nehmen Sie Stellung zu der These.	
„Lernerfolgskontrolle ist ohne Zielfestlegung nicht möglich.“ Inwieweit stimmt diese These Ihrer Meinung nach?	

Worin besteht der strukturelle Unterschied zwischen der bildungs- und der lerntheoretischen Didaktik?

Erläutern Sie an einem konkreten Beispiel die Interdependenz zwischen methodischen und inhaltlichen Entscheidungen.	
In welcher Weise beeinflussen soziokulturelle und anthropogene Faktoren die Planung und Durchführung von Unterricht?	
Unterricht und Erziehung sind ein „Dialog zwischen potenziell handlungsfähigen Subjekten". Nehmen Sie Stellung zu dieser These von Wolfgang Schulz.	
Zeigen Sie an einem konkreten Beispiel aus Ihrem Unterrichtsalltag, was Sie unter Perspektiv- und Prozessplanung verstehen.	

Zunehmende Partizipation der Schüler ist ein Prinzip der kritisch-kommunikativen Didaktik. Wie könnten Sie dieses Prinzip im Unterricht realisieren?	
Wie könnten Sie im Unterricht eine kritisch-praktische Handlungsfähigkeit der Schüler aufbauen?	
Wie weit ist Ihrer Meinung nach das Ziel einer symmetrischen Kommunikation im Unterricht zu erreichen?	
Die Inhalte sollen interaktionsadäquat vermittelt werden. Was bedeutet das? Geben Sie Beispiele.	

Vergleichen Sie die Lehrerrollen in der bildungstheoretischen und in der kritisch-kommunikativen Didaktik.	
Wie beurteilen Sie in unserem Schulsystem die Chancen für eine Umsetzung der kritisch-kommunikativen Didaktik?	
„Lehren bestimmt die Sache, Lehren ermöglicht das Lernen". Welche Gesichtspunkte werden bei dieser Aussage ins Spiel gebracht? Wie ist diese Aussage in Bezug auf die konstruktivistische Theorie zu verstehen?	
Worin sehen Sie den zentralen Unterschied zwischen der bildungstheoretischen und der konstruktivistischen Didaktik?	

Die konstruktivistische Theorie beschreibt Lernen als Selbstentwicklung eines kognitiven Systems, das in soziale Interaktionen eingebunden ist. Erläutern Sie mit Bezug auf diese Aussage, wie ein Schüler in der Phase „Problem / Lösungsfindung“ vorgehen sollte.	
„Die radikale Schülerorientierung einer konstruktivistischen Didaktik überfordert die Schüler.“ Was meinen Sie dazu?	
Wissenserwerb wird unter den folgenden Prozessbedingungen beschrieben: aktiv, selbstgesteuert, konstruktiv, situativ und sozial. Versuchen Sie, für die genannten Strategien des Wissenserwerbs jeweils methodisch-didaktische Gesichtspunkte anzugeben.	

2.

Kompetenzen

„Kompetenzen werden von Wissen fundiert,
durch Werte konstituiert,
als Fähigkeiten disponiert,
durch Erfahrungen konsolidiert,
aufgrund von Willen realisiert.“

(John Erpenbeck)

2.1. Ganzheitliche Kompetenzmodelle

Gängige pädagogische oder psychologische Kompetenzmodelle sind stets auch Persönlichkeitsmodelle. Die Konzepte strukturieren die Merkmale von Menschen in bestimmten Bereichen, die – zusammengenommen – die Persönlichkeit ausmachen. Eine übliche Aufteilung ist vierteilig:

- **Selbstkompetenz** (Erkennen eigener Stärken und Schwächen, Selbstwertgefühl, Selbst-Management)
- **Sozialkompetenz** (Umgang mit anderen Menschen, Toleranz, Kommunikationsverhalten)
- **Fachkompetenz** (Kenntnisse, Wissen, Fähigkeiten und Fertigkeiten, aber auch die Anwendung von Wissen und Fähigkeiten)
- **Methodenkompetenz** (Strategien zum Beschaffen und Verarbeiten von Informationen, mediales Wissen und dessen Anwendung)

Die Kompetenzbereiche sind in diesem Modell voneinander abhängig und bedingen sich gegenseitig.

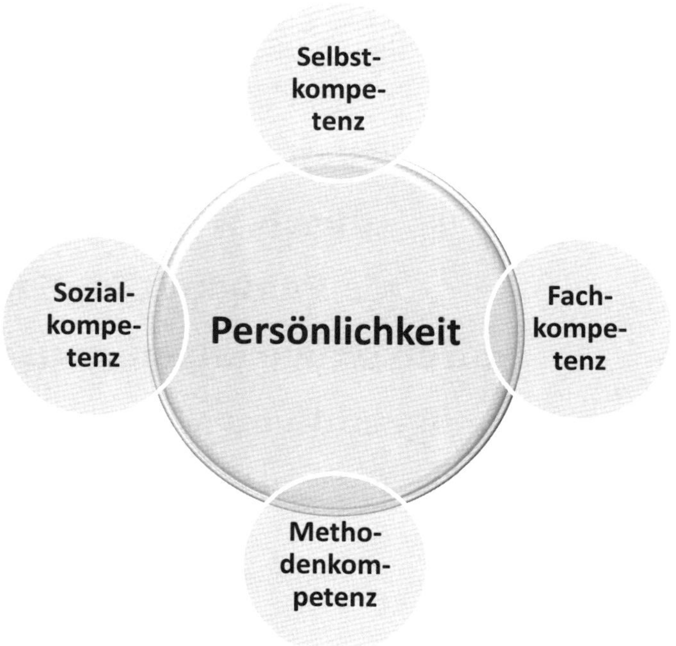

Lehmann / Nieke (2001) ergänzen dieses Modell um den Bereich der Handlungskompetenz. Handlungskompetenz wird dabei (wie in den frühen Arbeiten von Heyse / Erpenbeck (1999)) als Resultante dargestellt: Selbst-, Fach-, Methoden- und Sozialkompetenz bestimmen das Ausmaß der Handlungskompetenz eines Menschen. Handlungskompetenz ergibt sich in diesem Sinne aus den übrigen Kompetenzen. Handlungskompetenz wird – auf den Unterricht bezogen – als Leitziel angesehen. Kinder und Jugendliche sollen durch den Unterricht Handlungsmuster internalisieren, die sie in ihrem Alltag nutzen können. Schule transzendiert damit über die Enge des Unterrichtsraums. Mit dieser Einschätzung greift das Modell weit über ein Verständnis von Unterricht als bloße Vermittlung von Wissen hinaus. **Unterricht gestaltet so Lebensräume mit.**

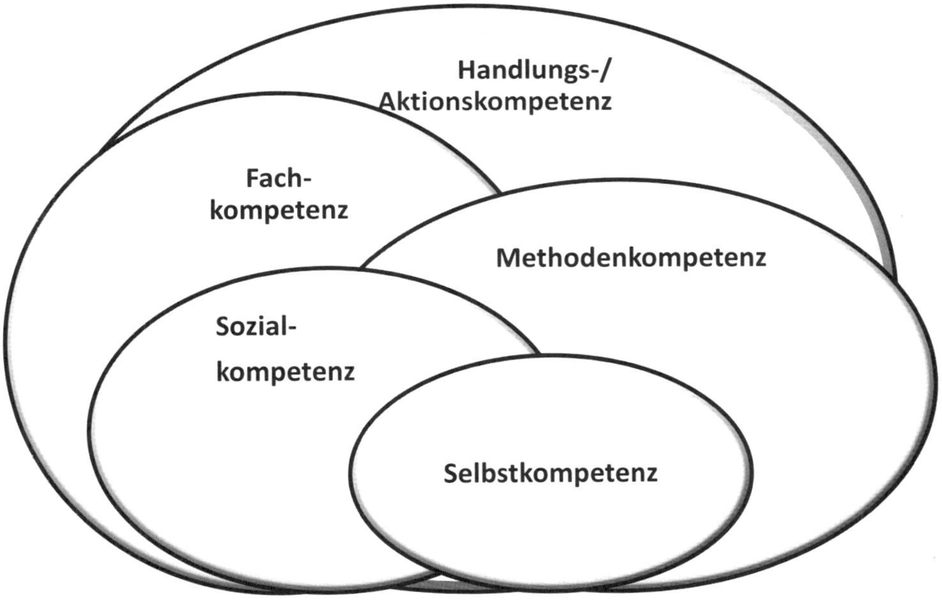

Eine Weiterentwicklung des Modells durch Heyse / Erpenbeck (2007b + 2009) liegt in einer Neubewertung der Handlungskompetenz und in einer Zusammenfassung von Fach- und Methodenkompetenz. Das Ergebnis ist ein **Vier-Säulen-Modell der Persönlichkeit** (vgl. Heyse / Erpenbeck / Ortmann 2010):

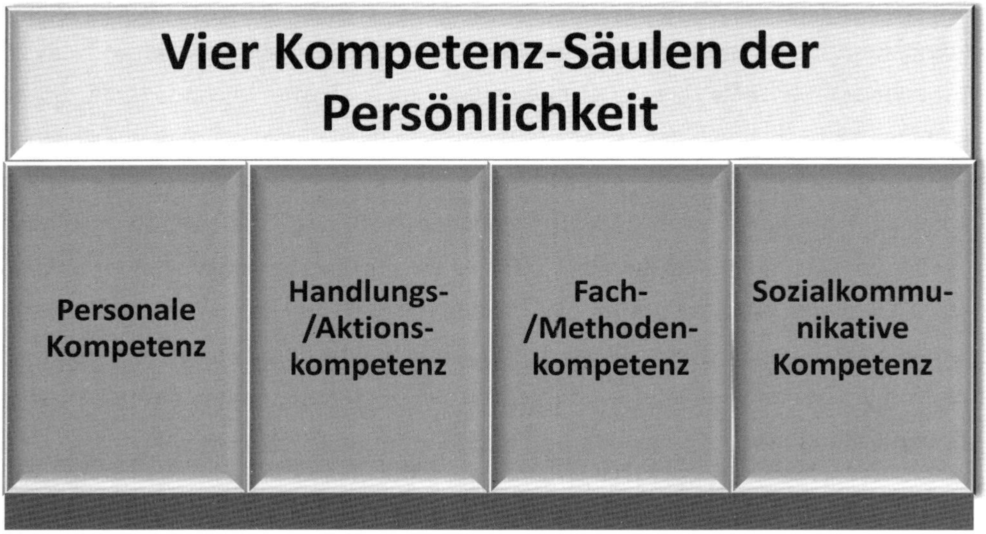

Fragebogen: Kompetenzprofil

Mit dem folgenden Fragebogen können Sie als Lehrer eine Selbsteinschätzung über ihr persönliches Kompetenzprofil vornehmen. Sie können feststellen, wie Ihre Stärken und Schwächen im Blick auf die vier zentralen Kompetenzbereiche entwickelt sind und wie sich dies in der Praxis auswirkt. In der rechten Spalte des Antwortrasters können Sie Aspekte / Gedanken / Assoziationen notieren (lassen), die Ihnen bzw. Ihren Schülern zu dem jeweiligen Item einfallen.

Und hier die Testaussagen:

1. Ich bin hilfsbereit.

Ja	Nein	Teilweise	Das fällt mir dazu ein ....

2. Ich kann Prioritäten setzen.

Ja	Nein	Teilweise	Das fällt mir dazu ein ....

3. Ich bin zu Änderungen im Ausbildungssystem bereit.

Ja	Nein	Teilweise	Das fällt mir dazu ein ....

4. Ich habe Geduld und kann aktiv zuhören.

Ja	Nein	Teilweise	Das fällt mir dazu ein ....

5. Ich bin als Lehrer gern Vorbild.

Ja	Nein	Teilweise	Das fällt mir dazu ein ....

6. Ich leite gern Projekte.

Ja	Nein	Teilweise	Das fällt mir dazu ein ....

7. Ich kann Kritik vertragen und nutze sie als Feedback.

Ja	Nein	Teilweise	Das fällt mir dazu ein ....

8. Ich spreche mit Kollegen über unsere gemeinsame Arbeitsweise.

Ja	Nein	Teilweise	Das fällt mir dazu ein ....

9. Ich kann Informationen aus dem Internet gut und schnell verarbeiten.

Ja	Nein	Teilweise	Das fällt mir dazu ein ....

10. Widerstände ermutigen mich in meiner Arbeit.

Ja	Nein	Teilweise	Das fällt mir dazu ein ....

11. Ich kann mich gut in andere Menschen hineinversetzen.

Ja	Nein	Teilweise	Das fällt mir dazu ein ....

12. Ich bin risikobereit.

Ja	Nein	Teilweise	Das fällt mir dazu ein ....

13. Ich strebe nach Höchstleistungen.

Ja	Nein	Teilweise	Das fällt mir dazu ein ....

14. Über meine Ängste kann ich sprechen.

Ja	Nein	Teilweise	Das fällt mir dazu ein ....

15. Anderen Auffassungen gegenüber reagiere ich tolerant.

Ja	Nein	Teilweise	Das fällt mir dazu ein ....

16. Mir macht es Freude, auf dem neuesten Wissensstand zu sein.

Ja	Nein	Teilweise	Das fällt mir dazu ein ....

17. Ich übernehme gern Verantwortung.

Ja	Nein	Teilweise	Das fällt mir dazu ein ....

18. Komplexe Situationen durchschaue ich schnell.

Ja	Nein	Teilweise	Das fällt mir dazu ein ....

19. Mir ist wichtig, Argumente gut zu begründen.

Ja	Nein	Teilweise	Das fällt mir dazu ein ....

20. Ich kann mich auch schwierigen Gesprächspartnern anpassen.

Ja	Nein	Teilweise	Das fällt mir dazu ein ....

21. Der positiven Wirkung meines Auftretens bin ich mir bewusst.

Ja	Nein	Teilweise	Das fällt mir dazu ein ....

22. Ich habe Wertvorstellungen und achte auf die Wertvorstellungen meiner Mitmenschen.

Ja	Nein	Teilweise	Das fällt mir dazu ein ....

23. Für mich gibt es nicht *die* Wahrheit. Ich betrachte Sachverhalte differenziert.

Ja	Nein	Teilweise	Das fällt mir dazu ein ....

24. Ich achte ältere Kollegen und nutze ihre Erfahrung.

Ja	Nein	Teilweise	Das fällt mir dazu ein ....

25. Ich übernehme gern die Leitung bei Gruppenaktivitäten.

Ja	Nein	Teilweise	Das fällt mir dazu ein ....

26. Ich handle verlässlich.

Ja	Nein	Teilweise	Das fällt mir dazu ein ....

27. Ich möchte andere Menschen gern von meiner Sicht der Dinge überzeugen.

Ja	Nein	Teilweise	Das fällt mir dazu ein ....

28. Ich kann Hilfe dosiert einsetzen.

Ja	Nein	Teilweise	Das fällt mir dazu ein ....

Auswertungsbogen

Tragen Sie Ihre Antworten in den Auswertungsbogen ein. Je häufiger Sie mit „Ja" geantwortet haben, desto mehr wissen Sie über die vier Kompetenzbereiche und desto häufiger wenden Sie Ihr Wissen erfolgreich an. Gehen Sie daher den Items noch einmal nach, die Sie mit „Nein" oder „Teilweise" beantwortet haben. Diskutieren Sie Ihre Ergebnisse in einer Gruppe mit Kollegen.

Personale Kompetenz			
Nr.	Ja	Nein	Teilweise
5			

13			
14			
21			
22			
24			
28			
Aktions-/Handlungskompetenz			
Nr.	**Ja**	**Nein**	**Teilweise**
3			
6			
10			
12			
17			
25			
27			
Fach-/Methodenkompetenz			
Nr.	**Ja**	**Nein**	**Teilweise**
2			
9			
16			
18			
19			
23			
26			
Sozialkommunikative Kompetenz			
Nr.	**Ja**	**Nein**	**Teilweise**
1			
4			
7			
8			
11			
15			
20			

2.2. Kompetenzentwicklung in der Schule

Infolge des schlechten Abschneidens deutscher Schüler bei der PISA-Studie wurde von einigen Bildungstheoretikern und Politikern sowie von Vertretern der Wirtschaft eine neue Ausrichtung der Bildungsarbeit an der Schule gefordert. Die technische, wirtschaftliche und gesellschaftliche Entwicklung ist in eine Dynamik geraten, zugleich sind Fragen nach den zukünftigen Perspektiven von Bildung in den Vordergrund gerückt.

Mit Blick auf den zukünftigen Nutzen hat die KMK in ihren letzten Beschlüssen (2004 u. 2007) nunmehr die an Bildung gestellten Erwartungen durch die **Ausrichtung auf Kompetenzvermittlung in der Schule und auf Kompetenz der Schüler** als Ergebnis der Bildungsarbeit beschrieben. Dies sei zeitgemäß und im weltweiten Konsens bezüglich schulischer Bildung angebracht und notwendig – so wird gesagt. Mit *Kompetenz* nehmen die Beschlüsse der KMK einen Begriff auf, der seit langem in vielen gesellschaftlichen Bereichen vor allem zur Kennzeichnung von Qualität verwendet wird. **Schule muss die „Qualität“ der Schülerleistung verbessern und Schüler in die Lage versetzen, selbständig bestimmte Anforderungen zu erfüllen.** Damit ist auch die Befähigung zu ihrer selbstständigen Weiterentwicklung eingeschlossen: Schüler sollen kompetent werden, um ihr Leben in allen Situationen bewältigen zu können. **In den gültigen Kernlehrplänen für die Sekundarstufe I wird die Kompetenzforderung der KMK umgesetzt** (MSW NRW 2011b).

In der bisherigen Unterrichtspraxis sind Kompetenzziele nicht unbekannt: Geeignete Lehrsituationen werden oft an der Entwicklung von Handlungskompetenz der Schüler orientiert; dabei legen Lehrer neben der Komponente Fachkompetenz vor allem zunehmend Wert auf die Entwicklung von personaler Kompetenz sowie auf Methoden- und Sozialkompetenz. Trainingsmodelle an Schulen zum Erwerb von Lern- und Methodenkompetenz, aber auch die zeitweise Einführung von Verhaltens- und Arbeitsnoten zeigten und zeigen diesen Trend. **Die pädagogische Ausrichtung weist über eine lehrgangsmäßige Unterrichtsarbeit weit hinaus.**

Die heutige Bedeutung des Kompetenzbegriffs ist in der öffentlichen Diskussion vornehmlich durch ökonomische Interessen geprägt. Bedingt durch die Globalisierung betreiben die Unternehmen die Entwicklung der Kompetenzen ihrer Mitarbeiter. Die Unternehmen interessiert dabei, Humanressourcen hinsichtlich aller Qualifikationen und möglicher Entwicklungsperspektiven vollständig zum Nutzen des Unternehmens auszuschöpfen. Bei diesem Prozess der Kompetenzentfaltung gehen Unternehmen sowohl ressourcen- als auch lernorientiert vor. Die Ressourcenorientierung hat vor allem das wirtschaftliche Überleben des Unternehmens im Blick und konzentriert vorhandene Ressourcen synergetisch auf das Erreichen dieses Ziels. Der lernorientierte Ansatz fokussiert auf den einzelnen Mitarbeiter: Seine Fähigkeiten sollen ihm helfen, sich selbst zu organisieren. Eine Optimierung dieser Selbst-Organisation ist Voraussetzung für die Optimierung der Arbeitsprozesse im Unternehmen (vgl. z. B. Migge 2011). Das (langfristige) **Ziel der Unternehmen** ist in beiden Fällen die permanente **Gewinn-Maximierung**.

Bei der **Entwicklung von Kompetenzen** geht es um die Verbesserung von Suchstrategien für Probleme und Aufgaben, um für Anliegen bessere oder neue Lösungswege zu finden. Dabei wird ein hohes Maß an Transfer- bzw. Vernetzungsfähigkeit und Kreativität einer Person herausgefordert und vermittelt. Die Fähigkeit zum Transfer und die Kreativität sind grundlegende Merkmale von Kompetenz, die die Ergebnisse alltagstauglich machen. Kompetenz entwickelt sich bei diesem Prozess auf der Grundlage von Qualifikationen und Wissen. **Eine Person repräsentiert Kompetenz in einer kognitiven Struktur, die spontan abrufbar ist. Diese Struktur kennzeichnet als eine Disposition von Merkmalen die Bedingung der Möglichkeit, bestimmte Fähigkeiten und Fertigkeiten zum Lösen von Aufgaben einzusetzen.** Als Aufgaben kommen sowohl Denkoperationen als auch Handlungen in Betracht (vgl. Heyse / Erpenbeck 2007; Heyse / Erpenbeck / Ortmann 2010).

⇨ **Bevor Sie weiterlesen:**

1. Woran können Sie bei Schülern Kompetenzen erkennen? Nennen Sie drei konkrete Beispiele.
2. Erläutern Sie den Satz: „Eine Person repräsentiert Kompetenz in einer kognitiven Struktur."

1.

2.

Das OECD-Projekt DeSeCo (Definition and Selection of Key Competencies) beschreibt den Kompetenzbegriff zusammenfassend so: „Eine Kompetenz ist mehr als nur Wissen und kognitive Fähigkeiten. Es geht um die Fähigkeit der Bewältigung komplexer Anforderungen, indem in einem bestimmten Kontext psychosoziale Ressourcen (einschließlich kognitive Fähigkeiten, Einstellungen und Verhaltensweisen) herangezogen und eingesetzt werden. So ist beispielsweise die Kommunikationsfähigkeit eine Kompetenz, die sich auf Sprachkenntnisse, praktische IT-Fähigkeiten einer Person und deren Einstellungen gegenüber dem Kommunikationspartner abstützen kann“ (OECD 2005, 6) Auch hier wird deutlich: **Kompetenz ist stets ein Meta-Begriff; er charakterisiert die Fähigkeit zur Anwendung von Wissen und Basisfähigkeiten.** Auch die OECD versteht unter Kompetenz also eine Disposition, die erst durch Aktualisierung wirksam wird (vgl. Borner 2008).

Unter einer **Disposition** versteht man in der Psychologie die angeborene oder erworbene Ansprechbarkeit bzw. Einstellung einer Person im Blick auf zum Beispiel Situationen und Erlebnisse in der gegenständlichen Umwelt. Die Disposition wird auf neurophysiologische Vernetzungen zurückgeführt. Sie gilt als ein unbewusster Zustand, der aber Vorstellungen für eine Aufgabe hervorbringt, wenn er von „außen“ aktiviert wird. Die Disposition kann durch Lernerfahrungen und Anpassungen modifiziert werden. Daher ist es berechtigt, Kompetenz sozusagen als eine potenzielle Energie (Potenz) anzusehen. **Die Entwicklung von Kompetenz ist somit kein einfacher und unmittelbar kontrollierbarer Prozess. Auch das Feststellen von Kompetenzen kann nur indirekt dadurch erfolgen**, dass man durch die Fähigkeit eines Menschen zum Lösen konkreter Aufgaben auf eine vorhandene Kompetenz zurückschließt (vgl. Weinert 2001b).

Kompetenz und Lernziele

Bei der Verwendung des Begriffs Kompetenz für den Unterricht wird gegenüber der bisherigen Unterrichtsarbeit häufig von einem Paradigmenwechsel gesprochen, weil nun den Ergebnissen der Lernprozesse des Schülers die entscheidende Bedeutung zukomme. „Nicht die Frage: *‚Was sollen Schüler lernen?‘* stehe im Mittelpunkt, sondern die Frage: *‚Was sollen Schüler können?‘*“ Diese Interpretation ist nicht unzutreffend, allerdings trifft sie auch auf den Unterricht zu, wie er bisher praktiziert wird. Aktueller Unterricht wird in der deutschen Schultradition als ***lernziel***orientierter (und nicht als *lehr*zielorientierter) Unterricht bezeichnet. Lernziele geben an, was der Schüler lernen soll, um in zukünftigen Lebens- und Lernsituationen angemessen zu reagieren. **Lernziele formulieren demnach den Zuwachs an Kompetenzen, den der Schüler beim Durchlaufen des Lernprozesses gewinnen soll.**

Bei der Lernzielformulierung steht ausschließlich das antizipierte „Können“ der Schüler im Vordergrund. Die Beschreibung der Lernziele bezieht sich immer auf (meist kognitive) Handlungen der Schüler und auf die Darstellung des Erworbenen. Die zu bewertenden Ergebnisse spiegeln aktuell vorhandenes (deklaratives und prozedurales) Wissen und aktuell vorhandene Fähigkeiten und Fertigkeiten wider. Die Leistung eines Schülers wird durch den Vergleich von Ist- und Soll-Zustand ermittelt. Dazu vergleicht man erworbenes Wissen mit einem definierten Anforderungsprofil, wie es z. B. in Lernstandserhebungen oder zentralen Prüfungen vorkommt. **Vom Lernzielbegriff muss man zwangsläufig abrücken, wenn man Ziele jetzt im Sinne einer Kompetenzentwicklung beschreiben möchte. Solche Ziele kann man nur *Lehr*ziele nennen, weil sie auf die Disposition eines Menschen bezogen sind und nicht auf die Aktualisierung dieser Disposition (Performanz).**

Dieses Bildungsanliegen wird auch durch den lernzielorientierten Lehrplan der herkömmlichen Weise befördert. Er enthält neben den Lehrinhalten im Sinne einer Repräsentation eines kulturellen Bestandes die entsprechenden Lernziele (in unterschiedlicher Abstraktion und auf verschiedenen Anforderungsstufen), die diesen Bildungsbestand einzulösen erlauben. Im Vergleich hierzu wird durch den kompetenzorientierten Lehrplan über die Bildungsstandards die zu erreichende Zielebene als vorgegebenes Ergebnis bis zu einem bestimmten Zeitabschnitt (Jahrgang, Abschluss) angegeben. Die Bildungsstandards stellen also eine auf das Ergebnis der Unterrichtsarbeit gerichtete Vorgabe dar. Dagegen verweist der lernzielorientierte Lehrplan auf die planerischen Perspektiven des Lehr-/Lernprozesses. **Allgemein verbindet sich mit dem lernzielorientierten Lehrplan die Vermittlung von Allgemeinbildung, mit dem kompetenzorientierten Lehrplan die von Handlungsfähigkeit in konkreten Situationen.**

⇨ **Bevor Sie weiterlesen:**

1. Definieren Sie die Begriffe „Kompetenz“ und „Lernziel“. Nennen Sie die drei wichtigsten Unterschiede und begründen Sie diese.
2. Welche Folgerungen leiten Sie aus Ihren Begriffsdefinitionen für die unterrichtliche Praxis ab?
3. Wie wichtig können beziehungsweise sollen Ihrer Meinung nach in Zukunft Lernziele für den Unterricht sein?

1.   2.   3.

Kompetenz und Qualifikation

Der Vergleich von intendierten schulischen Zielen und unternehmerischer Zielsetzung weist auf jeweils unterschiedliche Intentionen hin. Beide Zielbeschreibungen setzen aber als Grundlage eine hinreichende Qualifikation voraus. Qualifikationen sind personenunabhängige Beschreibungen allgemeiner Kenntnisse und Fertigkeiten und damit „Positionen eines gleichsam mechanisch abgeforderten Prüfungshandelns, sind Wissens- und Fertigkeitspositionen." (Erpenbeck / Rosenstiel 2007, IX) Die Vorstellung über Kompetenz geht sowohl in der Allgemeinbildung als auch in der Unternehmensphilosophie von zwei Annahmen aus: 1.) **Kompetenz basiert stets auf Wissen, ist aber selbst kein Wissen.** 2.) **Einer Person ist dann Kompetenz zuzuschreiben, wenn sie eine Sache auch unter veränderten und sich ändernden Bedingungen beherrscht** (vgl. Heyse / Erpenbeck / Max 2004).

Im beruflichen Alltag wird in allgemeiner Beschreibung Kompetenz verstanden als eine Verhaltensdisposition. Diese Disposition erlaubt es dem Menschen, sich in komplexen und wenig durchsichtigen Situationen zurechtzufinden und angemessen zu reagieren. **Kompetenz kennzeichnet die Fähigkeit eines Menschen als Disposition von Merkmalen. Diese Merkmale lassen sich sowohl auf vorhandene (angeborene) als auch auf erworbene Fähigkeiten zurückzuführen** (s. S. 70). Beide Komponenten werden gleichzeitig als Voraussetzungen angesehen. Kompetenz ist ein unbewusst latenter Zustand. **Erst eine Aktualisierung macht die latente Kompetenz sichtbar.** Erkennen kann man die Kompetenz zum Beispiel in Problemsituationen: Hier zeigt sich die Kompetenz in dem Bemühen des Menschen, mögliche Vorstellungen über die Lösung des anstehenden Problems hervorzubringen und diese erfolgreich anzuwenden. **Kompetenz ist subjektzentriert und stellt ein kreatives und selbstorganisierendes Potenzial dar. Kompetenz kann man bei einer Person zunächst nur annehmen (unterstellen).** Denn vorhandene Kompetenz ist nicht offensichtlich erkennbar, sie drängt nämlich nicht zu einer Tätigkeit.

Erst ein situativer Anlass führt zu einer kompetenten Handlung; die Handlung muss dabei für den Handelnden mit einem erstrebenswerten Ziel verknüpft sein. Kompetenz bezieht sich also immer auf einen situativen Kontext, der spezielle Handlungsaufforderungen und -anforderungen enthält. Die Kompetenz einer Person kann nur in

Interaktionssituationen wirksam werden und man kann sie auch nur in solchen Situationen feststellen oder beobachten. **Es bedarf also einer bestimmten Herausforderung, um am Output Kompetenz zu erkennen.** Unter dieser Bedingung ist bei Kompetenz der Blick auf das Verhalten einer Person in einer Situation gerichtet. Es geht um die Bewältigung einer Anforderung. **Man spricht daher bei der Ermittlung von Kompetenz von einer *Output*-Orientierung** (vgl. Kliebisch 2011).

In Umkehrung dieser Aussagen gilt: Kompetenz kann man nur in Interaktionssituationen erwerben. Solche Interaktionssituationen ergeben sich stets auf der Grundlage eines bestimmten Gegenstandsfeldes und treten in einem solchen auf; der Bezugsrahmen ist also durch das Gegenstandsfeld selbst gegeben. **Kompetenz ist also die Fähigkeit, auf einem bestimmten Gegenstandsfeld eine Situation bzw. ein Problem lösen zu können.** Die Lösung eines Problems oder allgemein eine Handlung bezeichnet man dann als kompetent, wenn bestimmte Merkmale erfüllt sind; die Merkmale sind entweder durch die Handlung festgelegt oder werden der Handlung zugeschrieben, nachdem sie vollzogen ist.

Kompetenz im Bildungsbereich wird als Fähigkeit verstanden, Lösungen bzw. Lösungsansätze für alle anfallenden Aufgaben in einem gegebenen Sachbereich zu finden. Kompetenz befähigt somit, eine „Menge von Aufgaben“ zu lösen, die diesem Sachbereich zugeordnet ist (siehe Klauer / Leutner 2007). Dies ist nur möglich, wenn Kompetenz mehr als ein aktueller „kognitiver Bestand“ ist. Kompetenz wird auch hier verstanden als die Disposition eines Menschen, die als Eigenschaft zu ihm gehört und die sich in einem aktualisierten Problemlöseverhalten zeigt. Diese Disposition umfasst auch Merkmale wie Selbstorganisation, Umsetzungsorientierung, fachliche und methodische Voraussetzungen, kommunikative Dynamik (vgl. OECD 2005). **Für die Unterrichtspraxis können Kompetenzen daher nur mit Hilfe von *Lehr*zielen beschrieben werden.** Zwischen Qualifikation und Kompetenz ist dabei hinsichtlich der intendierten Potenz und der prozessualen Verwirklichung zu unterscheiden.

Unterricht schafft bei Schülern Wissens- und Fertigkeitspositionen; diese Positionen sind weitgehend Resultat aufbauender Lernschritte, die durch den Lehrgangscharakter des Unterrichts bestimmt werden. Üblicherweise nennt man die dabei erbrachte Leistung „**Qualifizierung**“. Die Qualifikation ist mit Hilfe von Leistungsparametern prüfbar; man kann sie durch gezielte Maßnahmen verbessern. Lehrer interessieren sich zum Beispiel mit Hilfe von Klassenarbeiten, Klausuren, Tests oder zentralen Prüfungen jeweils für einen begrenzten Ausschnitt der Leistungsresultate. Im Vergleich dazu ist Kompetenz eine Disposition selbstorganisierten Handelns; Kompetenzen sind subjektbezogene Handlungstechniken, nicht nur deren Nutzung und eben auch nicht nur das Ergebnis deren Anwendung (vgl. Borner 2008). Die Disposition hat Bedeutung in ihrer präskriptiven Funktion; die Möglichkeit einer Kompetenzentwicklung geht von einer hinreichenden Qualifikation aus. Kompetenz ist daher nicht direkt prüfbar; hierzu bedarf es einer lehrgangsübergreifenden Leistungsanforderung. Im Gegensatz zum Wissenskanon bezieht sich die Kompetenzvorstellung besonders auf zukünftige, jetzt aber noch gar nicht überschaubare Handlungssituationen. Über den Erwerb von Kompetenzen erschließen sich Menschen zukünftige Lebenssituationen schon heute durch die Fähigkeit von Transferleistungen. Denn „Bildung und Qualifizierung lassen sich in einer modernen Industriegesellschaft nicht mehr durch einen festen Kanon fachlicher Kenntnisse, die an nachfolgende Generationen weitergegeben werden, beschreiben. Wissen muss auf unterschiedliche, auch neue und komplexe Situationen und Kontexte anwendbar sein." (Klieme / Maag-Merki / Hartig 2007; siehe auch Klieme u.a. 2010).

Beziehung von Wissen und Kompetenz

Die Aufnahme von Informationen führt zur Verarbeitung der Informationen im Gehirn. Einer der ersten Schritte ist dabei die Verknüpfung mit bereits vorhandenem Wissen (Aufbau von Netzwerken) und im Weiteren die Bildung von Wissensstrukturen (Bildung von Schemata). **In dieser Abfolge ergibt sich Lernen als Prozess.** Die von einer Person erreichten Wissensstrukturen konstituieren sich aus den erlernten Gegenständen und den erlernten Prozessen; diese Prozesse sollen im Zusammenspiel das vorhandene Wissen so flexibilisieren, dass es nicht nur transferiert werden, sondern auch in Abwägungs- und Entscheidungsprozessen zu neuen Einsichten führen kann (vgl. Roth 2009; Roth / Spitzer / Caspary 2008).

Die Entwicklung von Kompetenz geht einher mit der Vermittlung von deklarativem und prozeduralem Wissen sowie mit der Anwendung dieses Wissens in Problemlösesituationen. Vermittlung und Anwendung werden dabei nicht als aufeinander folgende Vorgänge angesehen; man versteht Vermittlung und Anwendung vielmehr als ein integriertes Verfahren von Erschließung und Erprobung, wie es durch ein problemorientiertes Vorgehen erreicht wird.

Vielfältiges und weitreichendes Wissen in unterschiedlichem Umfang staffelt die Qualifikationen für die verschiedenen Anforderungen in der Gesellschaft. Die erwartete Leistung ist in der Regel der sichere Wissenstransfer bei der Anwendung. **Kompetenz hingegen ist immer dann nötig, wenn für ein Ziel bzw. eine Aufgabe neue oder veränderte Perspektiven und Lösungswege gefunden und angewendet werden müssen.**

Das Schema auf Seite 77 zeigt einen dynamischen Vorgang von der Ebene der Kenntnisse bis hin zur Ebene der Fähigkeiten, der sich über bestimmte kognitive Operationen etabliert. **Qualifikation und Kompetenz entstehen dabei in einem Prozess gleichzeitig und wechselseitig.** Grundlegend in der Vermittlung von Qualifikation und Kompetenz ist die Aneignung von Wissen. **Eine im Wesentlichen auf Qualifikation ausgelegte Vermittlung ist in der Regel aber anders organisiert als eine Vermittlung, die Kompetenz etablieren möchte.**

Bei einer an Qualifikation orientierten Vermittlung sind die Handlungsziele bekannt: Der erforderliche Handlungsprozess kann von vornherein bestimmt werden; die einzelnen Prozessschritte lassen sich trainieren. Es geht vor allem um den Nachweis von inhaltlichem und methodischem Wissen in bestimmten Zusammenhängen als Endprodukt eines Bildungs- oder Ausbildungsgangs. Auch hier spielen Problemsituationen eine wichtige Rolle. Diese sind meist eindeutig bestimmbar. **Im Grundsatz geht die Vermittlung einer Qualifikation auf Lernschritte zurück, die aufeinander aufbauen und den Charakter eines Lehrgangs haben.** Lösungen von Aufgaben werden hier mit Hilfe von Analogien gefunden. Diese Merkmale kennzeichnen den Unterschied zur Vermittlung von Kompetenz. **Kompetenzentwicklung geht einher mit der Vermittlung und Anwendung von Problemlösestrategien. Bei der Lösung von problemorientierten Aufgaben oder Situationen spielen Antizipation und Reflexion eine Rolle;** häufig werden z. B. Wenn-

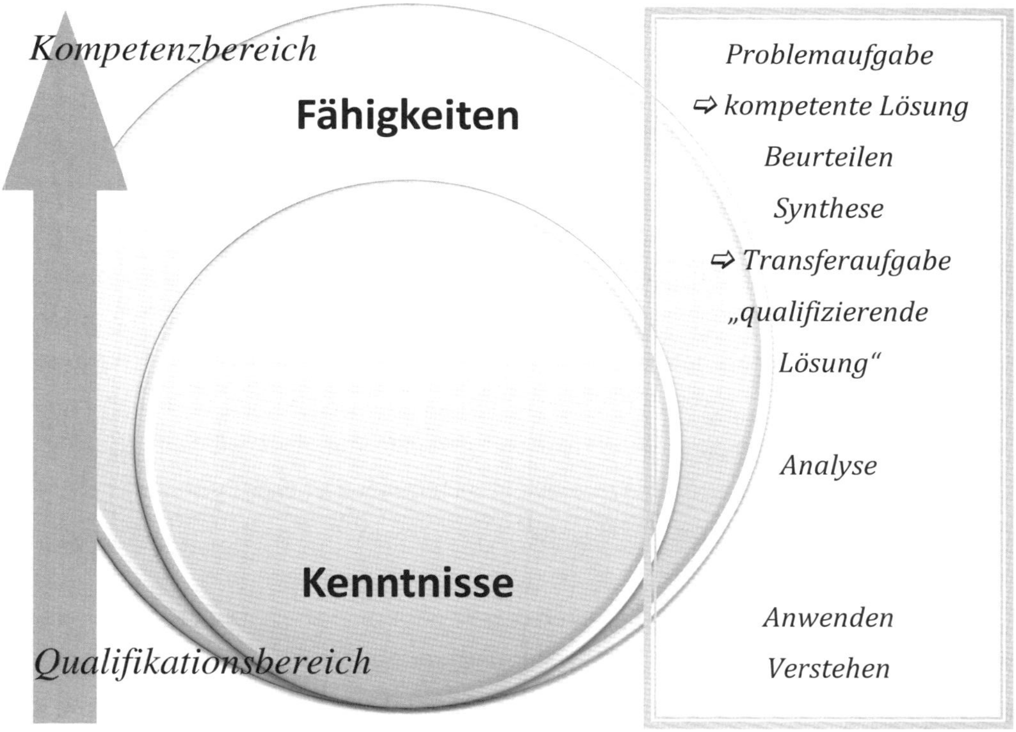

Beziehungsgefüge – Operationen, Qualifikation und Kompetenz

dann-Regeln angewendet. **Eine wichtige Operation ist die Beurteilung bzw. Entscheidungsfindung.**

Ein Augenmerk sei auf den **Begriff Problem** gelenkt. Er führt oft zu einer Verwirrung, weil Unterschiedliches gemeint sein kann. Man spricht sehr oft von einem Problem, wenn eine Wissenslücke vorhanden ist. Andererseits wird auch der kognitive Konflikt als Problem bezeichnet. Ein solcher Konflikt tritt auf, wenn man eine Aufgabe mit dem vorhandenen Wissen nicht zweifelsfrei lösen kann. Dabei entsteht eine innere Unruhe; sie löst ein Suchverhalten aus und treibt eine Person dazu, eine Lösung zu finden. Im ersten Fall hingegen ist Neugierde der Antrieb dafür, etwas zu erfahren. Die Neugierde kann aber schnell wieder erlöschen, wenn man das Ziel als unerreichbar erlebt. Eine Problemsituation zu lösen kann Ausdruck der Kompetenz eines Menschen sein. Voraussetzung für die Aktivierung der Kompetenz, also des kompetenten Problemlöseverhaltens, ist in der Regel ein kognitiver Konflikt beim Handelnden.

2.3. Kompetenzorientierung im Unterricht

Die KMK-Beschlüsse (2004; 2008) beziehen sich auf eine Definition von Kompetenz, wie sie auch die Psychologie nutzt. Danach beschreibt man als Kompetenz „die bei Individuen verfügbaren oder durch sie erlernbaren kognitiven Fähigkeiten und Fertigkeiten, um bestimmte Probleme zu lösen, sowie die damit verbundenen motivationalen, volitionalen und sozialen Bereitschaften und Fähigkeiten, um die Problemlösung in variablen Situationen erfolgreich und verantwortungsvoll nutzen zu können" (Weinert 2001). Mit Kompetenz verbindet sich danach Wissen, Verstehen, Können und Wollen (siehe Erpenbeck / Rosenstiel 2007; Kliebisch 2011).

Diese **Beschreibung von Kompetenz lässt allgemein zwei Dimensionen erkennen**: Die eine Ebene ist auf die **Bewältigung von Problemsituationen** gerichtet, die die Lebenswelt als Anforderungen an das Individuum stellt; die andere Ebene zielt auf die **sozialkommunikative Teilhabe an gesellschaftlichen Auseinandersetzungen**.

Diese Kompetenzen haben einen fachübergeordneten Bezug. **In der Schule werden die Kompetenzen an Inhalten eines Gegenstandsfeldes vermittelt bzw. erworben.** Dazu benennen die KMK-Beschlüsse für bildungsrelevante Fächer Bildungsstandards (vgl. KMK 2007). Die Bildungsstandards beziehen sich jeweils auf die zentralen Ziele und Konzepte eines Schulfaches und auf die damit in Beziehung zu bringenden Kompetenzen. Durch die Bildungsstandards eines Faches werden in erster Linie die fachspezifischen Kompetenzen beschrieben, die in ihrer allgemeinen Qualität fächerübergeordnete Kompetenzen einschließen. **Der Kompetenzbegriff der KMK vereint die fachliche und die überfachliche Dimension des Handelns. Zur Bewältigung konkreter Anforderungen müssen diese zusammentreffen.**

Die zunächst ausgewählten Schulfächer sind **Deutsch** und **Mathematik**, die der **Fremdsprachen** und die der **Naturwissenschaften** (vgl. z. B. Blum / Drüke-Noe 2006; Seyler 2007; Ziener 2009). Man nimmt an, dass diese Fächer bzw. Fachbereiche die Einsichten und dadurch die Kompetenzen vermitteln, die zur Erschließung der gesellschaftlichen Realität und zum Handeln-Können in der globalisierten Welt beitragen und nötig sind. Die Bildungsstandards werden durch die wesentlichen Kompetenzbereiche des Faches festgelegt (vgl. z. B. Willenberg 2007). Diese fachlichen Standards beziehen sich somit auf grundlegende Kompetenzen, die Schüler bis zu einem bestimmten Jahrgang erworben haben (sollen) und dann getestet werden (z. B. bei Lernstandserhebungen oder zentralen Prüfungen).

Die KMK-Beschlüsse beschreiben Kompetenzen für jedes Fach in Taxonomien von Verhaltensweisen und Anforderungen, den sogenannten Kompetenzbereichen. Allgemeine Kompetenzen schlagen sich dabei in den fachspezifischen Kompetenzbereichen nieder. Diese Kompetenzen müssen bzw. sollen die Schüler bis zu einem bestimmten Zeitpunkt in der Schule erreichen, wenn sie als erfolgreich im Sinne der gesellschaftlichen Forderungen gelten wollen. Der Blick ist stärker als bisher auf die Lernergebnisse der Schüler und das Erreichen der Kompetenzziele gerichtet (**Output-Orientierung**). Die Bildungsstandards eines Faches bedeuten somit auch fachspezifische Leistungsstandards.

Im konkreten Unterricht muss der Lehrer die Inhaltsdimension mit den Prozessdimensionen verknüpfen. Dabei sollen die zu einem „Lernziel" gehörigen Teilmengen von Aufgaben systematisch erzeugt werden. Mit Hilfe einer Matrix (Tyler-Matrix) wird die Aufgabenmenge von Lernzielen eines Kompetenzbereichs zweidimensional mit den Anforderungsprofilen in Beziehung gesetzt. In den drei genannten Anforderungsprofilen werden die Verhaltensaspekte kognitiver Lernziele ausdifferenziert. Sie dienen dazu, die erreichte Kompetenz bzw. den erreichten Grad der Kompetenz zu dokumentieren. In der KMK-Empfehlung spielen für die Kompetenzentwicklung ebenfalls **Operationen** der folgenden Kategorien eine Rolle, wie sie bei der Qualifizierung allgemein notwendig sind (vgl. Bloom 1972):

1. Wissen, Kenntnis (Sachverhalte, Begriffe, Gesetzmäßigkeiten usw. wiedergeben können)
2. Verständnis (Sachverhalte in eigenen Worten wiedergeben und interpretieren, Begriffe und Modelle zuordnen)

3. Anwenden (Gesetzmäßigkeiten, Regeln auf besondere Fälle übertragen, um Probleme zu lösen, Begriffe und Modelle zur Erschließung neuer Erkenntnis nutzen)
4. Analyse (Sachverhalte in ihre Struktur zerlegen, Probleme erkennen und definieren)
5. Synthese (Elemente von Sachverhalten zu einem neuen Komplex zusammenführen, neue Einsichten formulieren und begrifflich zuordnen, neue gedankliche Strukturen aufbauen)
6. Bewertung (Sachverhalte bzw. Teilaspekte von Sachverhalten und Modellen nach Kriterien beurteilen)
7. Darüber hinaus geht es um die kommunikative Vermittlung bei Recherchen, Bearbeitungen und Präsentationen.

Voraussetzung für die Bestimmung von Aufgaben in den Anforderungsprofilen ist die Unterrichtsarbeit des Lehrers. Schüler müssen mit Hilfe geeigneter Aufgaben ihre Kompetenz und deren Ausprägungsgrad im Unterricht präsentieren können. Die didaktisch-methodische Entscheidung des Lehrers für seinen Unterricht hat – auf der Grundlage der Fachinhalte – somit ihren Schwerpunkt in den Prozesskomponenten der Kompetenzbereiche. Für die naturwissenschaftlichen Fächer gibt es hierzu den Vorschlag einer Standard-Matrix (Tausch 2003).

Der neuzeitliche Unterricht soll nunmehr Kompetenzen vermitteln. Die Kompetenzerwartung ist durch kompetenzorientierte Unterrichtsvorgaben festgelegt. Grundlage ist deklaratives und prozedurales Wissen (konzeptbezogene Kompetenz), das es zu vermitteln gilt, das aber gleichzeitig durch den Prozess der Aneignung so flexibilisiert werden muss, dass es dem Schüler möglich ist, Problemlösestrategien zu entwickeln und problemorientierte Aufgaben auf einem Gegenstandsfeld zu lösen. Diese Art von Aufgaben ist gängige Praxis auch des bisherigen Unterrichts. Bei Kompetenzorientierung geht es hingegen durchgängig um Handlungen in Problemsituationen. Aufgabe ist nicht gleich Aufgabe. Unter **Aufgabe** ist häufig allgemein nur ein Arbeitsauftrag gemeint. Diese Art von Aufgabe ist zu unterscheiden von der Aufgabe, die eine Problemlösung zum Ziel hat. In einem problemorientierten Lehr-/Lernprozess muss eine Aufgabe so beschaffen sein, dass sie während des Lösungsprozesses auch die Entwicklung einer Lösungsstrategie zulässt. Das bedeutet auch: Die Aufgabenstellung muss individuelle Lösungsstrategien herausfordern.

In der Schulausbildung wird Kompetenz als Fähigkeit und Fertigkeit verstanden, die zur Bewältigung bestimmter fachbezogener Anforderungen notwendig ist. Kompetenz kann in einem Lehr-/Lernprozess erworben werden und bestimmt sich durch die vorgegebenen Ergebnisstandards, über die ein Schüler zu einem festgelegten Zeitpunkt der Schullaufbahn verfügen muss. Die inhaltlichen Standards (content standards oder curriculum standards) rücken die Inhalte des Lehrens und Lernens in den Vordergrund und benennen die erforderlichen Kompetenzen und das nötige Wissen. Bildungsstandards sind normative Vorgaben. Solche Vorgaben beziehen sich außer auf die Inhalte auch auf die Ergebnisse des Lehr-/Lernprozesses, außerdem auf den Bereich der Lernbedingungen sowie auf den der Anforderungen (vgl. Ziener 2009).

Kompetenz lässt sich ermitteln, wenn die zu lösende Aufgabe die möglichen Aufgaben bzw. Aufgabenbereiche aus dem Gegenstandsfeld repräsentiert. „Kompetenz ist ein Persönlichkeitsmerkmal, das durch die Angabe von Aufgabenbereichen präzisierbar wird, zu deren erfolgreichen Bearbeitung das betreffende Merkmal qualifiziert.“ (Klauer / Leutner 2007) Kompetenz (Zuständigkeit) haben Schüler dann, wenn sie durch Unterricht auf einem bestimmten Gegenstandsfeld (Sachgebiet) problemorientierte Aufgaben lösen können. In dem Fall deutet man die entwickelte Kompetenz als Ergebnis des Lernprozesses.

Die Anforderungen von Aufgaben werden für den Unterricht durch die Standards vorgegeben bzw. bestimmt. Der Schwierigkeitsgrad und die Komplexität der Aufgaben sind Anforderungsbereichen zugeordnet, die die Merkmale ein und derselben Kompetenz abbilden. In der Regel geht man von drei Anforderungsbereichen aus. Diese Bereiche werden fachspezifisch für die vorgegebenen Kompetenzbereiche des Faches ausgelegt. Im Unterricht sollten alle drei Anforderungsbereiche vorkommen und für die Schüler erreichbar sein (siehe Kapitel 3).

2.4. Kompetenzorientierter Lehrplan der Sekundarstufe I

Kompetenzorientierung des Unterrichts gemäß den Bildungsstandards bedeutet: Der Lehrer arrangiert die Unterrichtsarbeit so, dass die Schüler Kompetenz erwerben können. Die in den Bildungsstandards formulierten Vorgaben müssen sich als Ergebnis des Lernprozesses einstellen. Die Kompetenzen, die man den Bildungsstandards zuordnet, sind auf **vier Kompetenzbereiche** ausgerichtet (siehe Abbildung). Es handelt sich um Kategorien der Befähigung und Bewältigung bestimmter Anforderungen. Man gibt Anforderungsbereiche an, um diese Anforderungen hinsichtlich der Komplexität und des Schwierigkeitsgrades zu erfassen. Die Anforderungsbereiche stellen eine Orientierung dar, in der sich die Leistungen der Schüler erfahrungsgemäß bewegen; sie sind also nicht empirisch validiert.

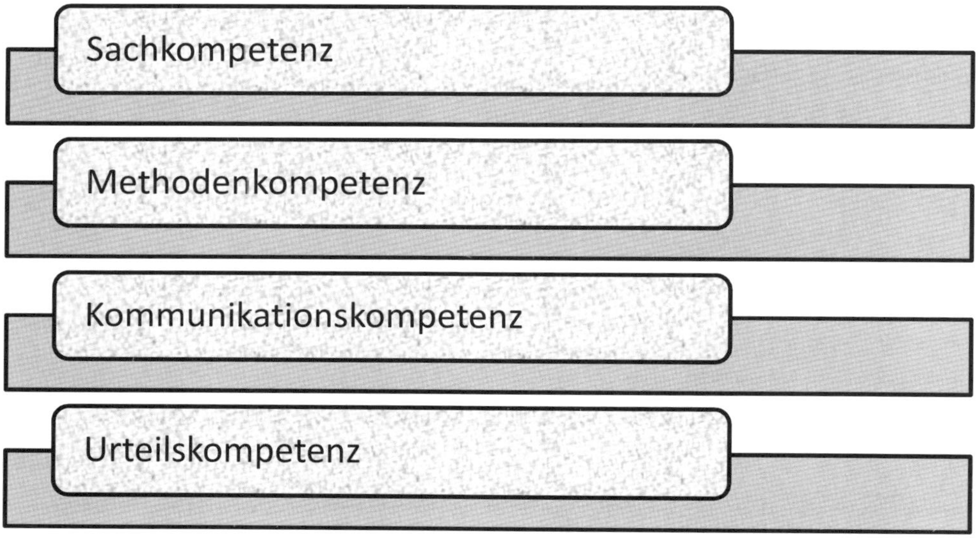

- **Sachkompetenz**

  Hierbei handelt sich um die Kompetenz in einem Fach oder in einem Fach- bzw. Sachbereich, der das Gegenstandsfeld ausmacht. Sachkompetenz ist in erster Linie inhaltliches Wissen (Fach- bzw. Fachwissen).
- **Methodenkompetenz**

  Hiermit sind in der Regel sowohl die Fachmethoden als auch Denk- und Gestaltungsmethoden erfasst, also Methoden, die den kognitiven Bereich beschreiben.

- **Kommunikationskompetenz**
  Es handelt sich hierbei um individuelle sprachliche Kompetenzen und die Kompetenz zur sozialen Kommunikation.
- **Urteilskompetenz**
  Hiermit meint man die Fähigkeit, durch Argumente begründete Urteile fachlicher und fachübergreifender Art zu formulieren. Bei Werturteilen werden darüber hinaus normative Kategorien angewendet und eigene Wertmaßstäbe reflektiert.

In manchen Fächern sind die Kompetenzbereiche anders benannt. In den naturwissenschaftlichen Fächern heißen sie: Fachwissen, Erkenntnisgewinnung, Kommunikation, Bewertung.

Anforderungsbereiche

Die Bildungsstandards unterscheidet man auch nach den jeweils zugrunde gelegten Niveauanforderungen. **Die Stufen oder Bereiche der Anforderungen repräsentieren – bezogen auf die Erfahrungsnorm – Mindest-, Regel- und Maximalanforderungen (Anforderungsbereiche I, II und III) und werden als Mindest-, Regel- und Maximalstandards klassifiziert.** Im Folgenden sind die Anforderungsbereiche den Kompetenzbereichen zugeordnet.

Kategorie: **Sachkompetenz**

Anforderungsbereich I	Anforderungsbereich II	Anforderungsbereich III
Sachverhalte wiedergeben	Sachverhalte auswählen und anwenden	Sachverhalte konstruktiv bearbeiten und vergleichen

Kategorie: **Methodenkompetenz**

Anforderungsbereich I	Anforderungsbereich II	Anforderungsbereich III
Aufgaben beschreiben, nach Anleitung arbeiten (Wiedergabe)	strukturverwandte Aufgaben lösen, überschaubare Sachverhalte auswählen und im Kontext wiedergeben (Durchdringung)	Aufgabentypus identifizieren, Sachverhalte begründet auswählen (Übertragung)

Kategorie: **Kommunikationskompetenz**

Anforderungsbereich I	Anforderungsbereich II	Anforderungsbereich III
bekannte fachliche Informationen wiedergeben (gegenstandsbezogene Mitteilung)	Informationen erfassen und situations- und adressatenbezogen wiedergeben (adressatenbezogene Ansprache)	Informationen auswerten, reflektieren und argumentativ nutzen (diskursive Reflexion)

Kategorie: **Urteilskompetenz**

Anforderungsbereich I	Anforderungsbereich II	Anforderungsbereich III
Vorgegebene Argumente zur Bewertung erkennen und wiedergeben	geeignete Argumente zur Bewertung auswählen und nutzen	Argumente aus verschiedenen Perspektiven abwägen und Entscheidungen reflektieren

Bildungsstandards und Unterrichtsplanung

Die Bildungsstandards (KMK 2005) beschreiben das Ergebnis eines Aneignungsprozesses. Daraus sind die Bedingungen für konkreten Unterricht abzuleiten. Als Orientierungen kann man heranziehen:

- die Kompetenzbereiche,
- die aus den Kompetenzbereichen folgenden Operationen und
- die Anforderungsbereiche

✓ Der Lehrer muss prüfen, welche Kompetenzbereiche durch den Bildungsstandard aufgegriffen werden sollen. Die Entscheidung trifft der Lehrer durch seine didaktischen Überlegungen. Nicht immer kann er alle Kompetenzbereiche für eine Unterrichtstunde berücksichtigen. **In der Regel wird man ein Unterrichtsthema auf zwei Kompetenzbereiche ausrichten.** In manchen Fällen werden die Kompetenzbereiche durch die Bildungsstandards nahe gelegt, in anderen ergeben sie sich im thematischen Zusammenhang auf Grund der Beziehung der Kompetenzbereiche zueinander. Im Rahmen einer Unterrichtsreihe sollte der Lehrer alle Kompetenzbereiche berücksichtigen.

- ✓ Die Bildungsstandards sind verhältnismäßig abstrakt formuliert. Zu ihrer Umsetzung im Unterricht bedarf es der Aufschlüsselung bzw. Auslegung durch konkrete Operationen. **Der Lehrer muss konkret angeben, was die Schüler im Einzelnen können, wenn sie eine bestimmte Kompetenz haben.**
- ✓ **Die Differenzierung der Operationen in den Anforderungsbereichen vermittelt verschiedene Erkenntnisse über das Lernergebnis und die Lernsituation.** Zunächst lässt sich das Leistungsprofil der Lerngruppe ermitteln und die Leistung einzelner Schüler bewerten. Darüber hinaus erhält man Informationen für diagnostische Zwecke, um Fördermaßnahmen bestimmen zu können; man gewinnt zudem Informationen für die Evaluation der Unterrichtsarbeit insgesamt.

Die Entscheidungen in den genannten Bereichen sind Voraussetzungen für die Entscheidung über weitere Maßnahmen, die intendierten Kompetenzen im Unterricht zu entwickeln. Verschiedene Unterrichtsthemen verlangen unterschiedliche Arten der Unterrichtsgestaltung: **Die Unterrichtsgestaltung ist abhängig davon, auf welchen Kompetenzbereich bzw. auf welche Kompetenzbereiche das Thema schwerpunktmäßig ausgerichtet ist.** Ein und dasselbe Unterrichtsthema lässt sich daher in verschiedenen Kompetenzbereichen umsetzen.

Der kompetenzorientierte Lehrplan ist eine neue Form der Unterrichtsvorgaben in den einzelnen Fächern. **Der kompetenzorientierte Lehrplan gibt die Lernergebnisse vor, die die Schüler zu bestimmten Zeitpunkten erbringen sollen. Die Lernergebnisse wiederum sind als Kompetenzmerkmale oder kognitive Operationen fachspezifisch festgelegten Kompetenzbereichen oder allgemeinen Teilkompetenzen zugeordnet.**

Die Vermittlung von Handlungskompetenz ist ein grundlegendes Anliegen von Schule. Handlungskompetenz betrifft die personale Ganzheit – sie ist nicht nur kognitiv bestimmt, sondern beruht auch auf Motivation und berührt die Emotionen und Affekte einer Person. Die kompetente Handlung ist eine zielgerichtete, bewusste und gewollte Tätigkeit einer Person; dabei kann der Mensch diese Tätigkeit entsprechend der Zielsetzung regulieren und das Handlungsergebnis reflektieren (vgl. Heyse / Erpenbeck 2009).

Kompetenzentwicklung durch selbstorganisiertes Arbeiten

Die Frage bleibt: Reichen diese Strukturierungsmaßnahmen in der unterrichtlichen Arbeit, um Schülern Kompetenz im Sinne einer Verhaltens- und Handlungsdisposition zu vermitteln? Schüler sollen im Unterricht zwar weitgehend selbstständig lernen. Trotz Beachtung dieser Intention behält der Unterricht aber auch unter der Zielperspektive Kompetenz nach wie vor den Charakter eines Lehrgangs. Dies wird spätestens im Zusammenhang mit Lernstandserhebungen und zentralen Prüfungen klar. **Für die (prozessuale) Entwicklung von Kompetenz wäre es wichtig, selbstorganisiertes Arbeiten der Schüler anzuregen und zu ermöglichen** (vgl. z. B. Klippert 2007; Konrad / Traub 2010). Denn nur so ist die Aufforderung zur Selbstqualifizierung und Kompetenzentwicklung hinreichend groß. Die KMK-Empfehlung und die Kernlernpläne (KMK 2004; MSW NRW 2011c) enthalten keine Hinweise auf didaktische Konzepte, die aufzeigen könnten, wie man Kompetenz im Unterricht entwickeln kann. Es gibt Beispiele für die Gestaltung von Aufgaben einschließlich der Hinweise für die Bewertung von Lösungen. Mit deren Hilfe soll es möglich sein, den Kompetenzgrad einer Bearbeitung zu ermitteln. Aus diesen Aufgaben kann man auf der Ebene der Kompetenz keine Folgerungen für den Unterricht ableiten. Qualifikationsziele stehen nach wie vor im Vordergrund.

Kompetenzen beschreiben Dispositionen eines Menschen, die er zur Bewältigung bestimmter Anforderungen besitzt (vgl. Erpenbeck / Rosenstiel 2007). **Kompetenz ist sozusagen als eine multidimensionale Fähigkeit anzusehen. Die Ausrichtung an Kompetenzen macht eine andere Art des Unterrichtens erforderlich: Es geht nicht mehr allein um eine Qualifizierung der Schüler, für die der lehrgangsorientierte Unterricht bisher im Vordergrund stehen konnte. Lernen muss sich unter der neuen Zielsetzung auf die Bewältigung von Anforderungen richten und sich am Aufbau von Kompetenzen orientieren. Dazu ist es notwendig, Lernen als einen „kumulativen" Prozess zu organisieren.** Unter dieser Perspektive spielen bei der Gestaltung des Unterrichts einige Gesichtspunkte eine Rolle, die die **Bedingungen des Lernens im Sinne des Kompetent-Werdens** erfassen:

- Lernen bedeutet eine subjektive Aneignung von Wissen und Können.
- Lernen ist ein aktiver Prozess.
- Lernen erfordert Selbststeuerung und Selbstkontrolle.

- Lernen erfolgt in der kommunikativen Auseinandersetzung.

Der Unterricht ist schülerorientiert im Sinne eines kumulativen Prozesses, wenn er eine aktive, konstruktive, selbstgesteuerte und kommunikative Vermittlung sichert. Unter dieser Zielsetzung ist es erforderlich, Schüler im Verlaufe ihrer Schulzeit zunehmend in die selbstständige Auseinandersetzung mit Sachverhalten und die selbstständige Bewältigung von Anforderungen zu führen. **Aus dieser Sicht muss ein Lehrer**

- **Arrangeur von Lernprozessen sein**, der die Lernprozesse selbst und die Leistung der Schüler diagnostizieren und bewerten kann, und der Lehrer muss
- **Experte sein**, der Prozesse und deren Ergebnisse hinterfragen kann, um sie bei Bedarf neu zu strukturieren.

Ein **Zwei-Phasen-Modell des Unterrichts** hilft, diese Ansprüche zu erfüllen. Nach bestimmten Unterrichtsphasen mit überwiegend Lehrgangscharakter sollten jeweils Phasen mit überwiegend selbstorganisiertem Lernen treten. Geeignet für diese Phasen wäre etwa **„Ein-Personen-Projekt"**. In diesem „Projekt" erhalten Schüler zur Förderung der Selbstständigkeit die Gelegenheit, einen Sachbereich selbstorganisiert zu er- und bearbeiten. Dabei müssen die Schüler zu einem Aufgabenfeld folgende Anforderungen erbringen: Recherche, Entwicklung und Erarbeitung von Lösungsvorschlägen, Entscheidungen über durchzuführende Arbeiten, Ausführung von Arbeiten, Präsentation und Diskussion der Ergebnisse. Bei einer solchen Aufgabe können die Schüler ihre Qualifikation auf der Grundlage des vorher Erarbeiteten festigen und weiterentwickeln sowie – im Sinne der Kompetenzentwicklung – Transferleistungen erbringen. Ein-Personen-Projekte lassen hinreichend Handlungs- und Entscheidungsspielräume, um mögliche Lösungen zu prüfen, zu bestätigen oder auch zu verwerfen (vgl. Schnack / Timmermann 2008).

Die Vermittlung von Handlungsfähigkeit fordert einen Unterricht, der selbstständiges und kooperatives Lernen der Schüler zulässt und ermöglicht (vgl. Kliebisch / Meloefski 2011b). Diese Perspektive fordert von den Lehrpersonen, sich mit den neueren pädagogischen Erkenntnissen auseinanderzusetzen; nur so können sie flexibel auf die Erfordernisse eines individualisierten Unterrichts reagieren. Das pädagogische

Feld liefert die Voraussetzung für einen zeitgemäßen Unterricht und lässt sich durch folgende Bezüge charakterisieren:

- Kognitivistische / Konstruktivistische Lerntheorie
- Lernfeldtheorie
- Kooperatives Lernen
- Angebot-Nutzungs-Modell
- Lerndiagnostik
- Funktionale Grundbildung (Literacy-Konzept)
- Aufgabenorientierung

Kompetenz lässt sich durch den Erwerb flexibel nutzbaren Wissens über Sachverhalte aufbauen, gleichzeitig aber auch durch die Vermittlung metakognitiven Verhaltens. Die Metakognitionen setzen die Schüler instand, die erworbenen Methoden, Strategien und Wissenszusammenhänge zu reflektieren. Kompetenz entwickelt sich bei Schülern in dem Maße, wie sie

- ein reflektiertes Bewusstsein im Umgang mit den Sachverhalten erlangen,
- fachspezifische Methoden beherrschen, die erforderlich sind, Sachverhalte zu erfassen und selbstständig zu untersuchen, und
- gewonnene Erkenntnisse darstellen können.

Auf diesem Wege soll es Schülern – ausgehend von ihren individuellen Ausgangspositionen – ermöglicht werden, Wissenssysteme, Handlungsmuster und Strategien in je eigener gedanklicher Weise auf-, aus- und umzubauen. Dazu muss der Unterricht Lernsituationen schaffen, in denen jeder Schüler selbstständig (allein und mit anderen einer Lerngruppe) Aufgaben angehen, interaktiv gestalten, reflektieren, regulieren und bewerten kann (vgl. Siebert 2010).

Das unterrichtliche Geschehen stützt sich bei der Kompetenzorientierung auf folgende Lernbedingungen:

- Verknüpfung des neuen mit vorhandenem Wissen bei zunehmendem Schwierigkeitsgrad durch eine vertikal vernetzte reflexive Integration zur Gewinnung von Eigenerfahrung (kumulatives Lernen)
- Horizontale Vernetzung der Inhalte in Kontexten unter dem Gesichtspunkt der Anwendung und der aktuellen Bedeutung [vernetzte Realitätsausschnitte] (situatives Lernen)

- Herausforderung metakognitiver Prozesse (selbstregulierendes Lernen)
- Problemorientierte Aufgaben bzw. offene Problemstellungen in allen Phasen des Unterrichts in unterschiedlicher Funktion, Ausprägung und Akzentuierung

Selbstständigkeit hat eine Schlüsselfunktion bei der Vermittlung von Kompetenz. Lehrer müssen Schüler „von Anfang an" konsequent an das selbstständige Arbeiten heranführen; so können Schüler wichtige Erfahrungen im Umgang mit Freiräumen sammeln. Selbstständiges und eigenverantwortliches Lernen bedarf aber der Rückkoppelung, also der Reflexion der Lernprozesse. Dabei hilft die Lehrkraft den Schülern mit ihrer diagnostischen Kompetenz (siehe Müller 2010).

2.5. Arbeitsanregungen

Kompetenzen

<table>
<tr><td>Die Problemlösekompetenz ist ein Spezialfall der Handlungskompetenz. Erläutern Sie diese These.</td><td></td></tr>
<tr><td colspan="2">Erläutern Sie, welche Dimensionen in Ihren Fächern beim Bewerten von Sachverhalten beziehungsweise bei der Urteilskompetenz eine Rolle spielen.</td></tr>
</table>

Informieren Sie sich in den Kernlehrplänen (SI) Ihrer Fächer über die Kompetenzbereiche beziehungsweise über Kompetenzen und die Anforderungsbereiche. Durch welche Operationen werden die Kompetenzen in den Anforderungsbereichen gespiegelt?	
Bei allen Aktivitäten spielen Methoden eine Rolle. Welche Dimensionen werden durch Methodenkompetenz in einem Unterrichtsfach erfasst?	
Welche Denk- und Gesprächsstrategien spielen bei der Kommunikationskompetenz eine Rolle?	
Bei der Kompetenzentwicklung muss der Lehrer einen aufgabenorientierten Unterricht gestalten. Wie ist Ihre Meinung darüber?	

Welche Anforderungen müssen problemorientierte Aufgaben erfüllen? Wie weit sind die Anforderungen bei Lern-, Übungs- und Leistungsaufgaben zu differenzieren? Geben Sie konkrete Beispiele für „gute“ Aufgaben.
Die Lehrertätigkeit ist die eines Arrangeurs und eines Experten. In dieser Rolle erhalten so genannte „Bilanz-Gespräche“ eine wichtige Funktion. Wie kann eine Lehrperson durch solche Gespräche den Lehr-/Lernprozess beeinflussen?

Kompetenzentwicklung in einem lernzielorientierten Unterricht – geht das? Welche Bedingungen müssten dabei beachtet werden?	

Durch Situationsaufgaben (oder Leitfragen oder Leittexte) sollen Schüler angehalten werden, einen Sachverhalt oder ein Aufgabengebiet zu erschließen. Welche Operationen müssen die Schüler dabei ausführen? Welche Fähigkeiten der Schüler werden dabei herausgefordert und gefördert?
Unterscheiden Sie den Kompetenzbegriff der Wirtschaft von dem der Schule. Was kann die Schule vom Kompetenzverständnis der Wirtschaft lernen?
Inwieweit ist Ihrer Meinung nach Handlungskompetenz als Resultat anderer Kompetenzen zu verstehen? Inwieweit steht die Handlungskompetenz gleichwertig neben anderen Kompetenzen?

Das KODE®-Modell nimmt an, jeder Mensch habe im Vergleich zu anderen die gleiche Summe an Kompetenzen. Die Unterschiede zwischen den Menschen beruhen danach allein auf einer unterschiedlichen Verteilung der jeweiligen Kompetenzen (Kompetenzprofil). Was halten Sie von der Annahme?
Das KODE©-Konzept hält einen verlässlichen Fragebogen zur Ermittlung von Kompetenzprofilen bereit. Wie sinnvoll wäre es Ihrer Meinung nach, die Kompetenzen von Schulanfängern mit dem Bogen zu testen?

Was verstehen Sie unter Handlungskompetenz? Wie können Sie diese Kompetenz im Unterricht fördern?	

Zuverlässigkeit gehört zum Bereich der sozialen Kompetenz. Woran erkennen Sie zuverlässige Schüler?	
„Kompetenzen sind wichtiger als Lernziele." Wie verstehen Sie diesen Satz und wie beurteilen Sie ihn?	
Wie überprüfen Sie, inwieweit bestimmte Lernziele tatsächlich bestimmte Kompetenzbereiche fördern?	
(Selbst)Disziplin kann man dem Bereich der personalen Kompetenz zuordnen. Wie wichtig finden Sie diese Kompetenz? Würden Sie sie fördern? Wenn ja: Wie würden Sie das machen? Und wie würden Sie das Ergebnis überprüfen?	

3.

Unterrichts-
entwurf

„Didaktische Reflexion geschieht [...] unter der Perspektive der Förderung möglichst weitgehender Verfügung aller Menschen über sich selbst."

(Wolfgang Schulz)

3.1. Struktur einer Unterrichtsskizze

Unterrichts- oder Planungsskizzen werden oft auch **Unterrichtsentwürfe** genannt. In der Unterrichtsskizze zeigen Sie z. B. Ihren Ausbildern eine kurzgefasste Planung Ihres Unterrichts. Unterrichtsskizze und Unterrichtsplanung hängen miteinander zusammen, sind aber nicht das Gleiche. Die Unterrichtsplanung ist wesentlich umfangreicher und komplexer als die Skizze, die Sie schriftlich vorlegen. In die Skizze gehört also nur das, was für einen Außenstehenden zum unmittelbaren Verstehen des Unterrichts oder Ihres Vorhabens von Bedeutung ist.

Die Unterrichtsskizze repräsentiert die **Planung einer Unterrichtsstunde**. Von Seminar zu Seminar sind die Erwartungen unterschiedlich im Blick darauf, was in einer Skizze behandelt werden sollte. Die Skizzen sind in der Regel eine Mischung aus Elementen, die verschiedenen didaktischen Konzeptionen entnommen sind. Wichtig: Alle Elemente einer Unterrichtsskizze stehen in einem inneren Zusammenhang zueinander; sie sind vernetzt. Die Vernetzung der Bausteine soll in der Darstellung zum Ausdruck kommen. Erst eine nachvollziehbare Vernetzung der Elemente („Roter Faden") lässt im Unterrichtsentwurf die Ganzheitlichkeit der Planung erkennen. Aus unserer Sicht gehören in eine Unterrichtsskizze Angaben zu folgenden Punkten. Einige dieser Punkte sind im Falle besonders kurzer Entwürfe optional.

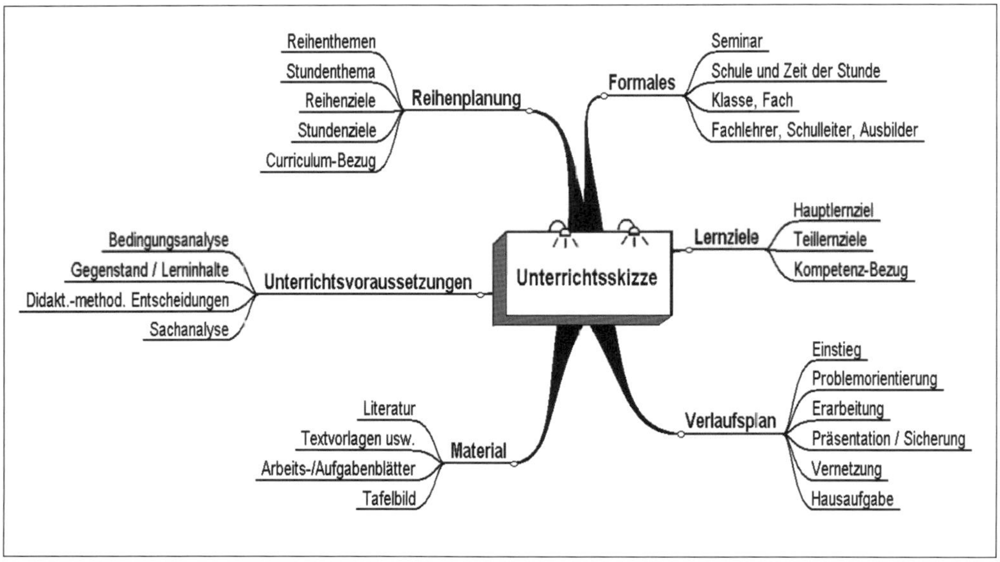

a) Thema der Reihe

Jede Unterrichtsstunde ist in eine Unterrichtsreihe (Unterrichtssequenz) eingebunden und hat dort einen spezifischen Stellenwert (Aspekt der inhaltlichen Stringenz = Sachlogik, Aspekt der Lernprogression, Aspekt der Überprüfbarkeit von Lernergebnissen). Für die angemessene Bewertung dieses Stellenwertes braucht der Beobachter Informationen über die gesamte Unterrichtsreihe (⇨ Kap. 3.2.). Daher müssen Sie das Thema der Reihe nennen und die

b) Reihenplanung

genau darlegen. Dies machen Sie am besten so: Sie geben Reihenziel und Reihenthema an und listen dann nacheinander die Themen der einzelnen Stunden der Reihe auf (Unterrichtssequenz). Auch deren Hauptlernziele sollten Sie nennen (s. unten d)). Erwähnen Sie bei Bedarf den Bezug der Reihe zu curricularen Vorgaben (Kernlehrplan, Richtlinien, Schulcurriculum). Die aktuelle Stunde sollten Sie optisch hervorheben. Setzen Sie deren Thema z. B. in einen Rahmen.

c) Thema der Stunde

Das Thema der Stunde benennt den Lerngegenstand der geplanten Stunde und die didaktische Absicht, die Sie mit dem Gegenstand verfolgen (⇨ Kap. 3.2.). Das Thema der Stunde gehört auf die erste Seite des Entwurfs, am besten in die Mitte der Seite, fett gedruckt und gerahmt.

d) Lernziele

Hier geben Sie an, was das Lernergebnis des Unterrichts ist, und Sie nennen, was der Schüler nach der Stunde wissen und können soll (⇨ Kap. 3.3.). Üblich ist eine Unterteilung in Haupt- und Teillernziele. Die Teillernziele müssen hinreichend konkret formuliert sein; viele Ausbilder erwarten eine Operationalisierung der Teillernziele. Stellen Sie auch einen Bezug der Lernzeile zu den (in den einzelnen Fächern unterschiedlichen) Kompetenzbereichen her.

e) Verlaufsskizze

Die Verlaufsskizze (auch Verlaufsplan oder Artikulationsschema) zeigt in einer Phaseneinteilung die Planung des konkreten Ablaufs der Stunde (⇨ Kap. 3.5.). Hierher gehören die konkreten Handlungsschritte des Lehrers ebenso wie Angaben zu Methoden, Sozialformen und Medien. Erwartete Schülerleistungen (Antworten) können Sie hier ebenfalls notieren. Sie dürfen den Phasen auch Zeitangaben hinzufügen.

f) Literatur

Nennen Sie alle Quellen, die Sie für die Planung genutzt haben, und bibliographieren Sie diese in der üblichen Form. In Ihre Liste gehört auch Literatur zu didaktischen Modellen.

g) Unterrichtsmaterial / Tafelbild

Bei Unterrichtsbesuchen fügen Sie im Anhang Kopien des Materials bei, das Sie in der geplanten Stunde direkt oder indirekt verwenden (z. B. Bilder, Texte, Folien, Arbeitsblätter, Hausaufgaben zur aktuellen und zur nächsten Stunde usw.). Hierher gehört auch ein geplantes Tafelbild.

h) Optional: Bedingungsanalyse

In knappen Entwürfen können Sie auf eine Bedingungsanalyse verzichten, in umfangreichen sollte sie nicht fehlen. Die Bedingungsanalyse klärt die institutionellen und personellen Rahmenbedingungen, unter denen der Unterricht verläuft. Hier beschreiben Sie Merkmale der Lerngruppe oder einzelner Schüler der Lerngruppe, für die Sie den Unterricht planen. Die Bedingungsanalyse muss Ihre Planungsentscheidungen beeinflussen (⇨ Kap. 3.4.1.).

i) Optional: Sachanalyse

Auch Sachanalysen fehlen oft in knappen Unterrichtsskizzen. Sachanalysen haben den Zweck, Unterrichtsgegenstände formal, strukturell und fachwissenschaftlich zu reflektieren; die Ergebnisse dieser Reflexion bestimmen den Planungsprozess. Viele Entscheidungen im Blick auf die didaktische Nutzung eines Gegenstands sind zum Beispiel abhängig davon, wie komplex der Gegenstand oder wie lang ein Textstück ist (⇨ Kap. 3.4.2.).

j) Didaktisch-methodische Entscheidungen

Didaktisch-methodische Entscheidungen werden oft nicht mehr ausführlich verschriftlicht, stattdessen erwarten Ausbilder eine kurze Darstellung des didaktischen Schwerpunkts der Unterrichtsstunde und Hinweise auf mögliche Schwierigkeiten bei der Umsetzung. Sie haben in der Regel während der Nachbesprechung des Unterrichts Gelegenheit, Ihre Entscheidungen darzustellen und zu begründen und mit Blick auf den tatsächlichen Verlauf des Unterrichts auch zu revidieren und alternativ zu entwickeln. Grundsätzlich müssen Sie Ihre didaktisch-methodischen Entscheidungen ableiten von ihren Erziehungszielen, den Lern- und Kompetenzzielen und von dem, was Sie in der Sach- und der Bedingungsanalyse ermittelt haben (⇨ Kap. 3.4.3.).

k) Formales

Auf der ersten Seite der Skizze machen Sie (neben dem Thema) formale Angaben (Seminar, Schule, Datum, Klasse, Fach, Personen). Auf der zweiten Seite der Skizze fertigen Sie für die Skizze ein Inhaltsverzeichnis. Die Seiten der Skizze sollten durchnummeriert sein.

Bei **kurzen** Unterrichtsentwürfen bietet sich zur Orientierung und aus Gründen der Vergleichbarkeit an, die Elemente so anzuordnen:

Wo?	Was?
Deckblatt = 1. Seite	*Oberer Rand:* Angaben zum • Ausbildungsseminar • Unterrichtsbesuch (Nummer / Fach) *Mitte:* **Thema der Stunde** (gerahmt und fett) *Unteres Drittel:* Angaben über • Lerngruppe (Fach / Kurs oder Klasse / Schülerzahl / Zahl der Jungen / Zahl der Mädchen) • Ausbildungsschule (Name / Anschrift) • Datum / Unterrichtsstunde (Zeit) / Raum • Personen (Schulleiter / Fachlehrer = Ausbildungslehrer / Fachleiter / Ausbildungsbeauftragter / Hauptseminarleiter / Referendar)
2. Seite	✓ **Inhaltsverzeichnis mit Seitenangaben (einschließlich Hinweise zum Anhang)**
3. Seite	✓ **Übersicht über die Reihenplanung einschließlich Reihenziel und Hauptlernziele der Einzelstunden** ✓ **Bezug zum Curriculum**
4. Seite	✓ **Haupt- und Teillernziele der Stunde** ✓ **Bezug zu Kompetenzbereichen** ✓ **Didaktischer Schwerpunkt** ✓ **Evtl. didaktisch-methodischer Kurzkommentar**
5. Seite	✓ **Unterrichtsskizze: Verlaufsskizze (Verlaufsplan) einschließlich Zeitangaben, Angaben zu Medien, Sozialformen und Unterrichtsschritten**

6. Seite	✓ **Literatur (geordnet)**
7. und folgende Seiten (Anhang)	✓ **Unterrichtsmaterial (geordnet in der Reihenfolge der Verwendung: Arbeits- und Aufgabenblätter / Bilder / Texte / Folien / geplante Tafelbilder / Material und Aufgabenstellung für Hausaufgaben)**

⇨ **Arbeitsanregungen**

Unterrichtsskizze

Vernetzen Sie die Elemente in der Map. Zeigen und begründen Sie dadurch, wie die Strukturelemente der Unterrichtsskizze miteinander zusammenhängen.

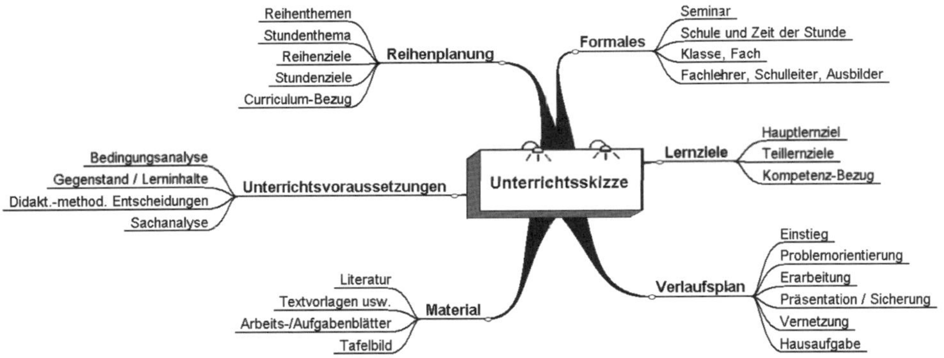

In welcher Reihenfolge werden Sie in der Praxis die Elemente der Planung bearbeiten? Warum?	

Formulieren Sie Beispiele für Unterrichtsthemen.	
In welchen Bereichen kann / soll Unterricht Ziele verfolgen?	
Was ist „Offener Unterricht“ und wie plant man ihn?	
Welche Vorteile sehen Sie in einer differenzierten Unterrichtsplanung?	
Welche Gefahren könnte eine eher enge bzw. eher weite Unterrichtsplanung bergen?	
Wie könnten bzw. sollten Sie mit diesen Gefahren umgehen?	

„Jeder Unterrichtsplan wird durch die Realität überholt." Nehmen Sie zu dieser These Stellung.	

3.2. Stundenthema

⇨ **Worum geht es?**

Inhalte sind noch keine Themen. Gegenstand (Inhalt) einer Stunde kann vieles sein, z. B.:

- Konflikte zwischen Eltern und Kind
- Freuds „Psychischer Apparat"
- Die Bergpredigt
- Rhetorische Mittel in einer Rede
- Die zweite Ableitung einer mathematischen Funktion
- Die Ringparabel in Lessings „Nathan der Weise"
- Großraumsiedlungen

Zu einem Unterrichtsthema wird ein Gegenstand aber erst durch einen spezifischen Betrachtungsaspekt, unter dem der Gegenstand behandelt werden soll.

Dieser spezifische Betrachtungsaspekt erschließt den Gegenstand als exemplarisch. Erst die **didaktische Intention** (didaktische Akzentuierung) des Lehrers macht also den Gegenstand zum Unterrichtsthema mit exemplarischer Bedeutung. Daher wird das Thema auch im Rahmen der didaktischen Entscheidungen begründet. Viele Intentionen sind zwar möglich, aber nicht immer realisierbar; die didaktische Absicht muss diese Aspekte berücksichtigen:

- Richtlinien und (Kern)Lehrpläne der Fächer
- Schulinterne Curricula
- Bedingungen in der Lerngruppe (z. B. Alter der Schüler, Lernvoraussetzungen, Migrationshintergründe usw.)
- Organisatorische Bedingungen (z. B. Raumsituation, Zeitstruktur, technische und mediale Voraussetzungen)

Das Thema ist nicht identisch mit dem Hauptlernziel einer Unterrichtsstunde: Das Hauptlernziel bezieht sich auf das, was die Schüler am Ende der Unterrichtsstunde „im Kern", eben hauptsächlich wissen bzw. beherrschen sollen. Das Thema enthält die Zielperspektive nicht, da Thema nominal formuliert ist. Dem Thema fehlt also das Verb, das die Zieldimension benennt. Das Thema kann man ohne Angaben zu der Methode formulieren, mit der der Gegenstand im Unterricht behandelt werden soll. Ausnahme: Eine bestimmte Methode ist selbst Gegenstand des Lernens; dann ist sie notwendiger Teil des Themas. Das Thema darf ein Beispiel enthalten, an dem Sie das Thema entfalten wollen.

⇨ So funktioniert es:

Suchen Sie den Gegenstand der geplanten Stunde und benennen Sie ihn (fach)-begrifflich präzise. Fügen Sie dieser Formulierung dann den spezifischen Betrachtungsaspekt hinzu, also die didaktische Absicht, die Sie mit dem Inhalt verfolgen. Sie können zusätzlich das Beispiel nennen, anhand dessen Sie das Unterrichtsthema exemplarisch behandeln wollen. Konkret:

1.) Gegenstand: Gleichnisse im Neuen Testament

2.) Spezifischer Betrachtungsaspekt: Der Reich-Gottes-Gedanke in Gleichnissen des Neuen Testaments

3.) Beispiel (Text): Das Gleichnis vom Sämann

⇨ Thema: „Gleichnisse im Neuen Testament als Ausdrucksform der Rede Jesu vom Reich Gottes, erarbeitet am Beispiel des Gleichnisses vom Sämann"

Der Hinweis auf das konkrete Beispiel kann fehlen!

Hier weitere **Vorschläge für die Formulierung von Unterrichtsthemen**:

- Konflikte zwischen Eltern und Kind als notwendige Voraussetzung für den Erwerb von Identität, erarbeitet am Beispiel ....

Alternative Formulierungen:

Konflikte zwischen Eltern und Kind ......

✓ unter dem Aspekt der notwendigen Voraussetzung für den Erwerb von Identität, erarbeitet am Beispiel ....

✓ mit Blick auf die notwendigen Voraussetzungen .....

✓ hinsichtlich der notwendigen Voraussetzungen .....

✓ unter besonderer Berücksichtigung ....

⇨ Weitere Alternativen: siehe folgende Seite „Darauf sollten Sie achten!“

- Der Beitrag von Freuds „Psychischem Apparat“ zur Erklärung von Teilen der Persönlichkeit

✓ Die Ethik der Bergpredigt als Mittelpunkt der Predigt Jesu

✓ Die orientierende Funktion rhetorischer Mittel in Richard von Weizsäckers Rede (1985) zum 8. Mai 1945

✓ Die Bedeutung der zweiten Ableitung einer Funktion für die Steigung eines Funktionsgraphen

✓ Die Struktur von Verantwortung, erarbeitet am Beispiel der Ringparabel in Lessings „Nathan der Weise“

✓ Lessings „Nathan der Weise“ als Appell an die Verantwortung des Menschen, erarbeitet an der „Ringparabel“ (II,7)

✓ Die Beurteilung von Wohnqualität in Großraumsiedlungen (Beispiel: Berlin-Marzahn)

✓ Entwicklung von Abwehrspielzügen unter dem Aspekt mannschaftstaktischer Handlungsmöglichkeiten

⇨ **Darauf sollten Sie achten:**

- Der spezifische Aspekt des Themas (= die didaktische Intention / Akzentuierung) sollte in den Lernzielen zum Ausdruck kommen.
- Das Reihenthema hat dieselbe Struktur wie das Stundenthema, nur auf einer abstrakteren Ebene.

- Nutzen Sie „typische“ Formulierungen, um aus einem Gegenstand ein Unterrichtsthema zu „machen“, z. B.:

– „Gegenstand X als Y, erarbeitet am Beispiel Z“

Also: „Visuelle Leitmotive als Orientierungshilfe für den Zuschauer, erarbeitet an ausgewählten Szenen des Films „Matrix“

– „Die ..... Funktion von X in Y“

Also: „Die .... Funktion des Auftrags Gottes an den Menschen in Gen 1,26ff.“

– „Gegenstand X unter dem Aspekt Y“

Also: „Gleichschenklige Dreiecke unter Nutzung des Satzes des Pythagoras“

– „Aspekt X von Gegenstand Y“

Also: „Thesen zum Demokratieverständnis Jugendlicher in der Bundesrepublik Deutschland“

- Selbstverständlich können viele Themen auch als Frage formuliert werden, z. B.:

1. „Wie lassen sich gleichschenklige Dreiecke mit Hilfe des Satzes von Pythagoras berechnen?“ Oder:
2. „Wie helfen visuelle Leitmotive dem Zuschauer sich zu orientieren?“ Oder:
3. „Welche Funktion hat in Gen 1,26ff. der Auftrag Gottes an die Menschen?“
4. Wie wichtig ist das Kriterium „Nachhaltigkeit“ beim Bau von Autobahnen?

⇨ **Bevor Sie weiterlesen:**

- Nennen Sie für die vier Themen oben, die als Frage formuliert sind, jeweils Gegenstand und didaktische Intention.

1.
2.
3.
4.

Profitipps:

- Die Stunden einer Unterrichtsreihe müssen den Themenbereich, den sie betreffen, insgesamt exemplarisch abbilden.
- Vernetzen Sie die Themen der einzelnen Unterrichtsstunden (Sachlogik).
- Stunden einer Unterrichtsreihe sind vernetzt und lernprogressiv auszulegen.
- Im Unterrichtsentwurf nennen Sie die Themen der Einzelstunden in der Reihenfolge, in der sie in der Unterrichtsreihe (Unterrichtssequenz) vorkommen.

⇨ **Arbeitsanregungen**

Thema einer Unterrichtsstunde

Erläutern Sie den Unterschied zwischen Thema und Gegenstand.	
Man spricht oft über „Unterrichtsinhalte“. Was verstehen Sie darunter?	
Sie wollen im Unterricht eine besondere Methode nutzen. Inwieweit sollte das im Thema erwähnt werden?	
Sie wollen „Albert Schweitzer“ im Unterricht behandeln. Formulieren Sie drei Unterrichtsthemen.	

„Die Schlafwagen der Deutschen Bahn." – Handelt es sich um ein Thema? Korrigieren Sie ggf. die Formulierung.	
„Einführung in die Bruchrechnung unter Nutzung von Gruppenarbeit" – Handelt es sich um ein Thema? Korrigieren Sie ggf. die Formulierung.	
„Wie sinnvoll ist das aktuelle Schulgesetz?" – Handelt es sich um ein Thema? Korrigieren Sie ggf. die Formulierung.	
„Die Beratung nach Rogers am Beispiel des Falls Dieter" – Handelt es sich um ein Thema? Korrigieren Sie ggf. die Formulierung.	
„Die Stunde Null – Deutschland und die Alliierten" – Handelt es sich um ein Thema? Korrigieren Sie ggf. die Formulierung.	
„Erarbeitung von Begriffen zur Filmanalyse" – Handelt es sich um ein Thema? Korrigieren Sie ggf. die Formulierung.	
Womit haben Sie im Blick auf das Formulieren von Unterrichtsthemen die größten Probleme? Besprechen Sie Ihre Probleme mit Kollegen.	

3.3. Lernziele

⇨ Worum geht es?

Die Formulierung des Themas einer Unterrichtsstunde ist eine wichtige Voraussetzung für die Formulierung von Lernzielen. Lernziele geben an, was der Schüler lernen soll, um in zukünftigen Lebens- und Lernsituationen angemessen zu reagieren. Ein konkretes Lernziel steht dabei in Zusammenhang mit bestimmten Kompetenzen oder Kompetenzbereichen (z. B. Fach-/Methodenkompetenz, Beurteilungskompetenz). Das Erreichen eines bestimmten Lernziels erweitert (indirekt) die jeweilige Kompetenzebene. Lernziele drücken Wissen und Können des Schülers aus. Dieses Wissen und Können lässt auf einen **Zuwachs an Kompetenzen beim Schüler** schließen, wenn er den Lernprozess erfolgreich durchläuft. Anders gesagt: Durch das messbare Wissen oder Können der Schüler, das die Lernziele ausdrücken, kann man auf den Kompetenzzuwachs des Lernenden zurückschließen. Dies gilt dann, wenn der Unterricht kompetenzorientiert angelegt ist (vgl. Kliebisch 2011). Mit der Lernzielformulierung nimmt der Lehrer bereits bei der Unterrichtsplanung gedanklich das Lernergebnis und damit den Kompetenzzuwachs der Schüler vorweg, den diese am Ende einer Unterrichtsstunde oder der Unterrichtsreihe erreichen sollen. Lernziele sind von Lernwegen und Operationen zu unterscheiden.

Der Lehrer bereitet für die Schüler einen bestimmten Weg des Lernens vor; dieser Lernweg drückt sich in der **Phasierung des Unterrichts** aus (⇨ Kap. 3.5.). In den einzelnen Unterrichtsphasen (auch Unterrichtsschritte oder Lernschritte genannt) handeln die Schüler auf unterschiedliche Weise und auf unterschiedlichen Lernniveaus, um ein angestrebtes Ziel zu erreichen.

Ein Beispiel:

- Sie wollen im Unterricht einen Text behandel. Eines Ihrer Ziele: Die Schüler sollen die Theorie X verstehen, die im Text entwickelt wird. Dafür können die Schüler zum Beispiel nach der Einstiegs- bzw. Problematisierungsphase einen Text lesen, in der Vernetzungsphase können sie die Theorie diskutieren, die der Text darstellt. Lesen und Diskutieren sind konkrete Tätigkeiten (Operationen); diese Tätigkeiten müssen die Schüler ausführen, um das Lernziel zu erreichen. Grundsätzlich entscheidet der Lehrer darüber, welche Operationen geeignet sind, das angestrebte Ziel zu erreichen.

Bei der Formulierung von Lernzielen *können* Sie auf die Angabe der Operationen (= **Operationalisierung**) verzichten, müssen aber nicht! Viele Ausbilder bestehen auf der Operationalisierung der (Teil)Lernziele. Der Grund: Erst durch die Operationalisierung wird klar, welche Maßnahmen Sie sinnvoll finden, um das jeweilige Ziel zu erreichen. Achten Sie ferner besonders darauf: Die Zielformulierung darf nicht die Beschreibung einer Tätigkeit sein (= **Arbeitsziele; Prozessziele**). Die Zielformulierung gibt den Zustand nach Abschluss des Lernprozesses an. **Denken Sie also bei der Formulierung der Ziele stets vom Ergebnis her!**

Man kann verschiedene **Lernzielbereiche** oder **Dimensionen** unterscheiden; eine bekannte Aufteilung ist die nach Bloom (1972) in

- kognitive Lernziele (Kenntnisse / intellektuelle Fähigkeiten),
- affektive Lernziele (Einstellungen / Überzeugungen / Werthaltungen),
- psychomotorische Lernziele (konkretes körperliches Handeln).

Später wurden weitere **Differenzierungen der Lernzielbereiche** vorgenommen (vgl. neuerdings auch Anderson / Krathwohl / Bloom 2001). Auch die Unterscheidung verschiedener Kompetenzbereiche kann als Anhalt für die Formulierung von Lernzielen nützlich sein (siehe Heyse / Erpenbeck / Ortmann 2010 und oben ⇨ Kap. 2.2.). Allerdings gibt es hierfür keine spezifischen Taxonomien. Für den täglichen Unterricht sind in vielen Fällen vor allem kognitive Lernziele von Bedeutung (Fachkompetenz = Wissen). Sie lassen sich (zumindest in Ansätzen) meist schon am Ende einer Stunde überprüfen, während personale, affektive, sozial-kommunikative, aber auch methodische und handlungsbezogene Ziele eher mittel- und langfristige Veränderungen des Kompetenzprofils beschreiben. Affektive und soziale Ziele werden dabei ebenso wie Handlungsziele oft im Sinne von Erziehungszielen verwendet. Methodische Lernziele sind in der Regel kognitiv strukturiert. Ziele im psychomotorischen Bereich sind typisch für bestimmte Unterrichtsfächer (z. B. Sport, Technik, Kunst) oder spezifische Lernsituationen (z. B. Rollenspiel, Fertigen von Objekten, Methodenstunden usw.). Nicht alle Zieldimensionen sind in jeder Unterrichtsstunde von Belang.

Für die Praxis heißt das: **Beschränken Sie sich bei Unterrichtsbesuchen auf Ziele, deren Erreichen** ein Beobachter wie etwa ein Seminarausbilder **direkt prüfen kann**. Dies werden meist (nur) kognitive Ziele sein. Ihre langfristigen Zielperspektiven sollten Sie in Nachbesprechungen des Unterrichts und in ihren didaktisch-methodischen Entscheidungen artikulieren. Affektive, methodische und psychomotorische Lernziele sollten Sie aber dann nennen, wenn sie sich aus besonderen Lernsituationen ergeben bzw. für bestimmte Fächer relevant sind.

Natürlich ist die einseitige Akzentuierung kognitiver Lernleistungen problematisch; dies gilt vor allem dann, wenn der Unterricht kompetenzorientiert angelegt ist. Lernen ist stets ein ganzheitlicher Prozess: **Daher kann ein Mensch kognitive Lernziele nur erreichen, wenn gleichzeitig auch personale, emotionale und handlungsorientierende Fähigkeiten aktiviert werden.** Außerdem sind Schüler am Ende von Unterrichtsstunden auf unterschiedlichem Lernstand; sie erreichen also Lernziele unterschiedlich weit. Dies liegt sicher auch an der unterschiedlichen emotionalen (und gegebenenfalls psychomotorischen) Beteiligung der Schüler (**Motivation**), die für das Entwickeln von Kompetenzen nötig ist. Vor diesem Hintergrund sollte die einseitige Ausrichtung auf kognitive Ziele in Unterrichtsentwürfen nur eine Akzentuierung dieser Zieldimension sein; diese Akzentuierung soll nicht zu der falschen Annahme verleiten, man könne kognitive Lernleistungen vom übrigen Verhalten eines Menschen trennen. Die Lernzieldimensionierung dient somit vor allem der Analyse dessen, was in der Praxis zusammengedacht werden muss und sollte (siehe Stangl o. J.).

Was wissen wir über **Lernziele im kognitiven Bereich**? Die Bloomsche Taxonomie ist in sechs Klassen gegliedert, die man hierarchisieren kann; von Stufe zu Stufe wächst die Komplexität der angestrebten Verhaltensweisen. Zudem werden mit jeder Stufe die Ansprüche abstrakter, die der Lernende erfüllen muss:

1. Wissen / Kenntnisse (Reproduzieren von Daten, Fakten usw.)
2. Verständnis (Erfassen von Zusammenhängen, Überführen in andere Darstellungsformen, Ableiten von Konsequenzen und Implikationen)
3. Anwendung (Übertragen auf andere Zusammenhänge)
4. Analyse (Herstellen von Bezügen in Argumentationen, Erkennen von Strukturen)
5. Synthese (Verknüpfen bekannter Zusammenhänge mit neuen und Aufbauen übergeordneter Einheiten)
6. Evaluation / Beurteilung (Kritisches Befragen und Beurteilen von Sachverhalten anhand interner und externer Kriterien)

Im **affektiven Bereich** schlagen Krathwohl, Bloom und Masia (1975) diese Taxonomie vor:

a) Aufmerksamkeit / Beachtung (Sensibilisierung für ein Thema)
b) Reaktion (Emotionalisierung, spontane Verarbeitung von Informationen)
c) Wertung (Emotionaler Bezug zum Gegenstand mit daraus resultierender Einstellung, Haltung, d. h., etwas für wertvoll halten, ihm einen Wert beimessen)
d) Organisation (Aufbau eines Wertesystems; Integration von Bezugswerten in eine Hierarchie von Überzeugungen)
e) Charakterisierung durch einen Wert (Identität; Leben einer Werthaltung ohne Notwendigkeit affektiver Betroffenheit)

Der **psychomotorische** Bereich wird so differenziert (vgl. Möller 1994):

1. Imitation (Nachahmung z. B. von Bewegungs- oder Handlungsabläufen)
2. Manipulation (Anwenden von Instruktionen, Festigung von Techniken)
3. Präzisierung (größere Genauigkeit beim Üben der Abläufe und Techniken)
4. Handlungsgliederung (Koordination verschiedener Elemente eines Handlungs- oder Bewegungsablaufs)
5. Naturalisierung (Internalisierung der Abläufe; Unabhängigkeit vom Modell)

Für den personalen, sozial-kommunikativen und den methodischen Bereich sowie für den Handlungsbereich liegen keine spezifischen Gliederungen vor; diese Bereiche werden daher oft den kognitiven bzw. affektiven Zielen untergeordnet; man kann sie aber in Unterrichtsentwürfen auch gesondert ausweisen. Dies gilt auch für spezielle **sprachliche Lernziele**, wie sie für den Unterricht bestimmter Deutschstunden, für den Fremdsprachenunterricht oder auch bei der Förderung von Migranten üblich sind.

Guter Unterricht wird im kognitiven Bereich nach der Erarbeitung von Inhalten (Lernzielebenen 1 und 2) stets eine Phase der Vernetzung des neu Gelernten mit Bekanntem vorsehen (Ebenen 3 bis 6; ⇨ s. a. Kap. 3.5.). Im affektiven und psychomotorischen Bereich sollte im Sinne der Vernetzung mindestens jeweils die Lernzielebene 3 erreicht werden (Wertung bzw. Präzisierung), mehr ist im Verlauf des Unterrichts oft auch nicht möglich. Denn erst eine Vernetzung der neuen Informationen mit schon gelernten auf einer höheren Ebene sichert das Behalten des neu erworbenen Wissens. Erst in der Verarbeitungsphase lässt sich überprüfen, ob und inwieweit Lernziele erreicht worden sind; das bloße Nennen von Fakten durch den einen oder anderen Schüler (Ebene 1) zum Beispiel ist noch keine Gewähr für Verstehen (Ebene 2) oder gar für die Fähigkeit, das Verstandene zu beurteilen (Ebene 6). **Erst durch Vernetzung wird aus Wissen Erkenntniszuwachs.** Lerngruppen sollten daher möglichst während jeder Unterrichtsstunde mit dem Stoff arbeiten (Verarbeitung), den sie gerade neu gelernt haben.

⇨ **Bevor Sie weiterlesen:**

- Nennen Sie drei Möglichkeiten, Lernergebnisse zu vernetzen.

1.
2.
3.

Dennoch sollten Sie nicht zu hohe Ansprüche an die **Überprüfbarkeit von Lernzielen** stellen. Die Annahme einer faktischen und aussagekräftigen Überprüfbarkeit von Lernzielen am Ende einer einzelnen Unterrichtsstunde (**Evaluation**) ist weit verbreitet, wohl aber viel zu optimistisch, selbst wenn die Lerngruppe den Lernstoff vernetzt hat. Aussagen über das Erreichen von Lernzielen sind meist allgemein: „Die Schüler haben (nicht) ....“, „Die Lerngruppe hat (nicht) ....“. Zwei wesentliche Fragen bleiben unbeantwortet:

1. Welcher Schüler genau hat am Ende der Unterrichtsstunde welche Lernziele in welchem Umfang und auf welchem Niveau erreicht?
2. Wie viele Schüler haben nach zwei Wochen / drei Monaten / einem Jahr wie viel von dem behalten, was in der betreffenden Unterrichtsstunde gelernt werden sollte?

Man braucht sehr umfangreiche Überprüfungsverfahren, will man diese Fragen differenziert und valide beantworten. Lehrer urteilen eher intuitiv als systematisch, aber immer mit viel Erfahrung über den Lernerfolg ihrer Schüler. Daher bleiben die Annahmen der Lehrer über den Lernstand der einzelnen Schüler letztlich zwar meist pauschal, aber dennoch verwertbar. Solche Überprüfungen kann man aber als Output-Test mit Hilfe von Lernaufgaben vornehmen.

In Unterrichtsentwürfen werden die Lernziele oft auf drei weiteren Ebenen differenziert und nach ihrem **Abstraktionsniveau** geordnet (siehe Möller 1976, 72ff.):

- Reihenziel (auch: Richtziel oder übergeordnetes Lernziel)
- Hauptlernziel (auch: Schwerpunktlernziel oder Grobziel)
- Teillernziele (auch: weitere wichtige Lernziele oder Feinziele)

Warum diese Unterscheidung? Aus zunächst eher vorläufig und allgemein formulierten Zielen sollen so möglichst exakte Formulierungen über das vom Lehrer erwartete Endverhalten der Schüler resultieren. Die angestrebte Konkretisierung erfolgt auf der Ebene der Teillernziele durch **Operationalisierung**. Die Operationalisierung gibt an, durch welches (in der Regel kognitive) Verhalten der Schüler deren Lernzuwachs für den Beobachter erkennbar wird. Auf jeder Stufe der Operationalisierung können Ziele jeder Dimensionierung (kognitiv, affektiv, psychomotorisch, aber auch methodisch, sozial-kommunikativ, handlungsbezogen, sprachlich) und jeder Lernzielebene (z. B. Reproduktion oder Beurteilung) vorkommen. In der Praxis gibt es aber durchaus Präferenzen. Nicht alle Lernzielebenen werden operationalisiert.

Reihenziele (Richtziele) oder Ziele einer Unterrichtssequenz sind die allgemeinsten Orientierungspunkte. Reihenziele bewegen sich in der Regel auf den Lernzielebenen 1 und 2. Die Frage für Reihen- oder Sequenzziele lautet: **Was sollen die Schüler allgemein in der Unterrichtsreihe beziehungsweise in der Unterrichtssequenz lernen? Reihenziele werden nicht operationalisiert.**

Das **Hauptlernziel** gibt (in relativ allgemeiner Form) an, was der Schüler am Ende der Unterrichtsstunde hauptsächlich erreicht haben beziehungsweise können muss. Das Hauptsächliche einer Unterrichtsstunde ist nicht zwangsläufig auch das kognitiv Komplexeste. So kann ein Lehrer die „Hauptsache" einer Stunde im Verstehen eines Zusammenhangs sehen, auch wenn er nach dem Verstehen noch eine Phase der Anwendung plant. Bei sehr komplexen und anspruchsvollen Gegenständen etwa macht diese Gewichtung Sinn. Hauptlernziele können sich daher auf alle Lernzielebenen beziehen. Eine einfache Formulierungshilfe: **Das Hauptlernziel sollte eine als Ziel formulierte sprachliche Paraphrase des Stundenthemas sein.** Dadurch bezieht sich das Hauptlernziel auch auf die didaktische Intention, die der Lehrer mit dem Gegenstand anstrebt. Die Frage für das Hauptlernziel lautet: **Was sollen die**

Schüler im Blick auf das Stundenthema hauptsächlich (vor allem) lernen? Hauptlernziele werden nicht operationalisiert.

Die **Teillernziele** konkretisieren das Hauptlernziel; sie sollten auch auf die Kompetenzbereiche Bezug nehmen, die für das jeweilige Unterrichtsfach gelten. Die Frage an Teillernziele lautet: **Welche Ziele müssen die Schüler (zunächst) erreichen, damit das Hauptlernziel überhaupt realisierbar ist?** Liegt das Hauptlernziel in den unteren Ebenen der Taxonomien (1 + 2), erfüllen die Teillernziele zwei Funktionen: a) Bestimmte Teillernziele konkretisieren das Hauptlernziel und bleiben damit ebenfalls im Rahmen der Taxonomieebenen 1 und 2. b) Andere Teillernziele müssen das geringe Anspruchsniveau des Hauptlernziels überschreiten und mindestens die Taxonomieebene 3 erreichen, um eine angemessene Vernetzung des Lerngegenstands zu garantieren. **Eine Beschränkung auf drei bis fünf Teillernziele ist sinnvoll**; mehr kann man in der Regel in einer Unterrichtsstunde ohnehin nicht erreichen.

Teillernziele müssen so konkret wie möglich formuliert werden (Mager 1994). Prinzipiell müssen Teillernziele damit auch genaue Informationen über Aspekte des Gegenstands und möglichst auch die didaktische Intention der Stunde enthalten (Thema). Wie konkret soll man Teillernziele formulieren? Die Teilziele benennen **sehr konkret**, was die Schüler *am Ende* des Lernprozesses können sollen. Die Konkretion erreichen Sie durch zwei Maßnahmen: 1.) Ergänzen Sie die Zielformulierung (in Klammern) durch Aspekte des Gegenstands, die das angestrebte Wissen oder Können prüfbar machen. 2.) **Operationalisieren** Sie die Teillernziele. Beschreiben Sie durch einen nachgestellten „indem-Satz“ das Verhalten der Schüler, das zum Lerngewinn führt.

⇨ **So funktioniert es:**

Einleitungsformeln

Lernzielformulierungen können Sie so einleiten:

- „Die Schülerinnen und Schüler sollen erkennen, verstehen, beurteilen .... (können)“

- „Die Schülerinnen und Schüler sollen (oder: können) lernen, ... zu erkennen, zu verstehen, zu beurteilen."
- „Die Schülerinnen und Schüler erkennen, verstehen, beurteilen ....."
- „Die Schülerinnen und Schüler können sich darin verbessern, ... zu erkennen, zu verstehen, zu beurteilen ...."
- „Die Schülerinnen und Schüler sind fähig, ... zu erkennen, zu verstehen, zu beurteilen ...."
- Hartmut von Hentig (2008) hat alternativ diese Einleitungsformel vorgeschlagen:
- „Die Schülerinnen und Schüler erhalten die Gelegenheit, ... zu erkennen, zu verstehen, zu beurteilen ....".

V. Hentig möchte mit dieser Formel die Autonomie der Schüler betonen, die in den anderen Formulierungen zugunsten äußerer Vorgaben vernachlässigt oder aufgehoben scheint. Lehrer müssen sich im Blick auf die Ziele ihres Unterrichts aber stets an beiden Polen ausrichten: Sie müssen sich einerseits an Vorgaben orientieren (z. B. Richtlinien, Kernlehrpläne, Kompetenzbereiche, Standards), andererseits sind die Schüler der Maßstab für die Entscheidungen der Lehrkräfte. Insofern stehen beide Arten von Einleitungsformeln gleichberechtigt nebeneinander. Die Einleitungsformel für das Hauptlernziel könnten Sie variieren und sagen:

- „In der heutigen (dieser) Stunde möchte ich vor allem (besonders, hauptsächlich, in erster Linie) erreichen, dass ...." (siehe Dohnke 2002).

Struktur von Lernzielen

Jedes Lernziel sollte enthalten:

- eine passende Einleitungsformel (s. oben) mit
- einem Verb, das die Lernzielebene (= Taxonomieebene) beschreibt,
- den Lerngegenstand oder Aspekte davon, wenn sinnvoll und möglich, und
- die didaktische Intention (oder Aspekte davon), mit der der Unterrichtsgegenstand behandelt wird.

Teillernziele können bzw. sollten Sie **weiter differenzieren**: In dem Fall beschreiben die Teilziele zusätzlich:

a) wie man dieses Verhalten erkennen bzw. messen kann (z. B. „Die Schüler erkennen die Häufung von Adjektiven, indem sie den Text lesen.")

b) in welchen konkreten Unterrichtssituationen (z. B. „in einer Gruppenarbeit", „in einer Diskussion", „in einem Rollenspiel") das angestrebte Verhalten gezeigt werden soll (= Intention)
c) Aspekte des Gegenstandsbereichs, die für das Erreichen des Ziels relevant sind
d) welche Kompetenzbereiche durch das Ziel angestrebt sind (z. B. Fach-/Methodenkompetenz ⇨ Kernlehrpläne, sozial-kommunikative Kompetenz)

Diese weitere Differenzierung der Teilziele kann sich demnach sowohl auf Methodenhinweise und Arbeitsziele als auch auf Aspekte des Gegenstands und die angestrebte Kompetenzebene beziehen.

Die Aspekte a) bis c) der Liste oben gehören *nicht zwingend* in eine Zielformulierung, da sie weniger beschreiben, worin das Ziel besteht, als vielmehr, wie man es erreicht. Die Angaben sind aber für eine Konkretisierung der Ziele sehr nützlich (Operationalisierung). Allerdings: Angaben über Methoden und z. B. Arbeitsvorgänge machen Sie ohnehin im Verlaufsplan. Insoweit können solche Informationen in der Zielformulierung durchaus fehlen. Die Hinweise auf die angestrebte Kompetenzebene sind dagegen mit Blick auf einen kompetenzorientierten Unterricht sinnvoll. Die Hinweise kann man in abgekürzter Form in Klammern geben (z. B. SK für Sachkompetenz, UK für Urteilskompetenz).

Profitipp:
Die Unterrichtsfächer weisen unterschiedliche Kompetenzbegriffe aus. Informieren Sie sich für Ihre Fächer bitte genauer in den gültigen Lehrplänen.

Eine **Kompromisslösung** zur Integration der weiteren Operationalisierung der Teilziele stellt auch dieses Vorgehen dar: Nummerieren Sie die Teillernziele im Unterrichtsentwurf und ordnen Sie diese in Klammern entweder im Unterrichtsverlaufsplan den jeweiligen Unterrichtsphasen oder auch in einem beigefügten Tafelbild entsprechenden Begriffen zu (z. B. „LZ 1"). So gehen die Informationen nicht verloren und werden sinnvoll vernetzt. Beachten Sie dabei: Diese Zuordnung ignoriert in gewissem Maße die Vernetzung der Elemente in einem Lernprozess. Viele Lernziele lassen sich nämlich nicht nur einem Begriff oder einer Unterrichtsphase zuordnen.

Hinweise zu den Verben

Größtes **Problem bei der Formulierung von Lernzielen sind meist die Verben** (Operatoren). Sie kennzeichnen sowohl die Dimension des Lernziels (z. B. kognitiv und nicht affektiv) als auch die Hierarchieebene (z. B. erkennen und nicht beurteilen). Für den kognitiven Bereich der Bloomschen Taxonomie eignen sich zur Veranschaulichung die Verben in der folgenden Übersicht. **Dabei bleibt eine eindeutige Zuordnung eines Verbs zu einer bestimmten Ebene immer ein Problem;** denn praktisch alle kognitiven Operationen berühren in der Praxis mehrere Ebenen; höhere Ebenen setzen niedrige zwingend voraus:

1. Wissen / Kenntnisse: erkennen, benennen, darstellen, beschreiben, erarbeiten, skizzieren, wiederholen, zusammenfassen
2. Verständnis: verstehen, erklären, erläutern, prüfen, erfassen, einsehen
3. Anwendung: einordnen, übertragen, untersuchen, überlegen, vergleichen, in Beziehung setzen, anwenden, in Zusammenhang bringen
4. Analyse: analysieren, Hypothesen entwickeln, überprüfen, deuten, begründen
5. Synthese: Zusammenhänge herstellen, als Bestandteil / Aspekt begreifen, diskutieren, erörtern, analysieren, entwerfen, entwickeln
6. Evaluation / Beurteilung: beurteilen, bewerten, (kritisch) Stellung nehmen, problematisieren, sich auseinandersetzen mit

Bei der Verwendung einzelner Verben wird oft eingewendet, dass sie nicht das Ergebnis des Lernprozesses beschreiben, sondern den Prozess selbst. Dieser Einwand ist in gewisser Hinsicht berechtigt. **Die in der obigen Liste aufgeführten Verben kann man tatsächlich alle als Prozessverben verstehen, man muss es aber nicht.** Dies gilt in gleicher Weise auch für Verben, die Sie im Rahmen der übrigen Lernzieldimensionen nutzen.

Die Formulierung *„Die Schüler sollen .... beurteilen."* kann einerseits den Vorgang des Beurteilens selbst meinen, andererseits aber auch das Beurteilen*können am Ende des Lernprozesses*. Im zweiten Fall liegt der Akzent auf dem Ergebnis des Vorgangs und damit auf dem angestrebten Kompetenzzuwachs (Beurteilungskompetenz im Rahmen einer Fachkompetenz), der erste Fall betont den Vorgang des Beurteilens und damit das Schülerverhalten während des Aneignens der Kompetenz. Zur Vermeidung solcher sprachlichen Missverständnisse bietet sich an, zu den primär verwendeten Verben (Operatoren) ein modales Hilfsverb (z. B. können, alternativ: fähig sein, imstande sein) hinzuzufügen oder „sollen“ durch „können“ zu ersetzen. Also:

- „Die Schüler sollen .... beurteilen können.“ *Oder:*
- „Die Schüler sind imstande, ... zu beurteilen.“ Oder:
- „Die Schüler können am Ende der Stunde ... beurteilen.“ Oder:
- „Die Schüler sind am Ende der Stunde fähig, ... zu beurteilen.“

Beispiele für Hauptlernziele

Hinweise:

- Für die Kompetenzbereiche in den folgenden Lernzielbeispielen benutzen wir diese Abkürzungen:
  - ✓ SK = Sachkompetenz (ein Aspekt der Fach- und Methodenkompetenz)
  - ✓ MK = Methodenkompetenz
  - ✓ UK = Urteilskompetenz (ein Aspekt der Fach- und Methodenkompetenz)
  - ✓ SKK = Sozial-kommunikative Kompetenz
  - ✓ HKE = Handlungskompetenz im engeren Sinne (z. B. produktives Gestalten, Bewegungsabläufe)
  - ✓ HKW = Handlungskompetenz im weiteren Sinn (konkretes Alltagshandeln)
- Ziele können im Einzelfall mehreren Kompetenzebenen zugeordnet sein.
- Zu weiteren Kompetenzbereichen in den einzelnen Unterrichtsfächern informieren Sie sich bitte in den gültigen Lehrplänen.

Beispiel 1

- „In dieser Stunde möchte ich vor allem erreichen, dass die Schülerinnen und Schüler die Gleichnisse Jesu als Rede vom Reich Gottes verstehen (können)“ (SK). Oder:
- „In dieser Stunde sollen die Schülerinnen und Schüler vor allem ... verstehen (können) (SK).“

a) Die „Gleichnisse Jesu“ sind Unterrichtsgegenstand. Die Schüler sollen die Gleichnisse als eine spezifische Aussage über das Reich Gottes verstehen; darin liegt die besondere didaktische Perspektive, unter der die Gleichnisse im Unterricht behandelt werden sollen.

b) Das kognitive Hauptlernziel liegt auf der Taxonomieebene 2 (= Verstehen). Dies hat Folgen für die Formulierung der Teilziele und für die Gewichtungen im Unterricht.

c) Die Teilziele müssen die Ebenen 1 (= Wissen / Reproduktion) und 2 (= Verstehen) konkretisieren; das Erreichen von Ebene 1 ist zugleich Voraussetzung für das Erreichen von Ebene 2.

d) Der Schwerpunkt des Unterrichts wird auf „Wissen" und „Verstehen" liegen müssen; die Taxonomieebenen 3 bis 6 haben untergeordnete Bedeutung, mindestens eine davon sollte aber in der Vernetzungsphase berücksichtigt werden. Man kann zum Beispiel bei vier Teilzielen drei auf die Ebenen „Wissen" und „Verstehen" beziehen und eines auf eine der Ebenen 3 bis 6.

Beispiel 2

- „In dieser Stunde möchte ich vor allem erreichen, dass die Schülerinnen und Schüler Konflikte zwischen Eltern und Kindern als eine notwendige Voraussetzung für die Gewinnung von Identität der Heranwachsenden analysieren. (SK)"

  Oder:
- „Die Schülerinnen und Schüler sollen am Ende dieser Stunde hauptsächlich imstande sein, ... zu analysieren. (SK)"

a) Unterrichtsgegenstand sind „Konflikte zwischen Eltern und Kindern". Dieser Gegenstand, also die Konflikte zwischen den Generationen, soll als eine Voraussetzung dafür verstanden werden, dass die Jugendlichen ihre eigene Identität entwickeln lernen (didaktische Intention).

b) Dieses kognitive Hauptlernziel orientiert sich an der Taxonomie-Ebene 4 (= Analyse). Der intellektuelle Anspruch an die Schüler ist in einer solchen Stunde deutlich höher als im ersten Beispiel. Die Folgen für die Formulierung der Teilziele und für die Gewichtungen im Unterricht:

c) Die Teilziele müssen in diesem Fall die Ebenen 1 (= Wissen / Reproduktion), 2 (= Verständnis), 3 (= Anwendung) und 4 (= Analyse) konkretisieren. Die Ebenen 3 und 4 repräsentieren bereits Vernetzungsaspekte, so dass eine weitere Verarbeitung des Gelernten nicht zwingend geboten ist. Streben Sie aber beispielsweise noch eine Beurteilung des neu erworbenen Wissens an, müssen Sie auch dazu ein Teillernziel formulieren. Dies wäre beispielsweise dann sinnvoll, wenn Sie bereits in früheren Stunden die Taxonomieebenen 1 und 2 erreicht hatten und in der aktuellen Stunde auf der Ebene 3 einsteigen.

Beispiel 3

- „In dieser Stunde möchte ich vor allem erreichen, dass die Schülerinnen und Schüler die Bedeutung der zweiten Ableitung einer Funktion für die Steigung eines Funktionsgraphen beurteilen (können). (UK)" Oder:
- „Die Schülerinnen und Schüler sollen (können) in dieser Stunde hauptsächlich lernen, ... zu beurteilen. (UK)" Oder:
- „Die Schülerinnen und Schüler können am Ende der Stunde vor allem ... beurteilen. (UK)"

a) In diesem Fall heißt der Unterrichtsgegenstand: „Die zweite Ableitung einer Funktion"; die didaktische Intention besteht darin, die Bedeutung dieser Ableitung für die Steigung von Funktionsgraphen zu beurteilen.

b) Dieses kognitive Hauptlernziel bezieht sich auf die Taxonomieebene 6 (= Beurteilung). Das Ziel ist hochkomplex; der intellektuelle Anspruch an die Schüler sehr hoch. Das Erreichen eines solchen Ziels setzt voraus, dass die Schüler die Taxonomieebenen 1 bis 5 durchlaufen haben. Oft gelingt dies nicht in einer Stunde. Erreichbar erscheint dies in 45 Minuten meist nur dann, wenn der Inhalt quantitativ sehr begrenzt wird und die Lerngruppe besonders leistungsstark ist. Auch in diesem Fall ergeben sich aus der Formulierung des Hauptlernziels Folgen für die Formulierung der Teilziele und für die Gewichtungen im Unterricht:

c) Die Teilziele müssen in diesem Fall alle Taxonomieebenen konkretisieren, wenn die unteren Ebenen nicht bereits in früheren Stunden erreicht wurden.

d) Der Unterricht wird die Vernetzung betonen (Taxonomieebenen 3 bis 6); dabei darf die Beurteilung des Gegenstands (Ebene 6) nicht zu kurz kommen.

Beispiel 4

- „Die Schülerinnen und Schüler sollen in der heutigen Stunde hauptsächlich sensibilisiert werden für die Inhaftierungspraxis in diktatorischen Systemen als Beispiel für die physische und psychische Beeinträchtigung der menschlichen Freiheit. (SK; HKW)"

a) In diesem Fall heißt der Unterrichtsgegenstand: „Die Inhaftierungspraxis in diktatorischen Systemen"; die didaktische Intention besteht darin, den Schülern ein Gefühl dafür zu vermitteln, inwiefern diese Inhaftierungspraxis die psychische und physische Freiheit der betroffenen Menschen beeinträchtigt.
b) Dieses affektive Hauptlernziel bezieht sich auf die Taxonomieebene 1 (= Aufmerksamkeit / Beachtung). Für die Formulierung der Teilziele und für die Gewichtungen im Unterricht ergibt sich daraus:
c) Die Teilziele dürfen durchaus auch höhere Ebenen der affektiven Taxonomie beinhalten.
d) Eine Unterrichtsstunde mit einem affektiven Schwerpunktziel sollte kognitive Teilziele enthalten, die in der kognitiven Taxonomie mindestens die Ebene 3, möglichst die Ebenen 4 bis 6 erreichen. Dadurch ist auch eine angemessene kognitive Vernetzung des Inhalts gesichert.

Beispiel 5

- „Die Schülerinnen und Schüler sollen in der heutigen Stunde hauptsächlich kleine Bewegungsabläufe als Trainingsmodul für eine Jazz-Tanz-Choreographie ausführen. (FK; HKE)"

a) In diesem Fall heißt der Unterrichtsgegenstand „Kleine Bewegungsabläufe"; die didaktische Intention besteht darin, diese Bewegungsabläufe ausführen zu lassen, um damit für eine größere Einheit, eine Choreographie, zu üben.
b) Dieses psychomotorische Hauptlernziel liegt auf der Taxonomieebene 4 (= Handlungsgliederung). Aus diesem Hauptlernziel ergeben sich Konsequenzen für die Teilziele und für die Gewichtungen im Unterricht:
c) Die Teilziele sollten die Taxonomieebene des Hauptlernziels konkretisieren, müssen diese aber nicht mehr übersteigen.
d) Eine Unterrichtsstunde mit einem psychomotorischen Schwerpunktziel sollte auch kognitive Teilziele enthalten, die in der kognitiven Taxonomie mindestens die Ebene 3 erreichen. So findet einmal eine angemessene kognitive Vernetzung des Inhalts statt, zum anderen aber ganzheitliches Lernen auf hohem Niveau.

Beispiele für Teillernziele

Beispiel 1

- „Die Schülerinnen und Schüler sollen im Gleichnis vom Sämann die Rede Jesu von der wachsenden Saat als Hinweis auf die besondere und unaufhaltsame Kraft des Reiches Gottes verstehen. (SK)" *Oder:*
- „Die Schülerinnen und Schüler sollen ... verstehen (können), indem sie ....."

a) Das kognitive Ziel bezieht sich auf Taxonomieebene 2 (= Verstehen); die Taxonomieebene 1 (= Wissen) ist damit implizit abgedeckt, da das Verstehen das Kennen des Gegenstands voraussetzt.

b) Das Ziel konkretisiert den angestrebten Lernzuwachs im Blick auf einen spezifischen Aspekt, der anhand eines genau definierten Textes erkannt und verstanden werden muss.

c) Eine weitere Operationalisierung ist möglich.

Beispiel 2

- „Die Schülerinnen und Schüler sollen Jesu Ethik der radikalen Liebe als integralen Bestandteil des Reiches Gottes begreifen. (SK; HK)" Oder:
- „Die Schülerinnen und Schüler sollen .... begreifen (können), indem sie X mit Y in Beziehung setzen / in Zusammenhang bringen."

a) Das kognitive Ziel rekurriert auf die Taxonomieebene 5 (= Synthese). Die Schüler sollen einen Sachverhalt („Ethik Jesu"), den sie aus früheren Unterrichtsstunden kennen, mit dem aktuell erworbenen Wissen („Gleichnisse als Ausdrucksformen für das Reich Gottes") in einen Zusammenhang bringen.

b) Das Ziel impliziert die Neustrukturierung der Informationen auf einer höheren Ebene. Dazu müssen die Schüler altes Wissen reaktivieren, dabei Aspekte vergleichen, Zusammenhänge herstellen und diese auf Angemessenheit prüfen. Erst dann kann man A als integralen Bestandteil von B begreifen, also verstehen.

c) Weitere Operationalisierungen können bei Bedarf vorgenommen werden.

Beispiel 3

- „Die Schülerinnen und Schüler sollen kritisch beurteilen, inwieweit die Vorstellung vom Reich Gottes Menschen in unserer Gesellschaft bei der Bewältigung ihres Alltags nützlich sein kann. (UK)" Oder:

- „Die Schülerinnen und Schüler sollen kritisch beurteilen, ..., indem sie ihre persönlichen Erfahrungen mit ... benennen und prüfen, ob / inwieweit ....“

a) Das kognitive Ziel rekurriert auf die Taxonomieebene 6 (= Beurteilung). Die Schüler sollen früher erworbenes Wissen und persönliche Erfahrungen über die Situation in unserer Gesellschaft in einen Zusammenhang bringen mit neu erworbenem Wissen („Vorstellung vom Reich Gottes“).

b) Die Formulierung impliziert wiederum die Neustrukturierung der Informationen auf einer höheren Ebene. Hinzu kommt die Beurteilung des Gelernten („Reich Gottes“), die erst nach der Neustrukturierung möglich ist. Die Beurteilung setzt Kriterien voraus; die Kritik kann sich an internen wie externen Kriterien orientieren. Bei der Verwendung interner Kriterien urteilen die Schüler aus eigenem Augenschein (Erfahrungswissen) und gesundem Menschenverstand (Alltagstheorien). Bei der Nutzung externer Kriterien greifen die Schüler bei ihrer Beurteilung auf wissenschaftliche Modelle und Theorien zurück, die im Unterricht behandelt wurden. In der Praxis werden interne und externe Beurteilungskriterien oft vermischt.

c) Weitere Operationalisierungen sind möglich.

Beispiel 4

- „Die Schülerinnen und Schüler sollen darauf reagieren, wie die räumlichen Ausmaße einer Gefängniszelle die psychische Realität eines Menschen beeinflussen. (SK; HKE)“ Oder:
- „Die Schülerinnen und Schüler sollen darauf reagieren, ..., indem sie ....“

a) Das affektive Ziel rekurriert auf die Taxonomieebene 2 (= Reaktion). Die Schüler sollen eine (spontane affektive) Reaktion zeigen auf ein Phänomen, für das sie vorher sensibilisiert sein müssen (Ebene 1).

b) Die Formulierung impliziert damit die Neustrukturierung dessen, was durch die Sensibilisierung erlebt wurde.

c) Ein solches Ziel legt nahe, im Verlauf der Unterrichtsstunde auch zu einer Wertung im affektiven Bereich (affektive Ebene 3) und / oder zu einer Beurteilung des Phänomens im kognitiven Bereich (kognitive Ebene 5) zu kommen.

d) Die Liste der Teillernziele der Unterrichtsstunde sollte in jedem Fall auch kognitive Ziele enthalten.

Beispiel 5

- „Die Schülerinnen und Schüler sollen die vom Lehrer vorgeturnte Bewegung als Vorbereitung einer kleinen Bewegungsfolge nachahmen. (SK; HKE)“ Oder:
- „Die Schülerinnen und Schüler sollen ... nachahmen (können), indem sie zunächst die vorgeturnte Bewegung sorgfältig beobachten ... und dann ...“

a) Dieses psychomotorische Ziel bezieht sich auf die Taxonomieebene 1 (= Nachahmung). Die Schüler sollen zunächst die Bewegung beobachten, die der Lehrer vorstellt. Der Lehrer dient dabei als Modell. Anschließend sollen die Schüler die Bewegung nachahmen und so üben.

b) Die Formulierung des Lernziels zeigt, wozu die Beobachtung und die Nachahmung dienen: Später sollen aus einzelnen Bewegungen Bewegungsfolgen entwickelt werden. Damit ist der Ablauf mindestens bis zur Ebene 4 (= Handlungsgliederung) der psychomotorischen Taxonomie angebahnt.

c) Psychomotorische Teillernziele sollten stets durch kognitive (eventuell zusätzlich durch affektive) ergänzt werden. Die kognitiven Teillernziele sollten auch eine intellektuelle Vernetzung des Gelernten ermöglichen (kognitive Ebenen 3 bis 6).

⇨ **Darauf sollten Sie achten:**

- Die Zielformulierungen sollten den Unterrichtsgegenstand und (möglichst auch) Ihre didaktische Intention auf der Zielebene enthalten.
- Das Hauptlernziel kann eine Paraphrase des Stundenthemas sein (= Gegenstand und didaktische Intention), ergänzt um die spezifische Zielformulierung.
- Teillernziele können operationalisiert werden, müssen es aber nicht.
- Teillernziele sollten so konkret wie möglich formuliert sein. Inhaltliche Konkretionen kann man der Zielformulierung in Klammern hinzufügen.
- Haupt- und Teillernziele sollten Hinweise auf die fachspezifischen Kompetenzen enthalten, auf die sich beziehen.
- Erst das Erreichen der Teillernziele ermöglicht das Erreichen des Hauptlernziels, wenn das Hauptlernziel zugleich die höchste Lernzielebene markiert, die in der Stunde erreicht wird.
- Teillernziele dürfen über die Taxonomieebene des Hauptlernziels hinausgreifen, wenn das Hauptlernziel auf relativ niedriger Taxonomieebene liegt.
- Drei bis fünf Teillernziele genügen für eine Unterrichtsstunde.

- Zu anspruchsvollem Unterricht gehören immer Lernziele auf den Taxonomieebenen 3 und höher (⇨ Kap. 3.5.6. „Vernetzung").
- Stunden mit hauptsächlich affektiven und / oder psychomotorischen Lernzielen sollten auch kognitive Ziele verfolgen.
- Ziele in allen Dimensionen sind nötig, wenn die Unterrichtsplanung entsprechende Schwerpunkte setzt.
- Alle Ziele sollten im Verlauf einer Unterrichtsstunde zumindest im Grundsatz für Beobachter wie Seminarausbilder prüfbar sein.

⇨ Arbeitsanregungen

Lernziele

Erläutern Sie Unterschiede zwischen Hauptlernzielen und Teillernzielen.	
Formulieren Sie drei affektive Lernziele, die Sie in Ihrem Unterricht langfristig verwirklichen wollen.	
Formulieren Sie drei psychomotorische Lernziele, die Sie in Ihrem Unterricht grundsätzlich verwirklichen wollen.	

Ihr Unterrichtsthema heißt: „Analoguhren als Abbildung der Zeit“ – Wie lauten Ihr Haupt- und drei Ihrer Teillernziele? Welche Kompetenzen streben Sie mit Hilfe der Lernziele an?	
Ihr Unterrichtsthema heißt: „Meta-Kommunikation als Hilfe zur Lösung von Konflikten“ – Nennen Sie das Hauptlernziel und vier Teillernziele. Welche Kompetenzbereiche streben Sie mit Hilfe der Lernziele an?	
„Die Schülerinnen und Schüler sollen Goethes ‚Faust‘ verstehen.“ Beurteilen Sie die Zielformulierung und korrigieren Sie diese wenn nötig.	
„Die Schülerinnen und Schüler sollen erkennen, dass die Demokratie Vorteile hat.“ – Beurteilen Sie die Zielformulierung.	

„Mit den Ziel- und Kompetenzformulierungen legt sich der Lehrende viel zu sehr fest.“ Nehmen Sie Stellung.	
„Die Schüler sollen ihre Lernziele selbst bestimmen.“ Was meinen Sie dazu?	
„Es erreichen ohnehin nicht alle Schüler gleichzeitig das Ziel. Daher sind Zielformulierungen unsinnig.“ Was sagen Sie dazu?	
„Exakte Zielformulierungen sind nur eine Marotte von Allgemeinpädagogen.“ Inwieweit stimmen Sie dieser These zu?	
„Ziele im affektiven Bereich sollte man für Unterricht in der Sekundarstufe II nicht formulieren.“ Nehmen Sie Stellung zu dieser These.	
„Das Fixieren von Lernzielen verhindert ein flexibles Reagieren des Lehrers im Unterricht.“ Was meinen Sie zu dieser These?	

3.4. Unterrichtsvoraussetzungen

3.4.1. Bedingungsanalyse

Die Bedingungsanalyse wird in diesem Abschnitt mit einem sehr engen Bezug zur Unterrichtsstunde beschrieben. Die Bedingungsanalyse klärt, ob und wie eine Lehrperson ein von ihr gewähltes Unterrichtsthema in einer bestimmten Lerngruppe umsetzen kann. Es geht also um die **Ermittlung der konkreten Voraussetzungen für das unmittelbar intendierte Unterrichtsvorhaben**. Unter dieser Perspektive sind bestimmte Konsequenzen für die Bedingungsanalyse zu beachten:

- Für die vorgesehene Aufgabe ist eine allgemeine und umfangreiche Beschreibung z. B. der Lerngruppe wenig hilfreich.
- Die für das konkrete Unterrichtsvorhaben ermittelten Bedingungen müssen in ihren Auswirkungen auf die Planung klar erkennbar sein.
- Auch bei weitreichender Fähigkeit einer Lehrperson zur Wahrnehmung und Beobachtung des Verhaltens einer Lerngruppe können die Feststellungen letztlich nur als hypothetisch angesehen werden.

In der Planung (⇨ siehe besonders Kap. 3.5.) sind auf dieser Grundlage Alternativen zu berücksichtigen; sie sollen und müssen ein flexibles Agieren im Unterricht gewährleisten. Das auf die konkreten Bedingungen ausgerichtete Unterrichtsvorhaben ist so zu planen, dass offene Unterrichtsphasen korrigierendes Vorgehen ermöglichen (z. B. offene Einstiege, Spontanphasen). Auf diese Weise ist eine enge **Rückkopplung zum Thema im Unterricht** gesichert.

Die unterrichtlichen Bedingungen werden in dem Modell der lehr-lerntheoretischen Didaktik nach **anthropogenen und soziokulturellen Voraussetzungen** unterschieden (vgl. Schulz 2002). Sie sind auf alle am Unterrichtsgeschehen direkt oder indirekt beteiligten Personen (Schüler, Lehrer, Personen der Schulinstanzen) und auf den äußeren Rahmen von Schule (institutionelle Einrichtungen, Richtlinien / Lehrpläne usw.) zu beziehen.

Mehrere Autoren haben eine Ausdifferenzierung und Präzisierung der Bedingungsfaktoren in dem genannten Bedingungsfeld unternommen. Vereinbarungen mussten in allen entwickelten Systemen bei der Zuordnung der Bedingungsfaktoren im Grenzbereich der anthropogenen und soziokulturellen Voraussetzungen getroffen werden. Auf die Klärung solcher Zuordnungen gehen wir nicht weiter ein, weil sie sich auf die einzelne Unterrichtssituation nicht unmittelbar auswirkt und weil außerdem in diesem Fall kaum alle Faktoren eine Rolle spielen.

Für die Erfassung der situativen Lernvoraussetzungen haben sich verschiedene **Kataloge von Fragen** bewährt, von denen einer nachfolgend vorgestellt wird (Zimmermann 2011). Zur Orientierung ordnen wir den Kategorien zum Teil Kompetenzbereiche zu.

A. Voraussetzungen auf der Seite der Schüler

- Lernstand (z. B.: Welche Lernzielstufen wurden bisher vorwiegend berücksichtigt?) ⇨ Fach-/Methodenkompetenz
- Lernstil, soziales Klima (z .B.: Haben einzelne Schüler eine besondere Neigung für visuelles oder für auditives Lernen?) ⇨ Sozial-kommunikative Kompetenz
- Lerntempo (z. B.: Wie viel Zeit ist voraussichtlich für bestimmte Lernphasen wie Motivations-, Erprobungs-, Übungs-, Integrationsphasen anzusetzen?) ⇨ Methodenkompetenz / Sozial-kommunikative Kompetenz
- Lernbereitschaft (z. B.: Ist die Grundhaltung eher als angepasst oder eher als kritisch-emanzipiert anzusehen?) ⇨ Personale Kompetenz / Handlungskompetenz
- Soziokulturelle Voraussetzungen (z. B.: Welche kulturellen Hintergrund haben die Schüler? Wie kulturell heterogen ist die Lerngruppe?) ⇨ Personale Kompetenz

B. Voraussetzungen auf der Seite der Lehrperson

- Lehrstand (z .B.: Wie weitreichend ist das Wissen der Lehrperson im Blick auf die Sache, im Blick auf die Methode?) ⇨ Fach-/Methodenkompetenz
- Lehrstil (z. B.: Welcher Unterrichtsstil, welcher Führungsstil, welche Sozial- und Aktionsformen, welches Unterrichtsverfahren liegen der Lehrperson am meisten?) ⇨ Pädagogische Kompetenz = (Personaler Kompetenz + Aktions-/Handlungskompetenz + Fach-/Methodenkompetenz + Sozial-kommunikative Kompetenz)
- Lehrbereitschaft (z. B.: Wo liegen die persönlichen Stärken und Schwächen der Lehrperson?) ⇨ Personale Kompetenz / Handlungskompetenz

- Sozio-kulturelle Voraussetzungen (z. B.: Welche kulturellen Erfahrungen bringt die Lehrperson mit?) ⇨ Personale Kompetenz
- Sozio-ökonomische Faktoren (z. B.: Wie ist die Schule, der Klassenraum in Bezug auf die Durchführung des geplanten Vorhabens ausgestattet?)
- Sozioökologische Faktoren (z. B.: Welche Erfahrungen der Schüler aus dem näheren oder weiteren Umfeld der Schule lassen sich für das Vorhaben in welchem Umfang nutzen?)
- Ideologisch-normbildende Faktoren (z. B.: Inwieweit stimmt die Zielsetzung des Vorhabens überein mit bestimmten gesellschaftlichen Traditionen oder mit bestimmten fortschrittlichen Trends?)
- Für die Ermittlung der Lernvoraussetzungen lässt sich auch ein Katalog heranziehen, der nach folgenden Kategorien unterscheidet:
  - ✓ Kognitiv-psychomotorische Voraussetzungen (z. B. Konzentrationsfähigkeit)
  - ✓ Affektive Voraussetzungen (z. B. Arbeits- und Verhaltensgewohnheiten)
  - ✓ Gruppendynamische Voraussetzungen (z. B. Kooperationsverhalten)

3.4.2. Bestimmung von Lerninhalten

Nach der lehr-lerntheoretischen Didaktik besteht zwischen den Entscheidungen über Lernziele, über die Lerninhalte und die Lernorganisation ein **Implikationszusammenhang**: Einerseits lassen sich die Lernziele über bestimmte Inhalte und Methoden verwirklichen, andererseits erhalten die Inhalte ihren funktionalen Charakter erst durch die Zuordnung zu den gewählten Lernzielen. Die Lernziele selbst (und die damit angestrebten Kompetenzen) beziehen sich immer auch auf inhaltliche Vorgaben. Die Inhalte haben nicht einen Wert in sich, sondern bekommen diesen erst in ihrer Funktion für die zu erreichenden Lernziele und Kompetenzen. Dieser funktionale Charakter lässt sich so verständlich machen: Jede Auswahl und Darstellung eines Inhaltes geschieht in einer didaktischen Absicht. Mit demselben Inhalt kann man im Unterricht sehr verschiedene Ziele anstreben (siehe oben Kap. 1.2.3.). Auf Grund dieser Abhängigkeit erlaubt es erst die Festlegung und Beschreibung der Ziele,

- ein didaktisches Konzept zu erstellen,
- sich kritisch mit der getroffenen Auswahl der Inhalte auseinanderzusetzen,
- den Lehr-/Lernprozess zu bestimmen und

- den Unterrichtserfolg zu überprüfen.

Erst die Zuordnung der Inhalte zu den Lernzielen schafft eine didaktische Begründung für die Auswahl der Inhalte. Diese wird sich dadurch weniger unreflektiert an festgeschriebenen Bildungskatalogen ausrichten oder willkürlich zusammenstellen lassen. Die Lehrkraft kann außerdem auf Erfahrungen und Interessen der Schüler eingehen, da sich den Lernzielen und Kompetenzen unterschiedliche Inhalte oder Themen zuordnen lassen.

Das Problem der Auswahl der Inhalte ist noch nicht gelöst, wenn der Lehrer den Lerninhalten bestimmte Lernziele und Kompetenzen zuordnet. Die Formulierung der Lernziele und Kompetenzen setzt die Ermittlung der Inhalte schon voraus, wenn sie nicht auf höchstem Abstraktionsniveau vorgenommen wird. Die Inhaltskomponente mancher Lernziele weist einen mittleren Grad an Eindeutigkeit auf und lässt daher mehrere Alternativen zu. In diesen Fällen muss man Kriterien finden, um eine Auswahl aus der Menge möglicher Inhalte treffen zu können.

In der Unterrichtspraxis beginnt man in der Regel bei der Planung nicht mit der Bestimmung der Lernziele (und Kompetenzen), sondern mit der Auseinandersetzung um einen interessanten und bildungsrelevanten Inhalt. Diese Inhalte sind oft durch Lehrpläne und Richtlinien angeregt oder sogar vorgegeben. Dabei überprüft der Lehrer ein in Aussicht genommenes Thema daraufhin, ob er damit die vorgesehenen Lernziele erreichen kann; gegebenenfalls wird das Thema ausgeschlossen oder verändert. Also: **Sowohl die Ermittlung von Lernzielen und das Anstreben bestimmter Kompetenzen als auch die Entscheidung über ihre Berücksichtigung im Rahmen eines Unterrichtsthemas schließen inhaltliche Entscheidungen stets ein, setzen diese voraus oder haben diese zur Folge.**

Für die Entscheidungen über Inhalte muss man **Kriterien finden**, die einerseits in enger Beziehung mit den Kriterien zur Auswahl der Lernziele (und Kompetenzen) stehen, andererseits diese aber auch unter dem Gesichtspunkt des Inhalts zu ergänzen, zu modifizieren oder zu präzisieren erlauben. Klafkis Didaktische Analyse kann helfen, solche Kriterien zu gewinnen (2002 u. 2007); die Analyse ermöglicht es dem Lehrer, sich auf die Analyse und Revision von Inhalten zu beziehen.

Die konkrete Unterrichtsplanung geht in der Regel vom Inhalt aus; im Planungsvollzug erweist sich die **Didaktische Analyse** als ein hilfreiches Instrument. Ein Inhalt – z. B. aus der Literatur oder aus der Wissenschaft – ist nicht gleichzusetzen mit einem Unterrichtsinhalt, den man lediglich auf das Niveau der Schüler abzustimmen braucht. Durch die Didaktische Analyse wird der Inhalt modifiziert; erst auf diese Weise ist er dann zu einem Unterrichtsinhalt geworden (⇨ siehe auch Kap. 3.2.). Die Didaktische Analyse stellt eine Reihe von Grundfragen an den Inhalt. Im Folgenden sind diese Grundfragen nach

(A) dem Begründungszusammenhang und nach

(B) der Wirksamkeit für den Unterricht

unterteilt.

A: Begründungszusammenhang

Frage nach der

(1) Gegenwartsbedeutung

(2) Zukunftsbedeutung

(3) exemplarischen Bedeutung des Inhalts

B: Wirksamkeit für den Unterricht

Frage nach der

(4) Struktur des Inhalts

(5) Zugänglichkeit des Inhalts

- **Gegenwartsbedeutung**

  Die zentrale Frage lautet: Hat, kann oder sollte ein Inhalt in der gegenwärtigen Lebenssituation des Schülers eine Bedeutung haben (z. B. im Selbstverständnis des Schülers, in seinem Kompetenz- und Erfahrungsbereich)?

  Also:

  ✓ Erfahrungen, Vorkenntnisse aus dem Alltag

  ✓ Abneigung, Gleichgültigkeit gegenüber und Interesse am Inhalt

  ✓ Kenntnisse, Fähigkeiten und Einstellungen für gegenwärtiges Handeln

- **Zukunftsbedeutung**

  Hier steht diese Frage im Vordergrund: Kann der Inhalt eine Bedeutung haben für das Leben, in das der Schüler hineinwächst?

  Also:

  ✓ Qualifikationen / mögliche Bedeutung dieser Qualifikationen in der Zukunft

  ✓ Erwartetes / erwünschtes Normengefüge der Gesellschaft

- **Exemplarische Bedeutung**

  Die Frage: Kann man am Inhalt allgemeine Zusammenhänge, Beziehungen, Gesetzmäßigkeiten, Widersprüche, Handlungsmöglichkeiten usw. darstellen?

  Also:

  ✓ Das Allgemeine am spezifischen Inhalt

  ✓ Das Allgemeine als Orientierungshilfe für das spätere Leben

- **Thematische Strukturierung**

  Zentrale Frage: Welche am Inhalt ermittelten Strukturmomente sind geeignet, die im Blick auf die Fragen (1) bis (3) gefundenen Antworten zu realisieren?

  Also:

  ✓ Fachwissenschaftlicher Zusammenhang

  ✓ Perspektiven für das gewählte Thema

  ✓ Elemente und ihre Beziehungen zueinander (Komplexität)

  ✓ Struktureinheiten (immanent-methodische Struktur) und deren mögliche Abfolge

  ✓ Sinnschichten und Sachlogik

- **Zugänglichkeit**

  Hierbei handelt es sich um diese Frage: Wie muss der Lehrer einen Inhalt vereinfachen und verändern, damit die Schüler den Inhalt kennen lernen oder erarbeiten können? Es handelt sich um die Aufgabe der didaktischen Reduktion (unter Beachtung ihrer sachlichen und fachlichen Zulässigkeit).

  Also:

  ✓ Veränderungen und Vereinfachungen

  ✓ Darbietungs- und Anwendungsformen

  ✓ Materialien und Medien

Die Fragen an den Inhalt sind bei der konkreten Unterrichtsplanung nur in **unterschiedlicher Genauigkeit** von einer einzigen Lehrperson zu beantworten. Bei der Frage nach der Zukunftsbedeutung geht es zum Beispiel um Grundsätze, die die junge Generation im Allgemeinen betreffen. Hier ist die einzelne Lehrperson überfordert. In den Richtlinien und Lehrplänen eines Faches finden sich jedoch Entscheidungen, die auf die Zukunftsbedeutung eines Inhalts verweisen. Die Lehrperson vor Ort muss bei der konkreten Planung kritische Gesichtspunkte für ein zukünftiges Handlungsmuster der Schüler beachten. Entsprechendes gilt zum Beispiel für die „Exemplarität" eines Inhalts. Auch unter diesem Gesichtspunkt finden sich Hinweise auf Vorentscheidungen in den Richtlinien und Lehrplänen der Unterrichtsfächer; denn es handelt sich hierbei um weitreichende Eingriffe in das jeweilige Fachverständnis, die die einzelne Lehrperson nicht stellvertretend treffen kann.

Hingegen stehen die übrigen drei Fragen unmittelbar mit der konkreten Planung einer Unterrichtsreihe oder Unterrichtsstunde in Beziehung. Bei der Bearbeitung dieser Fragen spielt die Bedingungsanalyse wiederholt eine grundlegende Rolle bei der Korrektur und beim Abgleich der Entscheidungen. Auch bei einer eingehend durchgeführten didaktischen Analyse zeigt sich: Nicht immer werden alle Gesichtspunkte gleichzeitig gleichrangige Bedeutung für den konkreten Unterricht haben. Hier muss der Lehrer sich für das entscheiden, was ihm wichtig ist bzw. erscheint.

3.4.3. Didaktisch-methodische Entscheidungen

Die unter diesem Gesichtspunkt anzugehenden Aufgaben beziehen sich auf den Bereich der **Entscheidungen und Begründungen und die Entwicklung des Handlungskonzepts** für den Unterricht. Die Analyse des Unterrichtsgegenstandes und der Lehr-/Lernbedingungen sowie der fachlichen und pädagogischen Zielbeschreibungen liefert die Grundlage der Entscheidungen für den konkreten Unterricht. Die endgültigen Entscheidungen werden über die Annäherung der einzelnen Analyseergebnisse in einem Prozess der wiederholten Rückkoppelung getroffen (Feedbackschleife). Ziel ist eine **Feinabstimmung** in Bezug auf die didaktische und methodische Akzentuierung und Handlungsspielräume, die sich dadurch ergeben.

Dieser Planungsprozess mündet ein in das Planungsergebnis der Entscheidungen und deren Begründung. Der erste und wichtigste Schritt für die einzelne Unterrichtsstunde ist die didaktisch-methodische Entfaltung und begründete Festlegung des Schwerpunktes der Stunde (**Kernanliegen**). Am Begründungszusammenhang wird die **wechselseitige Beziehung der planungsrelevanten Faktoren** verdeutlicht. Dabei werden auch Probleme und Fragen thematisiert, Grobperspektiven einer Reihe skizziert und Ausschnitte aus dem Inhaltssegment festgelegt. Außerdem wird das Thema als Zentrum der Unterrichtsstunde bestimmt. Diese Festlegungen bilden die Grundlage dafür, den Unterricht so zu strukturieren, dass er dem Schüler, den Zielen und dem Gegenstand angemessen ist.

Folgeentscheidungen sind zu treffen hinsichtlich

- der auf den Schwerpunkt auszurichtenden Unterrichtsphasen und deren Gestaltung (zum Beispiel Art des Einstiegs in die Unterrichtsstunde und Art der in Frage kommenden Medien und Materialen) und im Blick auf
- die Festlegung der funktional auf den Schwerpunkt auszurichtenden Sozial- und Aktionsformen und Methoden.

Die folgende Reflexion der Methoden zielt auf mögliche Schwierigkeiten, auf alternative Zugriffe und den Grad der Differenziertheit. Erforderlich ist daher die Antizipation von möglichen Denkblockaden zum Beispiel bei der Umsetzung eines Lösungsweges oder aufgrund des Methodenverständnisses der Schüler. Die Vorgehensweise sichert eine **Fokussierung** auf das in der konkreten Unterrichtsstunde Erforderliche und Wesentliche, so dass der Blick auf das wirkliche Anliegen der Stunde nicht durch Selbstverständlichkeiten, Nebensächlichkeiten oder Überflüssiges getrübt wird (**didaktische Reduktion**).

⇨ **Arbeitsanregungen**

Unterrichtsvoraussetzungen

Versuchen Sie, für den zweiten Katalog weitere Bedingungsfaktoren anzugeben.	
Bei der Vorbereitung einer Unterrichtsstunde stellen Sie fest: „Die Klasse 7a setzt sich zusammen aus 18 Jungen und 12 Mädchen. Anja, Kurt und Theo wiederholen die Klasse.“ Welche Konsequenzen ziehen Sie aus dieser Feststellung?	
Bei der Vorbereitung einer Unterrichtsstunde stellen Sie fest: „Im Leistungskurs Mathematik im Jahrgang 12 sitzen zwei hochbegabte Schülerinnen.“ Welche Konsequenzen ziehen Sie aus dieser Feststellung?	
Sie wissen: „In der Klasse 9a sind die Leistungen der Schüler sehr heterogen. Die Versetzung etwa der Hälfte der Schüler ist gefährdet.“ Welche Konsequenzen ziehen Sie aus dieser Kenntnis?	

Welche Folgerungen ziehen Sie im Einzelnen aus der Bearbeitung der didaktisch-methodischen Überlegungen für die Abfassung eines „Planungsentwurfs für eine Unterrichtsstunde“ (kurz: Unterrichtsentwurf)?	
Vergleichen Sie die Aufgaben im Rahmen der didaktisch-methodischen Überlegungen, die sich für die Planung einer Unterrichtsreihe und die Planung einer Unterrichtsstunde ergeben.	
Zu den planungsrelevanten Faktoren zählen auch Überlegungen zum Aufbau einer „spannungsfreien Unterrichtsatmosphäre“. Versuchen Sie, entsprechende Aufgaben zu benennen und zu begründen.	
Beschreiben Sie an einem konkreten Beispiel, was mit der „wechselseitigen Beziehung der planungsrelevanten Faktoren“ gemeint ist.	

Überprüfen Sie die Richtlinien und Lehrpläne Ihrer Fächer daraufhin, ob und wie sie auf Gegenwarts- und Zukunftsbedeutung von Inhalten Bezug nehmen.
Versuchen Sie, die Rückkopplung „Inhalt – Lernziel – Kompetenz“ anhand der fünf Fragen der Didaktischen Analyse schematisch darzustellen.
Wie könnte in Ihrem Schema zu „Inhalt – Lernziel – Kompetenz“ (siehe oben) die Bedingungsanalyse zugeordnet werden? Begründen Sie ausführlich.
Benennen Sie Materialien, von denen Sie annehmen, dass diese Ihnen Hinweise für die Didaktische Analyse geben.

Überprüfen Sie diese Annahme an einem selbst zu wählenden Inhalt durch einen Vergleich.

3.5. Dramaturgie einer Unterrichtsstunde (Verlaufsskizze)

3.5.1. Elemente und Struktur von Verlaufsskizzen

⇨ Worum geht es?

Verlaufsskizzen bilden die **Dramaturgie einer Stunde** ab. Diese Hinweise zum Unterrichtsverlauf sind nützlich:

- Länge der einzelnen Phasen (Spaltentitel: „Zeit"; dient nur zur Orientierung)
- Phasen (Spaltentitel: „(Unterrichts-)Phase")
- Unterrichtsschritte (Mögliche Spaltentitel: „Unterrichtsschritte", „Lernschritte", „Sachaspekte", „Geplantes Vorgehen", „Geplantes Lehrerverhalten")
- Methoden (Spaltentitel: „Sozialformen / Handlungsmuster", „Methoden")
- Medien im weitesten Sinne (Spaltentitel: „Medien" oder „Material und Medien")

Für den Anfänger ist es oft schwierig, Stundenraster zu entwickeln, die den Anforderungen der Ausbildung genügen.

⇨ So funktioniert es:

Die folgende Dramaturgie A eignet sich für viele Stundentypen. Bei einer 60- oder 90-Minuten-Taktung des Unterrichts muss die Zeitleiste entsprechend verändert werden.

Verlaufsskizze (Variante A)

Zeit	Phase	Unterrichts- oder Lern-schritte oder Sachaspekte oder geplantes Vorgehen	Sozialformen / Handlungs-muster	Material und Medien
5 Min.	*Einstieg / Hinführung*	○ Sensibilisierung für das Thema der Stunde ○ Wecken von Assoziationen ○ Anregung zu spontanen Reaktionen ○ Anknüpfung an früher Gelerntes (z. B. durch Hausaufgabe)	Unterrichtsgespräch / Schülergespräch	z. B. Bild / These / Stummer Impuls (Stichwort an Tafel)
2 Min.	*Problem-orientierung (evtl. anschl. Bildung von Hypothesen)*	○ Formulierung der leitenden Fragestellung ○ Formulierung eines echten Problems ○ Formulierung möglicher Antworten / Lösungen im Blick auf die Frage bzw. das Problem	Unterrichtsgespräch / Schülergespräch	Tafel / Folie
20 Min.	*Erarbeitung (evtl. vorweg Methoden-reflexion)*	○ Bearbeitung der Problemfrage durch organisierte Selbsttätigkeit der Schüler ○ ggf. vorher: Methodenreflexion	Einzel-, Partner-, Gruppenarbeit (arbeitsgleich oder arbeitsteilig)	z. B. Text / Quelle / Experiment

8 Min.	*Präsentation und Auswertung / Sicherung der Ergebnisse*	o schülerzentrierte Vorstellung der Gruppenergebnisse (mind. 2 Gruppen) o Klärung, Vergleich und Sicherung der Ergebnisse (inhaltlich, ggf. formal) o Beantwortung der leitenden Fragestellung / Lösung des Problems o dabei ggf. Rückbezug zu den Hypothesen der Schüler im Blick auf die Problemfrage o Zusammenfassung o Systematisierung der Ergebnisse o ggf. Formulierung weiterer Fragen, Probleme usw.	Plenum / Schülervortrag + Unterrichtsgespräch (ggf. Schülermoderation)	z. B. Folien / Plakate / Arbeitsblätter / Tafelanschrieb
10 Min.	*Vernetzung: Übertragung (Transfer) / Anwendung / Verarbeitung der Ergebnisse*	o Übertragung der erarbeiteten Ergebnisse auf andere Zusammenhänge und / oder o kritische Stellungnahme und / oder o Erarbeitung von Lösungsmöglichkeiten und / oder o Formulierung weiterer Fragen und / oder o Planung des weiteren Vorgehens	Unterrichtsgespräch (Schülergespräch) oder Partner-, Gruppenarbeit + anschl. Unterrichtsgespräch	z. B. Tafel / Arbeitsblatt

	Optionale Phase	o zusätzliche Vernetzungsleistungen		
		o Hausaufgabe		

Manche Inhalte fordern eine andere Dramaturgie. Für die Erschließung neuer Wortfelder im Fremdsprachenunterricht z. B. könnten sie so aussehen:

Verlaufsskizze (Variante B)

Zeit	Phase	Unterrichtsschritte / Geplantes Vorgehen	Sozialformen / Handlungsmuster	Medien
4 Min.	*Einstieg / Hinführung*	o Sensibilisierung für das Thema der Stunde o Wecken von Assoziationen o Motivation zur spontanen Reaktion o Anknüpfung an früher Gelerntes (z. B. durch Hausaufgabe)	Unterrichtsgespräch / Schülergespräch	z. B. Bild / These / Stummer Impuls
2 Min.	*Problemorientierung (evtl. anschl. Bildung von Hypothesen)*	o Formulierung der leitenden Fragestellung o Formulierung eines echten Problems o Formulierung möglicher Antworten / Lösungen im Blick auf die Frage bzw. das Problem	Unterrichtsgespräch / Schülergespräch	Tafel / Folie

15 Min.	*Erarbeitung (evtl. vorweg Methoden-reflexion)*	o Bearbeitung des Problemhorizonts durch lehrergelenkte Unterrichtsschritte o ggf. vorher: Methodenreflexion	Unterrichtsgespräch	z. B. Lehrbuch
2 Min.	*Sicherung der Ergebnisse*	o Beantwortung der leitenden Fragestellung o Zusammenfassung o Strukturierung und Systematisierung der Ergebnisse	Unterrichtsgespräch	z. B. Folien / Tafelanschrieb
12 Min.	*Vernetzung: Transfer / Anwendung der Ergebnisse*	o Übertragung der erarbeiteten Ergebnisse auf andere Zusammenhänge o kreative Umsetzung der Ergebnisse o z. B. Schreiben eines Dialogs, Interview, Weiterschreiben von Texten, Erfinden von Geschichten	Einzel- oder Partner-, evtl. Gruppenarbeit	z. B. Folien / Hefte
10 Min.	*Präsentation und Auswertung der Ergebnisse der Anwendungsphase / nochmalige Sicherung*	o schülerzentrierte Vorstellung der Gruppenergebnisse (mind. zwei Paare / Gruppen) o Klärung und Vergleich der Ergebnisse / nochmalige Sicherung / Zusammenfassung / Systematisierung der Ergebnisse o ggf. Rückbezug auf die Hypothesen der Schüler und auf die leitende Fragestellung	Plenum / Schülervortrag + Unterrichtsgespräch (ggf. Schülermoderation)	z. B. Folien / Plakate / Arbeitsblätter / Tafelanschrieb

	Optionale Phase	o zusätzliche Vernetzungs-leistungen		
		o Hausaufgabe		

⇨ **Darauf sollten Sie achten:**

- Reduzieren Sie die Informationen in der Skizze auf das Wesentliche. Manche Verlaufsskizzen enthalten mehr Schritte, als wir es vorschlagen. Erforderlich sind sie nicht, meist machen sie den Plan nur unübersichtlich.
- Nutzen Sie die Nachbesprechung des Unterrichtsbesuchs: Ergänzen Sie während der Nachbesprechung für Sie wichtige Informationen, die nicht im Plan stehen.
- In der Spalte „Unterrichtsschritte / Geplantes Vorgehen" müssen Sie konkret werden: Was genau wollen Sie in der jeweiligen Phase tun? Formulieren Sie präzise, was geschehen soll.
- Formulieren Sie die Angaben in der Skizze sprachlich immer gleich und möglichst nominalisiert. Verwenden Sie also Substantive statt ganzer Sätze („Zusammenfassung der Ergebnisse" statt „Die Schüler fassen zusammen."
- Planen Sie für jede Unterrichtsstunde Sollbruchstellen ein (⇨ optionale Phase) und markieren Sie diese im Plan.

Was Sie nur auf Wunsch in die Skizze schreiben sollten:

- Zielformulierungen (außer als Bezug zum Lernzielkatalog, z. B. „LZ 1")
- Formulierung geplanter Fragen oder Arbeitsanweisungen
- Aussagen über erwartetes Schülerverhalten
- Informationen zum Thema und / oder zur Lerngruppe
- Didaktisch-methodische Begründungen oder Kommentare

Wir gehen (zur weiteren Konkretisierung) in den folgenden Abschnitten dieses Kapitels die Unterrichtsphasen detailliert durch und geben Ihnen dabei konkrete Hilfen für deren praktische Umsetzung. Wir folgen dabei im Wesentlichen der Variante A der Verlaufsskizzen.

⇨ Arbeitsanregungen

Elemente und Struktur von Verlaufsskizzen

Schauen Sie sich bitte das Zeitraster der Verlaufsskizzen an. Was fällt Ihnen auf? – Worin sehen Sie Probleme bei einer zu genauen zeitlichen Festlegung? Worin sehen Sie Vorteile einer genaueren Zeitorientierung?	
Bestimmen Sie den Begriff „Unterrichtsphase“.	
Deuten Sie die Phasierung im Ganzen und jede Phase einzeln lernpsychologisch.	
Was heißt für Sie „Erarbeitung“?	

Worin sehen Sie den Sinn der „Vernetzung“ von Lerngegenständen?	
Welche Handlungsmuster kennen Sie?	
Welchen Stellenwert haben für Sie „Medien“ im Unterricht?	

3.5.2. Einstieg / Hinführung

⇨ Worum geht es?

Der Einstieg ist eine Hinführung zum Thema der Stunde. Die Hinführung motiviert die Lerngruppe, sich mit dem Thema der Stunde zu beschäftigen. Zudem schafft der Einstieg (zusammen mit der folgenden Problemorientierung) Transparenz im Blick auf den Verlauf der Stunde (vgl. Kliebisch 2011). Die Schüler sollen sich in der Einstiegsphase **spontan und assoziativ zu Aspekten äußern**, die mit dem Thema zu tun haben. Dabei sollen die Schüler über das gewählte Medium möglichst selbstständig eine leitende Fragestellung der Unterrichtsstunde (Problemfrage) entwickeln (⇨ Phase „Problemorientierung“). Nehmen Sie sich für den Einstieg 4 bis 6 Minuten Zeit.

⇨ So funktioniert es:

Viele Anfänger schwanken in der Einstiegsphase zwischen großer Offenheit („Gespräch laufen lassen“) und allzu enger Gesprächsführung. So nimmt der Lehrer spontane Äußerungen der Schüler oft entweder undifferenziert nur zur Kenntnis oder fokussiert sie am Ende doch viel zu schnell und lenkt dabei stark. Schließlich muss man ja, wie man glaubt, möglichst rasch die Problemfrage an der Tafel stehen haben. Eine gute **Moderationsleistung** in dieser Phase zeichnet sich durch vier Punkte aus (vgl. Kap. 3.6.4.):

1) Lassen Sie alle Schülerbeiträge zu.
2) Strukturieren Sie durch Spiegeln (Wiederholen beziehungsweise zusammenfassendes Paraphrasieren der zentralen Schüleräußerungen).
3) Helfen Sie den Schülern beim Weiterdenken eher durch Verstärkung und Vertiefung ihrer eigenen Gedanken (siehe 1.) als durch gezielte und damit oft einengende Fragen.
4) Lassen Sie die Schüler ihre eigene leitende Fragestellung möglichst selbstständig formulieren. Bleiben Sie also offen auch für (relative) Abweichungen von Ihrem Unterrichtsplan.

⇨ Darauf sollten Sie achten:

Zur Hinführung wählen Sie möglichst ein **Medium, das beide Gehirnhälften der Schüler anspricht**: Bilder, Plakate, Grafiken, sehr kleine Filmsequenzen, also alle visuellen Medien sind hier besonders geeignet. Alternativ können Sie selbstverständlich auch mit reinen Sprachinformationen arbeiten; achten Sie aber auch hierbei auf die Visualisierung. Sie könnten zum Beispiel einen Begriff oder ein Zitat an die Tafel schreiben oder ein Textstück über eine Folie visualisieren. Wichtig: Die Aufnahme der Information sollte ganzheitlich und rasch, eben spontan möglich sein. Lange Texte, sehr komplexe Bilder oder Grafiken, vielschichtige Kombinationen aus Bildern und Textstücken usw. sind eher ungeeignet für den Einstieg in eine Unterrichtsstunde.

Profitipps

Bei einem **informierenden Einstieg** nennen Sie den Schülern am Anfang der Stunde das Thema und die leitende Fragestellung (Problemfrage). Sie verzichten dann sowohl auf den Einsatz eines Mediums als auch auf die Erarbeitung des Problemhorizonts durch die Schüler. Statt nach dem informierenden Einstieg sofort mit der Erarbeitung zu beginnen, können Sie die Schüler Hypothesen (mögliche Antworten und Lösungen) über den von Ihnen eingebrachten Fragehorizont formulieren lassen.

Zeitgewinn je nach Vorgehensweise: Ca. 5 bis 8 Minuten. Die Verlaufsskizze A verändert sich dann etwa so:

Verlaufsskizze (Variante C)

Zeit	Phase	Unterrichtsschritte / Geplantes Vorgehen	Sozialformen / Handlungsmuster	Medien
2 - 5 Min.	*Informieren-der Einstieg (evtl. anschl. Bildung von Hypothesen)*	o Sensibilisierung für das Thema der Stunde o Wecken von Assoziationen o Problemorientierung	Lehrervortrag / falls Hypothesenbildung: Unterrichtsgespräch	z. B. Bild / These / Stichwort
25 Min. (oder: 20 Min)	*Erarbeitung (evtl. vorweg Methoden-reflexion)*	o Bearbeitung der Problemfrage durch organisierte Selbsttätigkeit der Schüler o ggf. vorher: Methodenreflexion	Einzel-, Partner-, Gruppenarbeit (arbeitsgleich oder arbeitsteilig)	z.B. Text / Quelle / Experiment
8 Min.	*Präsentation und Auswertung / Sicherung der Ergebnisse*	o schülerzentrierte Vorstellung der Gruppenergebnisse (mind. zwei Gruppen) o Klärung und Vergleich der Ergebnisse o Sicherung / Zusammenfassung / Systematisierung der Ergebnisse (inhaltlich, ggf. formal) o Beantwortung der leitenden Fragestellung	Plenum / Schülervortrag + Unterrichtsgespräch (ggf. Schülermoderation)	z. B. Folien / Plakate / Arbeitsblätter / Tafelanschrieb

10 Min. (oder: 15 Min.)	*Transfer / Anwendung der Ergebnisse*	o Übertragung der erarbeiteten Ergebnisse auf andere Zusammenhänge o kritische Stellungnahme o Erarbeitung von Lösungen o Formulierung weiterer Fragen o Planung des weiteren Vorgehens	Unterrichtsgespräch (Schülergespräch) oder Partner-, Gruppenarbeit + anschl. Unterrichtsgespräch	z. B. Tafel / Arbeitsblatt
	Optionale Phase	o zusätzliche Vernetzungsleistungen		
		o Hausaufgabe		

Schüler tappen in der Einstiegsphase oft im Dunkeln. Dies verhindern Sie durch methodisch-didaktische Transparenz: Machen Sie der Lerngruppe im Metagespräch deutlich, welchen Sinn die Einstiegsphase und die anschließende Problematisierung haben. Erläutern Sie die strukturellen Erwartungen, die Sie am Anfang der Stunde an die Lerngruppe stellen. Die Schüler müssen wissen: a) Sie sollen sich zwar spontan, aber zugleich inhaltsbezogen äußern. b) Die Äußerungen der Schüler sollen in eine Problemfrage münden, die die Stunde trägt (⇨ Kap. 3.5.3.; s. zur Transparenz ausführlich Kliebisch 2011).

⇨ **Arbeitsanregungen**

Einstieg

Erörtern Sie grundsätzliche Schwierigkeiten, die in der Einstiegsphase auftreten können.	

Sie nutzen als Einstiegsmedium eine Karikatur. Nennen Sie Vor- und Nachteile dieses Mediums.	
Sie nutzen als Einstiegsmedium einen Comic. Nennen Sie Vor- und Nachteile.	
Wie präsentieren Sie ein Einstiegsmedium? Warum gerade so?	
Wie verhalten Sie sich nach der Präsentation des Einstiegsmediums?	
Was spricht für einen informierenden Einstieg, was dagegen?	

Was erwarten Sie in der Einstiegsphase von den Schülern? Warum?	

3.5.3. Problemorientierung

⇨ Worum geht es?

Das Einstiegsmedium und die Spontanphase, die daran anschließt, haben nur ein Ziel: Die Lerngruppe soll fokussiert werden auf das Kernanliegen der Stunde und damit auf das Thema (⇨ Kap. 3.2.). Das Einstiegsmedium muss so gewählt sein, dass diese Möglichkeit eröffnet wird (⇨ Phase „Einstieg“, Kap. 3.5.2.). Die **Konkretisierung der Problemfrage** sollte nicht mehr als zwei bis drei Minuten Zeit in Anspruch nehmen. Anschließend können die Schüler erste Vermutungen über mögliche Antworten auf die Problemfrage (Hypothesenbildung) anstellen.

⇨ So funktioniert es:

Ihr Anliegen wird in der Regel formuliert in einer leitenden **problemorientierten Fragestellung**, die die Unterrichtsstunde trägt und in ihrem Verlauf beantwortet wird (⇨ s. Phase „Präsentation / Auswertung / Sicherung“, Kap. 3.5.5.). Je nach Fach kann es sich hier um geschlossene oder offene Fragen handeln. Die Schüler sollen die Problemfrage möglichst selbst entwickeln, haben aber oft Schwierigkeiten, eine präzise Frage zu formulieren. Für Sie als Lehrer gilt:

1) Haben Sie Geduld mit den Schülern und ihren Formulierungen.
2) Bleiben Sie mit Ihren Strukturierungen auf der Höhe der Schüler.
3) Lenken Sie nur behutsam.
4) Nutzen Sie für die Stunde nur eine Problemfrage, die mit den Schüleräußerungen in Einklang steht.

5) Visualisieren Sie die Problemfrage und die von den Schülern formulierten Hypothesen (Tafel / Folie).

⇨ **Darauf sollten Sie achten:**

Sie brauchen vor allem ein passendes Einstiegsmedium (⇨ Kap. 3.5.2.), damit die Schüler eine geeignete Problemfrage formulieren können. Aber: Sie brauchen auch Geschick bei der **Moderation** der spontanen Äußerungen, die die Schüler auf der Grundlage des Einstiegsmediums machen. Lesen Sie im Kapitel 3.6.4. nach, worauf Sie bei der Moderation von Unterrichtsgesprächen achten sollten.

Profitipps

- Je selbstständiger die Schüler die Problemfrage entdecken, desto besser ist dies für deren Motivation und das Gelingen der Stunde. Also: Geben Sie den Schülern Raum und haben Sie Geduld.
- Wenn die Schüler nicht weiterkommen: Nutzen Sie Murmelphasen, in denen die Schüler für einen Augenblick zu zweit nachdenken können. Danach geht die Arbeit im Plenum weiter.
- Nutzen Sie einen informierenden Einstieg und formulieren Sie den Problemhorizont selbst, wenn Sie Zeit brauchen, z. B. für eine umfangreiche Vernetzungsphase (⇨ Kap. 3.5.6. „Vernetzung").
- Manchmal (z. B. bei einem induktiven Einstieg) ist eine Hypothesenbildung im Anschluss an die Problemfindung nicht nötig. Entscheiden Sie das Vorgehen in Abhängigkeit von den Voraussetzungen und dem Material, das Sie zur Lösung des Problems einsetzen.
- Das Bilden von Hypothesen ist nur sinnvoll, wenn es durch Vorkenntnis der Schüler überhaupt möglich ist und man über bloße Evidenzaussagen hinauskommt.
- Sorgen Sie für methodisch-didaktische Transparenz (vgl. Kliebisch 2011): Machen Sie der Lerngruppe im Metagespräch deutlich, welchen Sinn die Problematisierung hat. Erläutern Sie den Zusammenhang zwischen Einstieg und Problemorientierung und machen Sie Ihre Erwartungen an die Lerngruppe deutlich. Üben Sie anschließend mit der Lerngruppe mehrfach, was Sie Ihnen erklärt haben. Lassen Sie die Schüler die Übungsergebnisse reflektieren und auswerten. Wichtig: Die Zeitinvestition zahlt sich schon nach kurzer Zeit aus.

⇨ Arbeitsanregungen

Problemorientierung

Was verstehen Sie im didaktischen Sinne unter einem „Problem“?	
Was ist eine „Problemfrage“ bzw. eine „Leitende Fragestellung“?	
Wie genau erreichen Sie am ehesten, dass die Schüler die leitende Frage selbst formulieren?	
Weshalb ist es sinnvoll, die Schüler die Problemfrage selbst formulieren zu lassen?	
Was bedeutet für Sie im Zusammenhang mit der leitenden Fragestellung der Begriff „Transparenz“?	

Nehmen Sie Stellung zu der These: „Problemfragen sind Fragen, die die Schüler gar nicht haben.“	
Wann sollten bzw. dürfen Sie als Lehrer die Problemfrage selbst formulieren?	

3.5.4. Erarbeitung

⇨ Worum geht es?

In der Phase „Problemorientierung“ haben die Schüler die Problemfrage formuliert; die Problemfrage kennzeichnet das Thema der Stunde (⇨ Kap. 3.2.), das Sie behandeln wollen. Dazu haben Sie Material vorbereitet, anhand dessen die Lerngruppe das Thema bearbeiten wird. Für die Erarbeitungsphase sollten Sie etwa 20 Minuten vorsehen. Der Erarbeitungsphase *können* Sie eine Methodenreflexion voranschicken, in der Sie zusammen mit den Schülern das Vorgehen während der Bearbeitungsphase festlegen.

⇨ So funktioniert es:

Lassen Sie die Schüler **kooperativ arbeiten**, um die Selbsttätigkeit der Lerngruppe zu fördern und eine positive Abhängigkeit unter den Schülern herzustellen. Eine Möglichkeit sieht so aus (vgl. Brüning / Saum 2009a + b; Green / Green 2009; Kliebisch / Meloefski 2011b):

1) Bilden Sie Arbeitsgruppen mit je 4 bis 6 Schülern.
2) Jedes Gruppenmitglied bearbeitet zunächst für sich (Einzelarbeit) einen Teil der Informationen, die Sie eingeben.

3) Die Gruppe erhält einen Auftrag, alle Einzelinformationen zu sichten und unter einer weiteren Fragestellung zu reduzieren und neu zu strukturieren.
4) Die Gruppe visualisiert die Ergebnisse (Tafel / Folie / Plakat).
5) Die Gruppe stellt die Ergebnisse vor (⇨ Kap. 3.5.5. „Präsentation / Auswertung / Sicherung“).

Profitipps

- In manchen Unterrichtsstunden werden Sie die Erarbeitungsphase lehrerzentriert durchführen (gelenktes Unterrichtsgespräch). In dem Fall sollten Sie die spätere Anwendungsphase in jedem Fall schülerorientiert gestalten (siehe Verlaufsskizze Variante B). Mittel- und langfristiges Ziel sollte es aber stets sein, (auch) die Erarbeitungsphase in die Hand der Schüler zu legen.
- Die mögliche Methodenreflexion macht nur Sinn, wenn die Schüler in verschiedenen Methoden geschult sind. Nur dann können die Schüler sach- und fachgerechte Entscheidungen darüber treffen, welche Methoden bei welcher Gelegenheit sinnvoll sind. Diese Voraussetzungen sind oft nicht gegeben. In dem Fall sollten Sie auf eine Methodenreflexion verzichten.

⇨ Darauf sollten Sie achten:

Die Arbeitsprozesse dauern oft länger, als Sie vermuten, gerade wenn die Schüler intensiv, aber vielleicht nicht immer effektiv arbeiten. Sie können helfen, indem sie

- den Umfang der Materialien auf das unbedingt nötige Maß kürzen,
- klare Arbeitsanweisungen geben (⇨ Kap. 4.4.),
- nur wenige Arbeitsanweisungen formulieren,
- klare Zeitvorgaben machen und diese einhalten.

Profitipps

Vielleicht haben Sie manchmal schon bei der Planung den Eindruck, es fehlt Ihnen Zeit für die Erarbeitungsphase:

- Wählen Sie gegebenfalls einen informierenden Einstieg in die Stunde (⇨ Kap. 3.5.2. „Einstieg“).
- Vereinfachen Sie das Material oder reduzieren Sie dessen Umfang.
- Setzen Sie einen Erarbeitungsschwerpunkt.

⇨ Arbeitsanregungen

Erarbeitung

Welche Methoden müssen Schüler beherrschen, um einen Gegenstand zu erarbeiten? Begründen Sie Ihre Einschätzung	
Wie erreichen Sie es, dass Schüler Methodenkompetenz erwerben?	
Sie wollen zwei Klimadiagramme auswerten. Wie erreichen Sie bei der Erarbeitung unter den Schülern eine „positive Abhängigkeit" im Sinne kooperativen Lernens?	
Warum ist es so wichtig, dass Schüler lernen, Inhalte zu reduzieren und zu strukturieren?	
Welchen Sinn hat es, dass die Schüler die Ergebnisse der Erarbeitungsphase visualisieren?	

Welchen Stellenwert hat die Erarbeitungsphase im Rahmen der gesamten Stunde?	
Nehmen Sie Stellung zu der These: „Jede Unterrichtsstunde kann man nach der Erarbeitung sinnvoll beenden.“	

3.5.5. Präsentation, Auswertung, Sicherung

⇨ Worum geht es?

In dieser Phase stellen die Schüler ihre **Ergebnisse** vor. Die Ergebnisse müssen ausgewertet und durch die Art der Auswertung auch gesichert werden. Für diese Phase sehen Sie etwa 10 Minuten vor (vgl. Kliebisch / Meloefski / 2009b).

⇨ So funktioniert es:

Für die **Präsentation** können diese Regeln hilfreich sein:

- Entscheiden Sie durch ein Zufallsprinzip, welches Gruppenmitglied bzw. welche Gruppenmitglieder die Ergebnisse vorstellt bzw. vorstellen.
- Der oder die Referenten sollten für den Vortrag vor die Gruppe treten.
- Alle Vorträge sollten knapp und visualisiert sein (Folien / Tafel).
- Geben Sie den Zuhörern Arbeitsaufträge, die sich auf Inhalt und / oder auf die Form der Präsentation beziehungsweise Visualisierung beziehen (Arbeitsblatt).
- Die Referenten sollten weitgehend frei sprechen.
- Bei arbeitsgleicher Gruppenarbeit: Lassen Sie mindestens zwei Gruppen ihre Ergebnisse vortragen. Die übrigen Gruppen können dann gegebenenfalls Korrekturen und / oder Ergänzungen vornehmen.

- Bei arbeitsteiliger Gruppenarbeit: Alle Gruppen tragen vor; bei knapper Zeit präsentieren mindestens zwei Gruppen, danach folgt eine vorläufige Auswertung. Die restlichen Präsentationen (einschließlich Gesamtauswertung und Sicherung) finden in der folgenden Stunde statt.
- In der Regel moderieren Sie als Lehrer den Ablauf (Prozessmoderation); dabei greifen Sie inhaltlich möglichst nicht ein. – In geübten Gruppen können auch Schüler die Moderation übernehmen.
- Merken und / oder notieren Sie sich während der Präsentation der Ergebnisse Aspekte, auf die Sie während der folgenden Auswertung eingehen wollen / müssen (Richtiges / Falsches / Unklares, besonders Gutes oder Schlechtes usw.).

Werten Sie die Ergebnisse aus:

- Lassen Sie die Schüler(gruppen) (falls nötig) Ergebnisse ergänzen und / oder korrigieren.
- Geben Sie den Schülern Gelegenheit, Fragen zu den Vorträgen zu stellen. Die Referenten der Gruppen antworten und moderieren diesen Prozess der Klärung.
- Je nach Art der Ergebnisse: Lassen Sie die Ergebnisse z. B. vergleichen, in Beziehung setzen, gewichten und / oder einordnen.
- Strukturieren Sie den Gesprächsverlauf (Moderation), halten Sie sich dabei inhaltlich weitgehend zurück.
- Bei aufgeschobener Präsentation / Auswertung / Sicherung: Machen Sie den Prozess transparent.
- Lassen Sie die Methode reflektieren und die Ergebnisse (inhaltlich und formal) beurteilen (Evaluation).

Und so sichern Sie die Ergebnisse:

- Lassen Sie die Schüler die Ergebnisse strukturieren, ordnen und zusammenfassen, bei Bedarf auch neu visualisieren. Lassen Sie die Schüler das endgültige Ergebnis formulieren.
- Halten Sie das Ergebnis bei Bedarf schriftlich fest (Tafel, Folie).
- Die Schüler sollen in dem Zusammenhang die leitende Frage der Stunde beantworten und Hypothesen, die sie am Anfang der Stunde formuliert haben, auf ihre Richtigkeit hin überprüfen. Wichtig: Die Schülerantworten müssen begründet sein und Informationen einbeziehen, die in der Unterrichtsstunde gelernt wurden.

- Klären Sie mit den Schülern, inwieweit durch die Ergebnisse die Problemfrage vollständig beantwortet ist beziehungsweise welche Aspekte noch offen sind.
- Lassen Sie ggf. noch offene Fragen oder Teilfragen formulieren und visualisieren Sie diese.
- Strukturieren Sie den Gesprächsverlauf, auch mit Hilfe der Schüler (Moderation).

⇨ **Darauf sollten Sie achten:**

Die bloße Präsentation der Schülerergebnisse reicht nicht aus, um eine Stunde abzurunden. Dies gilt auch dann, wenn die Ergebnisse zutreffend sind und angemessen vorgetragen werden. Erst eine **Weiterverarbeitung** der Informationen (Vernetzung), also eine Vertiefung durch Anwendung und / oder Übertragung, sichert den Lernerfolg, schafft Erkenntnisgewinn und fördert das Behalten des Gelernten (s. Kap. 3.5.6. „Vernetzung").

Profitipps:

- Die Schüler sollten ihre Ergebnisse nur mit wenigen Worten, aber strukturiert visualisieren (z. B. Mind map©, Flussdiagramm, Grafik mit Beschriftung). So erhöhen Sie die Reduktionsleistung während der Gruppenarbeit (Abstraktion) ebenso wie den Anspruch an den Vortrag (freies Reden). Außerdem vermindern Sie den Zeitaufwand für das Anfertigen der Visualisierung (Text) (siehe Kliebisch / Meloefski 2009b).
- Die Visualisierungen aller Arbeitsgruppen sollten möglichst gleichzeitig sichtbar sein (Whiteboard, Plakate, Tafelanschrieb oder mehrere OH- oder Beamer-Projektionen; evtl. Folienschnipsel auf einem OHP). Sie können so auch die formale Gestaltung der Visualisierungen gut zum Thema machen: Die Schüler können sich zu Gemeinsamkeiten, Unterschieden und zur Qualität der Visualisierungen äußern. Hinweis: Der Vorteil von Folien und Plakaten gegenüber der Verwendung der Tafel besteht darin, dass die Visualisierungen nicht verloren gehen und daher auch für folgende Stunden nutzbar bleiben.
- Bei arbeitsgleicher Gruppenarbeit: Lassen Sie grundsätzlich mindestens zwei Gruppen ihre Ergebnisse vorstellen. Nur so können Sie eine angemessene Auswertung vornehmen (Vergleich). Fragen Sie die Gruppen, die nicht vortragen, nach Ergänzungen und Korrekturen. Mehr als zwei Gruppen tragen nur dann vor, wenn Sie dafür genügend Zeit haben und die einzelnen Vorträge nicht zu lang

sind. In jedem Fall: Bestimmen Sie die vortragenden Gruppen bzw. Gruppenmitglieder erst in dieser Phase der Unterrichtsstunde und stets durch ein Zufallsverfahren. Dieses Vorgehen erhöht das Engagement der Schüler in der Erarbeitungsphase.

- Bei (vermuteten) Zeitproblemen in der Auswertungsphase: Wählen Sie (schon bei der Planung) einen informierenden Einstieg und / oder kürzen Sie die Erarbeitungsphase (siehe oben). Sorgen Sie dafür, dass die Schüler nur knappe Visualisierungen vornehmen; dies müssen Sie bei Bedarf mit den Schülern üben. Im Notfall: Greifen Sie während der Stunde ein, wenn Prozesse relativ zu Ihrer Planung zu lang dauern (Flexibilität). Ändern Sie bei Bedarf Aufgaben (kürzen, vereinfachen), überspringen Sie Planungsaspekte oder brechen Sie Prozesse ab und werten Sie Zwischenstände aus.
- Wenn das Zeitproblem erst in der Auswertungsphase selbst auftritt: Lassen Sie maximal zwei Gruppen präsentieren. Im äußersten Notfall können Sie auch einmal mit nur einer Präsentation auskommen, wenn die Erarbeitungsphase in arbeitsgleicher Gruppenarbeit erfolgt ist. Geben Sie den Schülern dann in der folgenden Stunde Gelegenheit, ihre Präsentationen nachzuholen. Kündigen Sie dies an. Grundsätzlich: Prüfen Sie den Zeitbedarf schon bei der Planung. Bei Zeitproblemen, die Sie nicht vorhergesehen haben: Greifen Sie unbedingt in das Geschehen ein und ändern Sie das geplante Vorgehen.
- Auch so gewinnen Sie Zeit: Fordern Sie die Schüler auf, sich auf das Wesentliche zu konzentrieren, wenn das Auswertungsgespräch zu sehr ausschweift. Fokussieren Sie das Denken der Schüler durch Strukturierungshilfen (z. B. perspektivische Fragen, Klärungen, Abgrenzungen, Anregungen, mehr oder weniger offene Impulse, Zentrierung auf einen spezifischen Aspekt), ohne den Gesprächsverlauf unnötig einzuengen. Vermeiden Sie dagegen, die Schüler zu einem rascheren Vortrag ihrer Ergebnisse zu drängen (⇨ vgl. Kap. 3.6.2. und 3.6.3.) oder zur Abkürzung in die Vorträge der Schüler einzugreifen (kein Abfragen der Ergebnisse). Solche Eingriffe irritieren die Schüler meist so sehr, dass darunter die Qualität des Lernerfolgs leidet.

⇨ Arbeitsanregungen

Präsentation, Auswertung, Sicherung

Worin sehen Sie Ihre Aufgabe als Lehrer in der Präsentationsphase?	
Was genau müssen Sie tun, um die Schülerergebnisse auszuwerten? Notieren Sie die Handlungsabläufe so konkret wie möglich.	
Wie können Sie vorgehen, um Ergebnisse zu sichern?	
Welchen Stellenwert hat die Präsentations-, Auswertungs- und Sicherungsphase im Verlauf einer Stunde?	
Welche Leistungen können die Schüler in der Präsentations-, Auswertungs- und Sicherungsphase erbringen?	

Nehmen Sie Stellung zu der These: „Es reicht für die Auswertungsphase, wenn die Schüler ihre Ergebnisse vorstellen.“	
Wie selbstständig können bzw. sollen Schüler die Sicherung der Ergebnisse leisten?	
Welche Möglichkeiten der Auswertung kennen Sie und wie setzen Sie diese ein?	

3.5.6. Vernetzung: Übertragung, Anwendung, Verarbeitung

⇨ Worum geht es?

In dieser Phase erhalten die Schüler die Gelegenheit, das Gelernte mit Informationen zu vernetzen, die sie bereits kennen. Die Vernetzung von Informationen ermöglicht einen Erkenntnisgewinn, so dass das Gelernte behalten wird und damit auch zu späterer Gelegenheit zur Verfügung steht. Es gibt (in Anlehnung an die Richtlinien der gymnasialen Oberstufe in NRW) unterschiedliche **Möglichkeiten** der Vernetzung:

- Übertragung (Transfer)
- Anwendung
- Verarbeitung

Zur begrifflichen Vereinfachung spricht man oft in allen Fällen solcher Vernetzungen von „Transfer“. Transfers können je nach der gewählten Aufgabe unterschiedliche Anspruchsniveaus haben (= Anforderungsbereiche 2 und 3). Eine bloße Reproduktion anderer Wissensbereiche (Anforderungsbereich 1) reicht allein für eine Vernetzung nicht aus, ist aber deren Voraussetzung. Auch wir meinen stets alle denkbaren Formen der Verarbeitung und Umwälzung des Gelernten, wenn wir von Vernetzung sprechen.

⇨ So funktioniert es:

Sie haben verschiedene Möglichkeiten, das Gelernte zu vernetzen; je nach Sachlage werden Sie dabei die Übertragung, die Anwendung oder eine andere Art der Verarbeitung des Gelernten nutzen. Z. B.:

- Übertragung der erarbeiteten Ergebnisse auf andere (vergleichbare) Zusammenhänge (Anwendung)
- Analyse, Erörterung, Diskussion des Gelernten unter Einbezug und vor dem Hintergrund bekannter Kontexte, Modelle und Theorie
- Erläuterung und Klärung / Prüfung des Geltungszusammenhangs des Gelernten (z. B. einer wissenschaftlichen Theorie)
- (Kritische) Stellungnahme zu einem theoretischen Modell, einem Ergebnis, einer These, Meinung usw. auf dem Hintergrund anderer Modelle / Erkenntnisse / (Alltags-)Theorien (Vergleich / Bewertung / Sach- und Werturteile)
- Entwicklung von Lösungshypothesen oder -vorschlägen
- Begründetes Formulieren weiterer bzw. offener Fragen
- Sachbegründete Planung des weiteren Vorgehens (z. B. bei Projekten / Zukunftswerkstatt) auf der Basis des Erarbeiteten (sowohl inhaltlich als auch methodisch)

⇨ Darauf sollten Sie achten:

Übertragungs-, Anwendungs- und Verarbeitungsleistungen sind intellektuell sehr anspruchsvoll; auch deshalb werden sie oft vernachlässigt oder gar weggelassen (⇨ Kap. 3.3. „Lernziele“). Üben Sie mit der Lerngruppe Schritt für Schritt und möglichst in jeder Unterrichtsstunde verschiedene Arten der problemorientierten Reflexion über das Gelernte; stellen Sie so eine Vernetzung des neu Gelernten mit Bekanntem her.

Nur dadurch kommen Sie mittelfristig in dieser Phase des Unterrichts zu tragfähigen Ergebnissen, die Sie auch selbst überzeugen. Dadurch wird Kompetenz entwickelt.

Profitipps:

- Überlegen Sie gut, welche Art der Vernetzung Sie nutzen wollen; nur dann werden die Schüler die gewünschte Leistung auch erbringen und werden nicht überfordert. Prüfen Sie dazu die Vorkenntnisse der Schüler.
- Leisten Sie nach Möglichkeit eine zweistufige Vernetzung: Ein „einfacher“ Transfer, also eine Übertragung auf einen ähnlichen Zusammenhang, kann z. B. verknüpft werden mit einer kritischen Stellungnahme (Verarbeitung). Die kritische Stellungnahme setzt in der Regel die Vernetzung (Transfer) mit anderem Wissen voraus.
- Planen Sie in jeder Unterrichtsstunde genügend Zeit für die Vernetzung ein (⇨ „Elemente und Struktur einer Verlaufsskizze“).
- Formulieren Sie auch (Teil-)Lernziele bzw. Kompetenzbereiche, die sich auf die Vernetzung beziehen (⇨ Kap. 3.3.).
- Zu Beginn Ihrer Ausbildung: Überlegen Sie schon bei der Planung Fragen bzw. Arbeitsanregungen, die Sie während der Vernetzungsphase nutzen wollen. Bereiten Sie Ihre Interventionen für diese Phase gut vor; nur so können das Unterrichtsgespräch offen und doch zielführend gestalten.
- In der Vernetzungsphase sind Ihre Fähigkeiten als behutsamer Moderator des Unterrichtsgesprächs besonders gefragt. Üben Sie diese Situation so oft wie möglich (⇨ Kap. 3.6.2. + 3.6.3.).
- Sichern Sie die Ergebnisse der Vernetzung durch Protokolle, die Schüler schreiben. So können Sie sich als Lehrer in dieser Phase ganz auf den Gesprächsverlauf konzentrieren.
- Wenn die Schüler in dieser Phase einmal nicht weiterkommen: Planen Sie kurze Murmelphasen ein (Partnerarbeit).
- Brechen Sie für die Vernetzungsphase hin und wieder die übliche Sitzordnung auf: Die Schüler sitzen z. B. im Stuhlkreis oder sitzen oder stehen im Halbkreis vor der Tafel.
- Wenn Ihnen die Zeit wegläuft: In der Vernetzungsphase können Sie auf ähnliche Weise Zeit gewinnen wie in der Auswertungs- und Sicherungsphase; lesen Sie ggf. dort noch einmal nach.

- Für Fortgeschrittene: Insbesondere in Doppelstunden oder beim 60-Minuten-Takt können Sie auch die Vernetzungsphase noch teilweise in Schülerhand geben. Allerdings brauchen Sie dafür in jedem Fall mehr Zeit als bei der üblichen Art der Verarbeitung des Gelernten. In Einzelstunden (45 Minuten) sollten Sie in einem solchen Fall einen geeigneten (z. B. informierenden) Einstieg in die Stunde wählen, um Zeit für die anspruchsvolle Vernetzungsphase zu gewinnen. Die interne Struktur der Vernetzungsphase sieht dann in Anlehnung an die Erarbeitungsphase so aus, wie es der folgende Ablaufplan darstellt. Das Zeitraster ist in diesem Umfang nur in Doppelstunden mit 90 Minuten Länge realisierbar, in modifizierter Form auch in 60-Minuten-Stunden.

1 Min. bis 2 Min.	• Vernetzungsaufgabe in zwei Ebenen stellen a) für EA, dann b) für PA und / oder GA	Lehrervortrag	Tafel / Folie
3 Min. bis 5 Min.	• Bearbeitung der Aufgabe durch die Schüler (EA)	EA	Notizen
6 Min. bis 15 / 20 Min.	Weitere Bearbeitung in PA und / oder GA	PA oder GA	Notizen
15 / 20 Min. bis 30 / 45 Min.	• Vorstellung der PA- oder GA-Ergebnisse, danach • Auswertung dieser Ergebnisse *oder* • Weiterbearbeitung, Auswertung und Sicherung der PA- oder GA-Ergebnisse im Plenum	Schülervortrag / Unterrichtsgespräch / evtl. Schülermoderation Unterrichtsgespräch	Notizen usw.

⇨ Arbeitsanregungen

Vernetzung

Was verstehen Sie im didaktischen Sinne unter „Vernetzen“?	
Nennen Sie verschiedene Möglichkeiten des Vernetzens und deren Einsatzmöglichkeiten in Ihren Fächern.	
Worin sehen Sie die Bedeutung der Phase „Vernetzung“?	
Was unterscheidet die Intention „Anwendung“ von anderen Formen der „Verarbeitung“?	
Beschreiben Sie an einem Beispiel, was ein Schüler beim Vernetzen leisten muss. Beurteilen Sie den Anspruch.	
Nehmen Sie Stellung zu der These: „Hauptsache ist doch, dass die Schüler Ergebnisse reproduzieren können.“	

3.5.7. Optionale Phase

⇨ Worum geht es?

Der **Zeitbedarf** kann bei der Durchführung von Unterricht größer oder kleiner sein als geplant. Manchmal fehlt einem bei der Durchführung wertvolle Zeit. Wie können Sie in den einzelnen Unterrichtsphasen Zeit gewinnen? Lesen Sie dazu noch einmal die entsprechenden Profitipps zu den einzelnen Phasen. Bei der Planung einer Unterrichtsstunde sollten Sie grundsätzlich eine optionale Phase für den Fall vorsehen, dass Sie *mehr* Zeit haben als erwartet. Diese Phase sollten Sie auch im Unterrichtsentwurf ausweisen.

⇨ So funktioniert es:

Die optionale Phase sollte eine Erweiterung oder Vertiefung der Vernetzungsphase sein oder auch eine Weiterführung. Drei Beispiele:

- Sie haben im Rahmen der Vernetzung bereits einen Vergleich zweier wissenschaftlicher Positionen erarbeiten lassen. In der optionalen Phase lassen Sie die Positionen auf einen konkreten Fall oder auf eine konkrete Situation anwenden.
- Sie haben in der Vernetzungsphase den Geltungsbereich einer Aussage geklärt. Entwickeln Sie dann mit den Schülern Fragen, die sich aus dem eingeschränkten Geltungsbereich der Aussage für das weitere unterrichtliche Vorgehen ergeben.
- Sie haben mit den Schülern in der Vernetzungsphase geklärt, inwieweit ein spezifisches Modell die eingangs der Stunde gestellte Problemfrage (teilweise) beantwortet. Erarbeiten Sie mit den Schülern, wie der Unterricht fortgesetzt werden muss, um die Problemfrage vollständig beantworten zu können.

⇨ Darauf sollten Sie achten:

- Halten Sie in der optionalen Phase das kognitive Niveau der Vernetzungsphase. Vermeiden Sie also für optionale Phasen Aufgaben, die nur die „Zeit füllen" (z. B. Abschreiben von der Tafel, Hausaufgabe vorziehen, Malen oder bloßes Wiederholen schon durchgeführter Aufgaben).
- Überlegen Sie sich auch Maßnahmen für den Fall, dass Sie eine Stunde überplant haben. Wo können Sie kürzen? Was lässt sich vereinfachen? Wann und wie können Sie die Stunde frühzeitig beenden? Weisen Sie Ihre Entscheidungen im Plan aus!

Profitipps

- Planen Sie (zur Sicherheit) für jede Unterrichtsstunde zwei Vernetzungsphasen ein, von denen die zweite optional ist.
- Die optionale Vernetzungsleistung können die Schüler auch in der Hausaufgabe erbringen.

⇨ **Arbeitsanregungen**

Optionale Phase

Machen Sie konkrete Vorschläge für die inhaltliche Gestaltung einer optionalen Phase.	
Wie können Sie aus der Perspektive Ihrer Fächer begründen, die optionale Phase als zweite Vernetzungsphase anzulegen?	
Welche unterrichtlichen Ereignisse können dazu führen, dass Sie die optionale Phase zwingend benötigen?	
Wie verhalten Sie sich gegenüber dem Einwand, eine optionale Phase sei überflüssig, wenn man angemessen plane?	

Welche anderen Möglichkeiten neben der optionalen Phase haben Sie, mit Ihrer Unterrichtsplanung beweglich umzugehen?	
Was halten Sie davon, mit den Schülern in der optionalen Phase den weiteren Verlauf des Unterrichts zu planen?	

3.6. Methoden des Unterrichts

3.6.1. Verlaufsform – Unterrichtsmethode

Der **Begriff Unterrichtsmethode** wird sehr uneinheitlich verwendet. Gemeint ist damit je nach Verwendung des Begriffs alles von einem pädagogischen Gesamtkonzept (z. B. ganzheitlicher, offener, handlungsorientierter oder kooperativer Unterricht, aber auch Projektarbeit oder Zukunftswerkstatt) bis hin zu konkreten Arbeitsformen und Vorgehensweisen in einzelnen Phasen einer Unterrichtsstunde (z. B. Schülervortrag, Placemat, Gruppenpuzzle). Ähnlich weitgreifend formuliert auch H. Meyer (2003a, 45): „Unterrichtsmethoden sind die Formen und Verfahren, mit denen Lehrende und Lernende die sie umgebende natürliche und gesellschaftliche Wirklichkeit im Unterricht vermitteln und sich aneignen." Klafkis Methodenverständnis dagegen ist enger. Unterrichtsmethoden sind eine Übersetzung der Ergebnisse der Didaktischen Analyse in eine prozessuale Struktur. **Unterrichtsmethoden lassen sich demnach als „sukzessive Abfolge eines Lehr-Lern-Prozesses" darstellen** (Klafki 2002, 30), in dem Lehrer und Schüler im Rahmen einer gemeinsamen sozial-kommunikativen Interaktion den Unterricht und seinen Inhalt „inszenieren" (Meyer 2003a, 46). Wir konzentrieren uns hier auf dieses engere Methodenverständnis.

Die im Unterricht verwendeten **Vermittlungs- und Aneignungsformen kann man** z. B. **unter dem Gesichtspunkt der Strukturverwandtschaft ordnen**. Ein entsprechendes Ordnungsschema stammt von W. Schulz (vgl. Heimann / Otto / Schulz 1997). Die dort genannten Ordnungsbegriffe sind gängige Bezeichnungen für methodische Momente, die bei der Unterrichtsplanung bis heute Verwendung finden:

- Methodenkonzeption – Gemeint sind Verfahrensweisen, die von einem Gesamtentwurf des Unterrichtsverlaufs her die einzelnen Unterrichtsschritte bestimmen, z. B. ganzheitlich-analytische Verfahren, elementhaft-synthetische Verfahren.
- Artikulationsschemata – Diese strukturieren den Lernprozess nach den vermuteten Lernphasen der Schüler und den ihnen jeweils (vom Lehrer und von Mitschülern) zugeordneten Lernhilfen. Das Grundmodell bezieht sich auf folgende Akte:
  - ✓ Erschließung des Neuen
  - ✓ Bearbeitung und Besinnung
  - ✓ Bewältigung
- Sozialformen – Hierzu gehören z. B. Frontalunterricht, (kooperativer) Gruppenunterricht, Einzel- und Partnerarbeit.
- Aktionsformen – Sie bezeichnen die Art und Weise, wie die Lehrperson agiert; dabei unterscheidet man die direkte Aktion (z. B. Vortrag, Unterrichtsgespräch, Demonstration) von der indirekten Aktion (z. B. Einsatz von Arbeitsblättern bei einer Gruppenarbeit, Bereitstellen von Plakaten zur Visualisierung).
- Urteilsformen – Darunter versteht man die Gesprächsformen und die Art des Umgehens der Lehrperson mit den Schülern (z. B. gelenktes Unterrichtsgespräch; Spontanphase, Metakommunikation).

Der Begriff Methode bezieht sich im engeren Sinne auf alle notwendigen Schritte, Stufen und Verfahren, die das Voranschreiten zu einem Ziel gliedern; unter „Methode“ (von griech.: *meta* – nach und *hodos* – der Weg) versteht man also Handlungsabläufe, aber auch Denkprozesse, die in irgendeiner Weise strukturiert sind. Dabei ist neben dem Gesichtspunkt der Gliederung beziehungsweise Ordnung von Aktionen die beim methodischen Vorgehen mitgedachte Zielsetzung wichtig. **Unter Methode versteht man also den durch umfassende Überlegungen festgelegten Weg zu einem Ziel.** Im Unterricht ist ein als methodisch bezeichnetes Vorgehen daher das Resultat einer differenzierten Auseinandersetzung mit dem Unterrichtsgegenstand; **ein methodisches Vorgehen stellt somit immer eine bewusste Handlung und einen zielgerichteten Prozess dar**.

Der Lehrer muss also ausgiebig über die Methode nachdenken, die er anwenden möchte, bevor er im Unterricht einen bestimmten Handlungsablauf initiieren kann. In Bezug auf die Ziele und Inhalte von Unterricht ist die Frage nach der Methode ebenfalls in eine Abfolge eingebettet. „Methodische Entscheidungen – also Entscheidungen über Wege und Mittel des Unterrichts – lassen sich begründet immer nur treffen, wenn die Entscheidungen über die Ziele und die zielorientierten Inhalte des Unterrichts bereits getroffen sind. [...] Allerdings bedeutet das nicht, dass Methoden aus Ziel- und Inhaltsentscheidungen einfach deduziert werden können. Zwar schließen bestimmte Ziele und Inhalte gewöhnlich einige Methoden als unangemessen aus, dennoch gibt es fast immer mehrere sachgemäße Methoden auf das gleiche Ziel oder den gleichen Inhalt hin." (Klafki 1986, 136)

Beispiel: Artikulation des Unterrichts

Unterricht hat Prozesscharakter; **die Verlaufsplanung äußert sich durch eine Folge von Phasen und Stufen**, deren Einhaltung dem Schüler das Erreichen der jeweiligen Lernziele und der Lehrperson das Erreichen ihrer Lehrziele optimal ermöglicht. **Die zeitliche Gliederung des Unterrichts in dieser Absicht wird Artikulation genannt.** Der Lehrer plant und veranlasst den Lernprozess. Er wählt bestimmte Aktionen so aus, dass der intendierte Zweck dadurch vollkommen erreicht werden kann. Am Ende der Unterrichtsplanung verdichtet ein Artikulationsschema den Lernprozess der Schüler auf ausgeprägte Lernakte (Unterrichtsschritte), die der Lehrer in einer Dramaturgie des Unterrichts abbildet. Im Falle unvorhersehbarer Entwicklungen während einer Unterrichtsstunde kann der Lehrer auch begründet vom Unterrichtsplan abweichen und damit die Reihenfolge der Unterrichtsschritte ändern, solche weglassen oder auch hinzufügen. Auch bei Änderungen im Ablauf einer Stunde sollte der Lehrer Aspekte wie Schülerorientierung, Spannungsbogen und Lernprogression nicht aus den Augen verlieren, um die Qualität des Lernergebnisses weiter zu gewährleisten.

Die für Schulz (2002) wichtigen **drei Grundakte des Unterrichts** werden stets aus der Sicht des Schülers und aus der des Lehrers betrachtet.

- Erschließung des Neuen
  Es geht darum, dass
  - ✓ sich der Schüler den Gegenstand erschließen kann und
  - ✓ die Lehrperson durch die Gestaltung des Unterrichts die Erschließung des Inhalts optimal ermöglicht und gewährleistet.

- Bearbeitung und Besinnung
  Es geht darum, dass
  - ✓ der Schüler Probleme lösen, sie bedenken und denkend durchdringen, gegebenenfalls Zusammenhänge aufzeigen kann und
  - ✓ die Lehrperson angemessene Lösungssituationen arrangiert, die die Voraussetzungen des einzelnen Schülers und der Lerngruppe berücksichtigen.

- Bewältigung
  Es geht darum, dass
  - ✓ sich der Schüler Wissen und Können so aneignet, dass er jederzeit darüber verfügen kann (Kompetenzerwerb), und
  - ✓ die Lehrperson im Unterricht Prozesse des Übens, der Einordnung und des Übertragens schafft, um bei den Schülern Erkenntnisgewinn zu sichern und Denkroutinen zu etablieren.

Das beschriebene Artikulationsschema ist ein vereinfachtes Raster eines vielschichtigen Prozesses. In der pädagogisch-lernpsychologischen Literatur findet man zahlreiche Beispiele einer Differenzierung des Artikulationsschemas, die sich auf bestimmte Lernsituationen beziehen. Ein Artikulationsschema unter lernpsychologischen Gesichtspunkten wurde von Heinrich Roth (1993) entwickelt.

1) Motivation
2) Schwierigkeiten
3) Lösungsversuche
4) Tun und Ausführen
5) Behalten und Einüben
6) Bereitstellung, Übertragung, Integration des Gelernten

John Dewey (Dewey / Horlacher / Oelkers 2002) hat für das problemlösende Lernen fünf Lernschritte formuliert:

1) Auftreten einer Schwierigkeit
2) Lokalisieren und Präzisieren der Schwierigkeit
3) Ansatz einer möglichen Lösung
4) Logische Entwicklung der Konsequenzen des Ansatzes
5) Weitere Beobachtung und experimentelles Vorgehen / Annahme oder Ablehnung

⇨ **Bevor Sie weiterlesen:**

1. Wie sinnvoll ist beziehungsweise wäre es, Artikulationsschemata direkt in Verlaufsskizzen zu übersetzen?
2. Prüfen Sie in den Verlaufsskizzen A, B und C, wie die Artikulation von Roth (von Dewey) explizit / implizit zum Ausdruck kommt.

1.   2.

3.6.2. Klassifikation von Methoden

Die Bestimmung des Begriffs „Methode" zeigt: Man kann mit dem Begriff eine große Bandbreite von Denk- und Handlungsprozessen erfassen. Im Falle des Unterrichts spricht man meist von Unterrichtsmethoden. Für die explizite Wahl der Artikulation ist die Frage ausschlaggebend, von welchen Methoden das unterrichtliche Geschehen getragen wird. Die folgende **Grobklassifizierung** gibt einen Überblick über die Unterrichtsmethoden. Diese Klassifizierung richtet sich nach verschiedenen Gesichtspunkten, unter denen man den Unterrichtsprozess betrachten kann (vgl. Kliebisch / Basten / Schmitz 2001).

- Methoden, die durch die Aktionsformen des Lehrverfahrens und durch die Lernformen der Schüler bestimmt sind (z. B. darbietende oder anleitende Lehrweise / rezeptive oder produktive Lernakte / direkte oder indirekte Unterrichtssteuerung durch die Lehrperson)
- Methoden, die durch die Sozialform des Unterrichts bestimmt sind (z. B. Frontalunterricht, Einzelarbeit, Gruppenarbeit, kooperatives Lernen, Projektarbeit, Zukunftswerkstatt, Team-Teaching)
- Methoden, die durch die Medien des Unterrichts bestimmt sind (z. B. Tafelarbeit, Arbeit mit Geräten und Modellen, Arbeit mit elektronischen Medien, Bearbeitung eines Aufgabenblattes, Arbeit an und mit Texten / Literatur)
- Methoden, die durch die didaktische Zielsetzung des Unterrichts bestimmt sind (z. B. Erarbeitung, Einführung, Kontrolle, Übung)
- Methoden, die durch den (logischen) Weg der Darstellung und der Erkenntnisse des Unterrichtsgegenstandes bestimmt sind (z. B. Reproduktion, Analyse, Synthese, Abstraktion, Interpretation, Erörterung)
- Methoden, die sich auf sozial-kommunikative Aspekte des Unterrichts beziehen (aktives Zuhören, Techniken der Diskussion und Argumentation, Feedback, Blitzlicht, Strategien zur Konfliktlösung, Metakommunikation)
- Methoden, die der Evaluation von Unterricht allgemein oder von bestimmten Unterrichtsschritten dienen (z. B. Fragebogen, mündliche Befragung, Metaplangespräch)
- Methoden, die der Visualisierung von Ergebnissen dienen (z. B. Flussdiagramm, grafische Darstellung, Mindmap©, Wandzeitung, Plakat, Beschriften von Folien, MS Powerpoint©-Präsentation)
- Methoden, die Vorwissen ermitteln (z. B. Kartenabfrage, Assoziieren, Themenbaum, Kugellager, Blitzlicht)
- Methoden, die Erfahrungen und persönliche Interessen ermitteln und strukturieren (z. B. Moderationsmethode, Meta-Plan)

Meist sind den Schülern die Denkvorgänge nicht bewusst, die der Unterrichtsprozess auslöst. Dennoch verwendet man auch für diesen „inneren Prozess“ den Begriff Methode und spricht von **Denkmethoden**. Die Analyse solcher Prozesse zeigt im Nachhinein eine – wie auch immer – bestimmte methodische Ordnung, so dass man berechtigt von Denkmethoden spricht. Im Einzelfall muss man die Methoden wählen, die helfen,

- Arbeits- und Denkweisen eines Faches zu vermitteln,
- den Lehrstoff zu erarbeiten,
- die (Denk)Methoden zu vermitteln, die der Lehrer bei der Vermittlung nutzt.

Für das Verständnis komplexer Sachverhalte ist die Entwicklung der Denkfähigkeit notwendig. **Unterricht muss also wesentlich auch die Methoden und Strategien intellektueller Verarbeitung vorstellen und vermitteln.** Das bedeutet: **Kognitive Prozesse müssen zentrales Anliegen des Unterrichts sein. Das Lernen zu lernen ist ein permanenter Prozess; Unterricht muss ihn ermöglichen.** Dies kann nur auf der Grundlage des Erwerbs konkreter Kenntnisse und Fertigkeiten entlang von Inhalten geschehen. Unterricht muss ein Angebot von universell anwendbaren intellektuellen Fähigkeiten zur Verfügung stellen und deren Erwerb ermöglich. Das heißt: Es geht um die Bereitstellung des „Instrumentariums der Gewinnung und Beurteilung von Erkenntnissen“ (Skowronek 1982).

Im Denken und seinen Prozessen, seinen Operationen und Akten dürfen nicht ausschließlich rationale, intellektuelle und kognitive Bereiche berührt werden, sondern die Denkprozesse müssen eingebettet sein in ganzheitliche Bezüge und Erlebnisfelder (**Schülerorientierung durch Lebensbezug**). **Alle Unterrichtsprozesse erfassen den ganzen Menschen. Nicht die rationale Schulung steht im Vordergrund, sondern die Selbstorganisation des Menschen im Sinne von Erziehung zum Denken durch Denken.** Den Denkmethoden kommt dabei ein entscheidender Stellenwert bei der Entwicklung aller Kompetenzbereiche zu.

⇨ Bevor Sie weiterlesen:

1. Ermitteln Sie an Hand der Verlaufsskizze B (S. 142ff.), welche Denkmethoden in den Phasen „Einstieg“ und „Präsentation“ zum Tragen kommen.
2. Welche Qualifikationen sind mit diesen Methoden verbunden?
3. Welche Kompetenzen werden in diesen Phasen angestrebt?

4. Inwiefern verwirklichen diese Phasen eine „Erziehung zum Denken durch Denken“?

1.
2.
3.
4.

Beispiel: Die Fallstudie als Denk- und Entscheidungsmethode

Unter einer Fallstudie (auch Fallmethode genannt) versteht man ein Lehr- und Lernverfahren, das die Schüler an aufbereiteten Materialien eines konkreten und abgeschlossenen Falles arbeiten lässt (vgl. Retzmann 2006). Durch die Konfrontation mit aufbereitetem Material wird der Fall nach verschiedenen Gesichtspunkten analysiert und nach alternativen Lösungsmöglichkeiten untersucht. Die gefundenen Lösungen werden anschließend mit den tatsächlich getroffenen Entscheidungen verglichen. Die Methode verläuft in der Regel in **sechs Phasen**:

1) Konfrontation ⇨ Begegnung mit dem Fall
2) Information ⇨ Kenntnisnahme von Daten zum Fall
3) Exploration ⇨ Erkundung der Fallinformationen
4) Resolution ⇨ Meinungsäußerung zum Fall
5) Disputation ⇨ Erörterung des Falles
6) Kollation ⇨ Zusammenfassung der Ergebnisse

⇨ **Bevor Sie weiterlesen:**

1. Welche Denkmethoden spielen in den einzelnen Phasen der Fallstudie eine Rolle?
2. Welche Qualifikation wird durch die Fallstudie vermittelt?
3. Welche Unterrichtsmethoden kann der Lehrer bei der Fallstudie realisieren?

1.   2.   3.

⇨ **Beispiel: Problemorientierter Unterricht**

Jedes Individuum integriert neu Gelerntes in eine durch früheres Lernen erworbene „kognitive Struktur" (vgl. Reich 2010). Diese kognitive Struktur kann also beim Lernen nicht vorgegeben werden; sie wird vom Schüler benutzt und selbstständig weiterentwickelt. Selbstständigkeit des Denkens und Verhaltens ist sicherlich nicht nur durch Nachdenken von Vorgedachtem einzuüben. Problemlösen ist ganz oder überwiegend eine Neukombination von bereits Erlerntem oder schon Vorhandenem (z. B. aus dem Alltagswissen). **Problemorientierter Unterricht ist vor allem gekennzeichnet durch systematisches Herstellen von Zweifel: Der Schüler möchte etwas verstehen und stößt dabei auf eine Schwierigkeit.** Dies kann ein Widerspruch sein, dies kann Mehrdeutigkeit sein oder auch Ungewissheit (kognitive Dissonanz). **Ausgangssituation ist also ein Problem, das sich als Problemfrage darstellen lässt.** Eine Problemfrage unterscheidet sich von anderen Fragen, die sich auf ein nicht vorhandenes Wissen beziehen. Das Problem besteht in der emotionalen Erschütterung einer Vorstellungs- und Denkweise. Bisher Gedachtes und für richtig

Befundenes gerät in einen Konflikt mit irritierenden Informationen oder Meinungen (**kognitiver Konflikt**).

Nur die Problemfrage kann diesen kognitiven Konflikt hervorrufen. Sie macht die Schwierigkeiten bewusst und führt den Schüler in die Reflexion darüber (vgl. Aebli 2006). **Die Lösung führt über eine aktiv-entdeckende Schülerhaltung zu neuem Wissen oder zu einer neuen Denkweise. Dieses Verfahren wird als die wesentliche Art des Lernens angesehen.** Der Schwerpunkt des Verfahrens liegt in der Problemlösung durch den Schüler. Der Lehrer bietet Hilfen an – diese aber nur dosiert und im Sinne einer Denkhilfe. Sachinformationen hält der Lehrer dagegen eher zurück; sie würden den Problemlösungsprozess für die Schüler zu stark vereinfachen und die Problemorientierung zum Teil aufheben. **Vorrangig ist im problemorientierten Unterricht also das Ziel, Strategien des Problemlösens zu vermitteln.** Dabei werden Denkmethoden erworben, geübt und gesichert. Am Ende des Problemlöseverfahrens hat der Schüler einen Wissensbestand, den er selbständig erworben hat und der sowohl Struktur- als auch Handlungswissen darstellt. Im traditionellen Unterricht wird häufig fertiges Wissen in „Probleme" aufgelöst. Dieses gelingt meistens unzureichend, weil daraus ein „kognitives Scheingefecht" konstruiert wird. Man kann dies vermeiden: Dazu muss man unter historischem Bezug klären, wie Ergebnisse als Antworten auf bestimmte Fragen entstanden sind (genetische Methode).

Beispiel: Einsatz eines Arbeitsblattes im problemorientierten Unterricht

Betrachten Sie Ihre Unterrichtsplanungen der letzten 14 Tage. In welcher Phase des jeweiligen Unterrichts haben Sie Arbeitsblätter eingesetzt? Welche Funktion hatte das jeweilige Arbeitsblatt?	

Arbeitsblätter werden auch im problemorientierten Unterricht eingesetzt. Wie muss man den Aufbau des Arbeitsblattes gestalten, damit er „selbstständiges Problemlösen“ der Schüler fördert? Welche Phasen des problemorientierten Unterrichts sind geeignet, um dort Arbeitsblätter einzusetzen?	
Sie setzten das Arbeitsblatt in der Phase „Auswertung“ ein (hierzu siehe auch die Unterrichtsskizzen A, B und C). Wie muss das Arbeitsblatt gestaltet sein, damit die Denkmethoden der Schüler herausgefordert werden?	

Jede Methode kann in Lernprozessen zum Tragen kommen. Lernprozesse sind unterschiedlich je nach ihrer Abhängigkeit von unterrichtlichen Voraussetzungen oder fachlichen Zugängen. Eine Methode muss daher jeweils angemessen abgewandelt und spezifisch auf konkrete Situationen zugeschnitten werden. Sicherlich ist in manchen Fällen die eine Methode geeigneter als eine andere. Bei der Unterrichtsplanung muss der Lehrer Entscheidungen darüber treffen, welche Methode im Blick auf seine didaktische Intention die beste ist. Daneben gibt es fachspezifische Methoden (z. B. Experimente im naturwissenschaftlichen Unterricht, Analyse von Texten im Deutschunterricht), die sich in Lernschritte umsetzen lassen und konstitutiv für die fachinhaltliche Arbeit sind.

Die Entscheidung über die Methoden hängt von den jeweiligen Zielen der konzipierten Unterrichtssequenz ab und von dem Prinzip, Schüler zu selbstständigem Denken zu führen. Ein Lehrervortag zu einem Thema, strukturiert und problemorientiert vorgetragen, kann bei vielen Schülern sehr viel mehr Denkprozesse auslösen als eine Gruppenarbeit zum selben Thema. Zu überlegen ist außerdem ein angemessener **Wechsel der Methoden**; dadurch erreicht man mehr Aufmerksamkeit und Motivation, außerdem werden so zusätzliche Assoziationen herausgefordert.

Eine Variation der Methoden im Unterricht zielt nicht nur darauf ab, die Motivation und Aufmerksamkeit einer Lerngruppe zu erhalten oder zu erhöhen. Der Einsatz bestimmter Methoden dient auch der Entwicklung bestimmter Kompetenzen der Schüler. Kooperatives Lernen beispielsweise kann als Methode verstanden werden, die die sozial-kommunikative Kompetenz der Schüler besonders in den Blick nimmt, insbesondere ihre Verantwortung einfordert. Mindmaps© verstehen Lehrer eher als ein Instrument zur Förderung der Methodenkompetenz. Interaktionsspiele können ein Mittel zur Entwicklung personaler und sozial-kommunikativer Kompetenz sein. Planspiele wiederum stärken die Aktions- und Handlungskompetenz der Schüler. Natürlich: Jede Methode kann man unter verschiedenen Perspektiven (= methodischen Intentionen) verwenden; die Vernetzung der Kompetenzbereiche wird dadurch aufgehoben zugunsten einer Gewichtung eines oder zweier dieser Bereiche.

⇨ **Bevor Sie weiterlesen:**

- Nennen Sie drei Methoden, die in diesem Buch bisher nicht genannt wurden. Welche Kompetenzen können Sie bei Schülern mit diesen Methoden fördern?

1.   2.   3.

Eine häufig zu beobachtende Unterrichtsmethode verläuft so: Der Lehrer teilt ein Arbeitsblatt aus: Ein Textstück (Kopie einer Buchseite) und dazu zwei Fragen. Die Schüler bearbeiten die Fragen in einer (nicht kooperativen) Gruppenarbeit und teilen danach dem Lehrer im gelenkten Unterrichtsgespräch ihre Ergebnisse mit. Man darf fragen: Welche Qualifikationen kann man hierdurch vermitteln?

Die **Präsentation** stellt die Weitergabe von Informationen einer Arbeitsgruppe an die Mitschüler der Lerngruppe dar (vgl. Kliebisch / Meloefski 2009b). Dabei spielen eine Rolle:

- der Sender (= die präsentierende Arbeitsgruppe oder ein Schüler aus dieser Arbeitsgruppe, der die Ergebnisse stellvertretend für die Gruppe vorträgt),
- der Empfänger (= Mitschüler der Klasse / des Kurses) und (neben der gesprochenen Sprache)
- ein Übertragungsmittel (z. B. Tafel, OH- oder Beamer-Projektion, mündlicher Vortrag – gegebenenfalls medial unterstützt).

Welche Methoden müssen im Unterricht in Bezug auf die genannten Komponenten jeweils behandelt werden, um die Voraussetzung für eine Präsentation zu schaffen?
Welche Arbeitsanweisungen sollte ein Lehrer während des Unterrichts hinsichtlich der Anfertigung der Ergebnisse geben, die die Schüler präsentieren sollen?

Welche Bedeutung sollte / könnte das Anfertigen von Stichwortlisten, Tabellen oder Diagrammen während der Behandlung eines Arbeitsauftrages haben?

3.6.3. Unterrichtsgespräch als Lehrverfahren

Eine Form der Gesprächsführung im erörternd-erarbeitenden oder verarbeitenden Unterricht ist das **gelenkte Unterrichtsgespräch**. Mit dem Begriff gelenktes Unterrichtsgespräch ist eine bestimmte sprachliche Interaktion im Unterricht gemeint. Im gelenkten Unterrichtsgespräch erhalten die Schüler – bei zurückhaltender Lenkung und mäßiger Vorstrukturierung der Gesprächsphase durch den Lehrer – die Möglichkeit, aktiv am Gespräch teilzunehmen und den Gesprächsverlauf zu beeinflussen. In dieser Art des Unterrichtsgesprächs führt der Lehrer mit den Schülern Sachprobleme, die der Unterricht aufwirft, fragend-entwickelnd zu Lösungen. **Im Sinne des Konstruktivismus sollte das gelenkte Unterrichtsgespräch die Konstruktionsbedürfnisse der Schüler aufgreifen und zielführend in eine Ordnung bringen. So fördert auch das gelenkte Unterrichtsgespräch die Selbstständigkeit der Schüler und deren Fähigkeit, Lernprozesse mitzusteuern** (vgl. Reich 2010).

Man unterscheidet **Gesprächsarten** unter dem Gesichtspunkt des Erschließens der Absicht, die den Lerninhalten innewohnt:

- intentional-inhaltliche Gespräche
- sachklärende Gespräche
- interpretierende Gespräche
- meinungsbildende Gespräche
- Metagespräche

Im Hinblick auf die Prozesse, die sich im Gespräch vollziehen, lässt sich die **Gesprächssituation** charakterisieren als weitgehend gemeinsame, in jedem Fall aber **zielorientierte Auseinandersetzung mit einer Aufgabe oder einem Problem**. Dabei spielen eine Rolle:

- gegenseitiges Informieren
- Austausch von Erfahrungen, Ansichten und Meinungen
- Aufwerfen von Fragen
- Widerspruch
- Kritik
- Anzweifeln und Anfragen
- Klären von Missverständnissen

Das spiegelt sich in affirmativen, argumentativen und appellativen Redeformen wider. Im **Idealfall** verläuft das Unterrichtsgespräch als **ein Prozess mit kontinuierlicher Rückkopplung**. Von jedem Gesprächsbeitrag geht in diesem Falle eine induzierende Wirkung auf die Denkprozesse der Gesprächsteilnehmer aus, wodurch die Fortsetzung eines Gedankengangs angeregt wird. Die Gesprächsteilnehmer gehen dabei mit ihren Redebeiträgen auf die Vorredner ein, statt nur additiv Positionen zu konstituieren. Durch die Rückkopplung entwickelt sich ein kooperativer Lern- und Denkprozess.

Die Literatur nennt im Blick auf die Gesprächsführung verschiedene **Lehrtätigkeiten** (Thiele 1994). Unter Lehrtätigkeit wird eine relativ eng umschriebene und abgrenzbare verbale und / oder nonverbale Handlungseinheit verstanden, durch die eine Lehrperson auf den Lernvorgang Einfluss nimmt oder auf das Lernverhalten der Schüler reagiert (vgl. Bittner 2006).

In der Phase der Erarbeitung spielen eine Rolle:

- Problematisieren (z. B. einen kognitiven Konflikt inszenieren)
- Nachhaken (z. B. Konkretisieren lassen)
- Akzentuieren (z. B. Gewichten oder Ordnen von Beiträgen)

In der Phase der Ergebnisdiskussion spielen eine Rolle:

- Erklären / Begründen lassen (z. B. Motive, Ursachen ausführen)
- Folgern lassen (z. B. Vorhersagen anregen)
- Bewerten lassen (z. B. Meinungsäußerungen herausfordern)

Zur Charakterisierung eines Gesprächsverlaufs untersucht man die einzelnen Redebeiträge im Blick auf die Funktion, die sie im Gespräch haben. Dadurch kann man z. B. erkennen, ob ein Unterrichtsgespräch vorwiegend informierend verlaufen ist oder ob es eher die Tendenz zu einem Lehrervortrag hatte. Die Kenntnis dieser Funktionen ermöglicht es dem Lehrer, die Einlösung der intendierten Schülerleistung zu kontrollieren.

Die Funktionen eines Gesprächs kann man als verlaufsbestimmend und als stofforientiert beschreiben. Die quantitative Relation zwischen beiden Funktionstypen charakterisiert in entscheidendem Maße den Gesprächsstil. **Stofforientierte Funktionen** sind festzustellen, wenn das Gespräch in hohem Maße direkt gelenkt wird und meistens in vorstrukturierten Phasen verläuft. Das ist der klassische Fall eines Lehrgespräches. **Verlaufsbestimmende Funktionen** sieht man oft dann, wenn das Gespräch einen großen gedanklichen Entfaltungsspielraum enthält oder sogar offen verläuft. **Das gelenkte Unterrichtsgespräch wird sich in der Regel zwischen den beiden Funktionen bewegen.** Entscheidend ist: Die Lehrperson darf durch ihre Beiträge und Impulse ein Gespräch nicht dysfunktional steuern. Deshalb sollten einige Gesichtspunkte der Steuerung als Orientierungsrahmen bekannt sein. Die beiden Funktionen von Gesprächen unterscheiden sich jeweils in den Tendenzen und den Modalitäten, denen die Gesprächsbeiträge zuzuordnen sind.

Bei der **verlaufsbestimmenden Funktion** werden die Tendenzen in der Grobzuordnung unter den Gesichtspunkten **Anregen und Ordnen** beschrieben. **Anregende Modalitäten** sind z. B.:

- Auffordern (ermutigen, bestärken usw.)
- Eingehen (Rückfragen, in Frage stellen)
- Stellen von Fragen
- Geben von Impulsen

Ordnende Modalitäten sind z. B.:

- Gliedern (lassen)
- Weiterführen (lassen)
- Zusammenfassen (lassen)
- Folgerungen ziehen (lassen)

Bei der **stofforientierten Funktion** werden die Tendenzen in der Grobzuordnung unter den Gesichtspunkten **Informieren und Auslegen** beschrieben. **Informierende Modalitäten** sind z. B.:

- Sammeln
- Ergänzen (Explizieren, Variieren)

Auslegende Modalitäten sind z. B.:

- Argumentieren
- Deuten
- Urteilen (vgl. Bittner 2006)

Die Kenntnis dieser Funktionen hilft bei der Frage, wie ein Unterrichtsgespräch aufrechterhalten werden und fortschreiten kann und soll. Ein Bezug auf die Stoffebene an der falschen Stelle bringt ein Gespräch sehr schnell zu einem Stillstand. Dieses ist aber erst dann sinnvoll, wenn das Gespräch bis zu diesem Zeitpunkt die gewünschten oder möglichen Aspekte zu einem Sachverhalt hervorgebracht hat. Im anderen Falle muss man das Weiterdenken anregen. Das erreicht man durch die Verwendung verlaufsbestimmender Funktionen. Oft kommt ein Gespräch auch dann wieder in Fluss, wenn der Lehrer das Gespräch unterbricht und den Schülern zur Sache eine kurze Bedenkzeit einräumt, z. B. in Form einer Murmelphase.

3.6.4. Lehrerhandeln im Unterrichtsgespräch (Moderation)

⇨ Worum geht es?

Gelenkte Unterrichtsgespräche erfordern die verbale und nicht-verbale Tätigkeit des Lehrers (**Moderation**). Er muss das Gespräch initiieren, aufrechterhalten und steuern. Gefragt ist hier die sozial-kommunikative Kompetenz des Lehrers: Er muss neben ausreichender Fachkompetenz sowohl über Gesprächs-, Frage-, Aufforderungs- und Strukturierungstechniken verfügen als auch über die Fähigkeit, möglichst viele Mitglieder der Lerngruppe rational und emotional zu verstehen (Empathie) und in den gemeinsamen Gedankenprozess zu integrieren.

⇨ So funktioniert es:

Möglichkeiten, ein **Gespräch zu initiieren und aufrechtzuerhalten**, können sein:

- Stumme Impulse geben
- Offene Fragen stellen
- Thesen formulieren
- Medien (Bild, Diagramm, Tabelle) zeigen
- Inhaltliche Aufgabenstellung vorlegen
- Problem nennen
- Beiträge spiegeln (paraphrasieren)
- Aussagen in Frage stellen
- Gesprächsstrategische Aufgaben stellen (zusammenfassen, ordnen, erklären, begründen lassen)
- Nonverbale Hilfen geben (ermutigen, anzweifeln, beruhigen z. B. durch Kopfnicken, Stirnrunzeln, Armbewegungen, Lächeln)
- Schülerbeiträge kommentieren (loben, zustimmen, unterstützen, sichern, kritisieren, ablehnen, anzweifeln, problematisieren, bemängeln)
- Visualisieren von (Teil-)Ergebnissen

Die **Steuerung des Gesprächs** ist in der Regel schwieriger als das bloße Aufrechterhalten des Gesprächs. Der Grat zwischen Lenkung und Laufenlassen ist sehr schmal. Die Lehrperson braucht (neben dauernder Übung) große Sensibilität (sozialkommunikative Kompetenz), um das Gespräch bei maximaler Offenheit zielführend zu gestalten. Hier kann nicht nur für den Anfänger ein **5-Schritte-Verfahren** hilfreich sein:

- **1. Schritt: Initiieren des Gesprächs**
  Initiieren Sie eine Gesprächsphase mit einer offenen Frage (Aufgabe, Anregung, Impuls) oder einem Medium (stummer Impuls).
- **2. Schritt: Abwarten und Geduld zeigen**
  Warten Sie für eine kurze Zeit die Wortmeldungen ab. Merken Sie sich, welche Schüler sich zunächst melden. Blicken Sie freundlich und ermutigend in die Schülergruppe.
- **3. Schritt: Schüler zu Wort kommen lassen**
  Lassen Sie nacheinander alle Schüler zu Wort kommen, die sich gemeldet haben. Merken Sie sich die Schülerbeiträge (evtl. parallel zum Hören aufschreiben). Verzichten Sie auf jeden (!) Kommentar. Halten Sie Blickkontakt zu den Schülern, die sprechen, und zur übrigen Gruppe.

- **4. Schritt: Ordnen und strukturieren der Beiträge**
  Strukturieren Sie die Beiträge. Prüfen Sie dabei, welche Beiträge in welchem Maße die Lernziele berühren, die Sie in der Phase erreichen wollen. Gewichten Sie die Beiträge positiv, die Ihnen helfen, die für die jeweilige Unterrichtsphase überlegten Lernziele anzusteuern (Sicherung). Diese Schüleräußerungen müssen inhaltlich noch einmal benannt werden, sei es durch Sie oder durch die Schüler. Eher abwegige Schülerbeiträge der Gesprächsrunde werden zwar „gewürdigt", aber zugleich auch aus der weiteren Betrachtung ausgeschieden.
  Ein Beispiel: „Petra und Hans haben sich gerade noch auf unseren Eingangsfall bezogen; wir waren aber schon weiter. Besonders wichtig waren jetzt Corinnas Überlegungen: ...." An dieser Stelle können Sie den Beitrag der Schülerin Corinna inhaltlich wiedergeben, Sie können aber auch die Schülerin oder die gesamte Lerngruppe dazu auffordern, das zu tun. – Achten Sie darauf, dass die Schüler Ihre Strukturierung gedanklich nach- und mitvollziehen.
- **5. Schritt: Gespräch fortführen** (= Schritt 1 auf einer höheren Ebene):
  Formulieren Sie jetzt eine neue Aufgabe / Frage / These, die das Gespräch auf der Basis des im vierten Schritt gesicherten Ergebnisses fortsetzt und weiter auf das von Ihnen geplante Ziel zuführt. Die Intervention muss das Gespräch wieder öffnen. Beispiel: „...... Besonders wichtig waren jetzt Corinnas Überlegungen: .... Was meint ihr zu Corinnas Annahme?"

⇨ **Darauf sollten Sie achten:**

- Auch im gelenkten Unterrichtsgespräch müssen Schüler Freiräume zum Denken und Konstruieren behalten.
- Lassen Sie daher falsche oder halbrichtige Äußerungen zu. Korrigieren Sie nicht jeden Fehler (sofort)!
- Seien Sie geduldig, warten Sie ab: Auch Schüler korrigieren manchmal halbrichtige Äußerungen.
- Halten Sie während des gesamten Gesprächs Blickkontakt zu den sprechenden Schülern und (!) zur gesamten Gruppe.
- Trainieren Sie mit der Lerngruppe Gesprächstechniken (passiv zuhören, aktiv zuhören, sich aufeinander beziehen, einander ansehen usw.). Günstig: Sie nutzen eine Sitzordnung, die für ein Unterrichtsgespräch besonders geeignet ist (z. B. Stuhlkreis, Hufeisen).

- Vermeiden Sie:
  - ✓ Sprechen in Unruhe hinein
  - ✓ Zu hohes Tempo z. B. durch zu viele Impulse in kurzer Zeit
  - ✓ Zu rasches Intervenieren (etwa bei falschen oder halbrichtigen Äußerungen)
  - ✓ Gleichzeitiges Reden und Schreiben (an der Tafel, auf Folie)
  - ✓ Lehrerecho (= regelmäßiges Wiederholen und / oder Loben von Schüleräußerungen)
  - ✓ Geschlossene Fragen (Ja – Nein)
  - ✓ Ausfragen und Abfragen einzelner Schüler (Dialog)
  - ✓ Doppel- oder Mehrfachfragen
  - ✓ Doppel- oder Mehrfachanweisungen
  - ✓ Die Interpretation Ihrer eigenen Aussagen / Fragen / Anweisungen
  - ✓ Unter- und Überforderung durch Fragen oder Aufträge
  - ✓ Das Umfunktionieren des Gesprächs in einer Erarbeitung

Profitipps

- Steuern Sie Gespräche rechtzeitig um, wenn sie nicht mehr zielführend verlaufen („Gesprächsstopp!"). Entwickeln Sie ein Gefühl für den richtigen Zeitpunkt „Stopp!" zu sagen.
- Lassen Sie Schüler ausreden.
- Ermutigen Sie stille Schüler, sich am Gespräch zu beteiligen.
- Stoppen Sie Vielredner, ohne sie zu brüskieren.
- Geben Sie immer (!) mehreren Schülern Gelegenheit sich zu äußern, bevor Sie sich mit einer Strukturierungshilfe einschalten.
- Lassen Sie die Schüler die Ergebnisse von Unterrichtsgesprächen sichern, z. B. durch Protokolle, die alle Schüler und Sie als Lehrer erhalten.
- Beim Steuern des Gesprächs sollten Sie systematisch
  - ✓ Gesprächsebenen trennen (z. B. Theorie und Praxis)
  - ✓ die Progression des Gesprächs (und damit des Lernprozesses) sichern (z. B. durch einen Wechsel des Anforderungsbereichs)
  - ✓ Gelenkstellen im Unterricht kennzeichnen (z. B. Übergang von der Einstiegs- zur Erarbeitungsphase)
  - ✓ (vor allem bei Irritationen) den inhaltlichen Standort bestimmen (z. B. wiederholende Klärung des Sachstands etwa bei Unklarheiten)

✓ Denkorientierung schaffen (z. B. durch klare und zielführende Aufgaben, Impulse und Fragen)

- Manchmal bleiben Unterrichtsgespräche nicht auf der Sachebene, sondern geraten auf die Beziehungsebene. Ein (auch unklarer) Konflikt zwischen Schülern oder zwischen einem Schüler und dem Lehrer kann einen solchen Wechsel der Ebenen bewirken. Bei Konflikten oder anderen Widersprüchen im sozialen Bereich unterbrechen Sie zunächst das Gespräch. Wechseln Sie dann auf die Metaebene und decken Sie die Irritationen auf, um sie gemeinsam mit den Schülern zu besprechen und zu klären.

⇨ **Arbeitsanregungen**

Methoden des Unterrichts

Welche Beziehungen bestehen zwischen Artikulation und Sozialformen, welche zwischen Artikulation und Medien?	
Die Artikulation des Unterrichts hat eine didaktische und eine lernpsychologische Funktion. Erläutern Sie diese beiden Funktionen und geben Sie konkrete Beispiele für jede Funktion.	

Für das Problemlösen findet man in der Literatur auch das folgende Stufen-Schema: Problemsituation – Bewusstmachung der Ziele / Planung der Lösung – Lösung des Problems – Integration der (Einzel-)Resultate / Gesamtzusammenhang – Nachprüfung der Ergebnisse. Welche Qualifikationen werden bei der Realisierung dieses Schemas vermittelt?	
Analyse – Abstraktion – Synthese werden – mit Ausnahme in der Mathematik und in der Sprachforschung – häufig als verbundenes methodisches Verfahren eingesetzt. Was ist darunter zu verstehen? Aus welchem Grund verfährt man so?	
Das Problemlöseverfahren verläuft nicht linear nach einem starren Schema. Was ist damit gemeint? Wie sinnvoll ist das?	

In der Phase „Einstieg“ setzen Sie ein Bild ein. Welche Funktion geben Sie diesem Bild im Rahmen Ihrer Unterrichtsmethode? Welche Denkmethoden werden / wollen Sie mit Hilfe des Bildes herausfordern?	
Benennen Sie Schwierigkeiten, die Sie bei der Steuerung von Unterrichtsgesprächen beobachtet haben. Welche Ursachen haben diese Schwierigkeiten?	
Nennen Sie drei Fähigkeiten, die Schüler besitzen sollten, um effektiv ein Gruppengespräch (Kleingruppe) zu führen.	
Inwieweit ist der Lehrer im Rahmen eines gelenkten Unterrichtsgesprächs ein Moderator?	

Welche Kompetenzen der Schüler werden während eines Unterrichtsgesprächs gefordert und gefördert? Gehen Sie dabei auf verschiedene Interventionstechniken des Lehrers ein.
Mit welchen Techniken (Fragen, anderen Interventionen) können Sie ein Gespräch (auf der Sekundarstufe II) auf eine höhere Anforderungsebene (= Abstraktionsebene) bringen. Formulieren Sie drei konkrete Interventionen. 1. 2. 3.

Die Schüler sollen in Gruppen arbeiten. Wie und wann formulieren Sie die Anweisungen für diese Phase?	
Schüler sollen in Partnerarbeit einen Text erschließen und präsentieren. Formulieren Sie den Arbeitsauftrag.	

Sie werden immer wieder hören: „Arbeitsanweisungen sollen präzise sein.“ Was bedeutet das? Geben Sie ein Beispiel.	
„Macht ein Plakat.“ Beurteilen Sie die Qualität dieser Arbeitsanweisung.	
Wie offen dürfen Arbeitsanweisungen sein?	
Wie umfangreich dürfen Arbeitsaufträge sein?	
Wie erreichen Sie es, dass Schüler Arbeitsaufträge nicht vergessen?	

Nennen Sie typische Situationen, in denen Arbeitsaufträge formuliert werden.	
Wie sollten Arbeitsanweisungen aufgebaut sein? Begründen Sie.	

Zerlegen Sie die Planung einer Unterrichtsstunde in Arbeitsschritte. Was machen Sie in welcher Reihenfolge?
Wie genau ermitteln Sie die didaktische Intention, die Sie mit einem Gegenstand verfolgen? Welche Bedeutung haben dabei Ihre Lebenserfahrung, das Alter der Schüler, Richtlinien oder Lehrpläne?

„Der Unterricht fängt eigentlich erst mit der Vernetzungsphase an.“ Wie kann man diese These begründen? Wie stehen Sie zu der Aussage?
Nennen Sie Zeitdiebe, die während der Durchführung von Unterricht auftreten können. Welche Ursachen haben diese Zeitverluste? Wie können Sie den Zeitproblemen begegnen?
Nennen Sie Möglichkeiten, während der Durchführung von Unterricht Zeit einzusparen. Wie bewerten Sie diese Maßnahmen?

Schüler sollen Ergebnisse präsentieren. Welche Tipps geben Sie ihnen dazu? Welche Überlegungen stellen Sie dazu bei der Planung des Unterrichts an?

Schüler sollen Bibliotheken nutzen. Wie berücksichtigen Sie die Nutzung von Bibliotheken bei der Unterrichtsplanung?	
Wie beurteilen Sie die Fähigkeit Ihrer Schüler, systematisch zu arbeiten? Ziehen Sie aus Ihrer Einschätzung Konsequenzen für die Unterrichtsplanung.	

4.

Selbst-Qualifizierung

„Selbstcoaching heißt, Hilfe zur Selbsthilfe'. Es umfasst einerseits Selbstreflexion und andererseits das Anwenden von Techniken, mit deren Hilfe wir unsere Potenziale voll ausschöpfen und somit schwierige Situationen besser bewältigen können."

(Birgit Zinöcker)

4.1. Reformierter Vorbereitungsdienst

Der Vorbereitungsdient für Lehrämter an Schulen wird in den Bundesländern kontinuierlich an die veränderten Bedingungen in der ersten Phase der Lehrämter angepasst. (s. z. B. MSW NRW 2011d)[1]. Die Ausbildung basiert auf einem Kerncurriculum, das sowohl verbindlich ist für die überfachliche und fachliche Ausbildung der Referendare in den Zentren für schulpraktische Lehrerausbildung (ZfsL) als auch für die Lehrerausbildung an Schulen. **Das Kerncurriculum konkretisiert die KMK-Vereinbarungen** aus dem Jahr 2004 zu den „Standards für die Lehrerbildung Bildungswissenschaften" und die Vereinbarung von 2008 zu den „Ländergemeinsamen inhaltlichen Anforderungen für die Fachwissenschaften und Fachdidaktiken in der Lehrerbildung" (**Standard- und Kompetenzorientierung**) (vgl. KMK 2004 u. 2008).

Standard-/Kompetenzorientierung

Wissenschaftsorientierung

Handlungsfeldorientierung

Personenorientierung

Die Ausbildung soll praxisbezogen gestaltet werden, ohne die nötige **Wissenschaftsorientierung** aufzugeben. Das Kerncurriculum fokussiert daher sechs Handlungsfelder der Lehrertätigkeit (**Handlungsfeldorientierung**). Die Handlungsfelder sind vergleichbar mit den Lehrerfunktionen, wie sie die Rahmenvorgabe für den Vorbereitungsdienst aus dem Jahr 2004 darstellt (s. die Abbildung auf S. 199).

Die Referendare haben Anspruch darauf, während ihrer Ausbildung auf allen Handlungsfeldern ausgebildet zu werden. Dabei wirken überfachliche und fachliche Ausbilder an den Zentren für schulpraktische Lehrerausbildung mit den Ausbildungslehrern und -beauftragten an den Schulen zusammen. Verbindendes Glied für die ge-

[1] Begrifflichkeiten, die die reformierte Ausbildung prägen, werden in diesem Kapitel der aktuellen Ausbildungsordnung des Landes Nordrhein-Westfalen entnommen (OVP 2011). Nicht alle Elemente der Ausbildung in Nordrhein-Westfalen sind mit denen anderer Bundesländer identisch oder kommen dort überhaupt vor. Dies gilt insbesondere für das Instrument „Personenorientierte Beratung mit Coachingelementen" (s. Kap. 4.5.).

samte Ausbildung ist das Kerncurriculum, das einen gemeinsamen Standard sichert (vgl. MSW 2011b, Anlage 1).

Handlungs-felder	Unterricht gestalten und Lernprozesse nachhaltig anlegen
	Den Erziehungsauftrag in Schule und Unterricht wahrnehmen
	Leistungen herausfordern, erfassen, rückmelden, dokumentieren und beurteilen
	Schülerinnen und Schüler und Eltern beraten
	Vielfalt als Herausforderung annehmen und Chancen nutzen
	Im System Schule mit allen Beteiligten entwicklungsorientiert zusammenarbeiten

Neben der Standard- und Kompetenzorientierung, der Wissenschafts- und Handlungsfeldorientierung baut die neue Ausbildung auf die **Personenorientierung**. Im Mittelpunkt der Ausbildung steht der Referendar – mit seinen Fragen, Einstellungen und Werthaltungen, mit seinem Wissen, seinen Fähigkeiten und Ressourcen. Im Rahmen der Personenorientierung sind für die Referendare vier Elemente der Ausbildung bedeutsam (s. Abbildung unten).

Personen-orientierung	Eingangs- und Perspektivgespräch
	Personenorientierte Beratung mit Coachingelementen
	Selbstlerngruppen
	Portfolio Praxiselemente

Über das **Eingangs- und Perspektivgespräch** erfahren Sie mehr **in Lehrer*Sein*, Band 2 (Kliebisch / Meloefski 2011b)**; zu den übrigen Bausteinen lesen Sie das Wesentliche in diesem Kapitel.

Hinweis: **Die Darstellung in diesem Buch geht immer von Ihnen als Referendar aus: Wir beantworten diese Fragen:**

- **Was sollte ich wissen, wenn ich ein Eingangs- und Perspektivgespräch oder eine personenorientierte Beratung wahrnehme?**
- **Wie kann ich mich auf das Eingangs- und Perspektivgespräch oder auf eine personenorientierte Beratung vorbereiten?**
- **Was sollte ich über selbstgesteuertes Lernen, über Selbstlerngruppen und die Arbeit mit einem Portfolio wissen?**
- **Wie kann ich selbstgesteuertes Lernen, Selbstlerngruppen und die Arbeit mit einem Portfolio für meine eigene Ausbildung im Vorbereitungsdienst sinnvoll nutzen?**

4.2. Lehrerausbildung durch Selbstqualifizierung

Studienreferendare werden in der neuen Ordnung des Vorbereitungsdienstes und der Staatsprüfung (OVP) der einzelnen Bundesländer als eigenverantwortliche Lerner betrachtet, die ihre Kompetenzen nach den Anforderungen des Berufes selbstständig entwickeln. In der Selbstverantwortung der eigenen Ausbildung wird die Chance gesehen, den im ständigen Wandel begriffenen gesellschaftlichen Forderungen an Schule zu entsprechen. Das grundsätzliche Verständnis von Schule der Gegenwart beruht nicht auf vereinbarten Zielen und Inhalten, sondern verlangt kompetentes Handeln im Fortschreiben schulischer Belange im Alltag. Diese Bedingung erfordert eine andere Art der Ausbildung und zieht eine andere Form der Betreuung der Referendare nach sich. Die neue Lehrerausbildung ist auf die Selbstqualifizierung der Referendare im Lehrerhandeln und auf Entfaltung der Lehrerpersönlichkeit gerichtet. Die Ausbilder übernehmen die Funktion von Beratern und Coaches; sie unterstützen und fördern die Referendare in Ihren Bemühungen durch Ausbildungsberatung und durch personenbezogene Beratung. Beide Beratungsebenen sind auf die Professionalisierung der Referendare gerichtet, aber auf unterschiedliche Weise (vgl. Kliebisch / Meloefski 2011b, Kap. 4).

Die Aufgaben auf den Handlungsfeldern (s. MSW NRW 2011b, Anlage 1) bedürfen zu ihrer Lösung Handlungskompetenz, die von der angehenden Lehrperson eigenständig entwickeln werden soll. Die auszubildende Lehrperson nimmt Neues vor dem Hintergrund der eigenen Erfahrungen und des eigenen Lehrerbildes auf und entwickelt durch selbstgesteuertes Lernen das Kompetenzprofil für ihr Lehrerhandeln. Was heißt selbstgesteuertes Lernen (vgl. Arnold / Schüßler 2010; Konrad / Traub 2010)? Lernen ist ein innerer Prozess der Verarbeitung von Informationen und Eindrücken. Dieser Prozess schließt die Vorstellungen des Lernenden ein, wird von dessen Absichten und Motiven geleitet und in der Strukturierung von den Fähigkeiten bestimmt, die der Lerner mitbringt. Selbstgesteuertes Lernen ist strukturiert in Richtung auf ein Ziel, das in freier Wahl oder in adaptiver Entscheidung selbstgesetzt ist. Selbstgesteuertes Lernen ist weitgehend auch selbstbestimmt; es wird vom Lernenden initiiert und als bedeutsam empfunden sowie von ihm selbst verantwortet (vgl. Rogers 2008). Der Fortgang des Lernprozesses wird selbst überwacht, reguliert und bewertet (Selbstevaluation). Lernen ist somit Erwerb von Kompetenz durch Konstruktion im Individuum (vgl. Erpenbeck / Rosenstiel 2007; Knowles 1983; Reich 2010).

Die Selbststeuerung der Prozesse sind in hohem Maße aktivierend für den Lerner selbst, setzen aber dessen grundsätzlich Kompetenz zur Selbstmotivation und Selbstregulation voraus. Hohe Lerneraktivierung schafft bei Referendaren im besten Fall eine hohe Motivation dafür, die eigene Ausbildung auch kooperativ mit anderen Referendaren aktiv mitzugestalten. Hohe Motivation und ein solides Selbst-Management wiederum machen weitgehend resistent gegenüber Widerständen und Unklarheiten im beruflichen Kontext – gute Voraussetzungen dafür, die Ausbildung engagiert und mit einer positiven Grundhaltung zu durchlaufen (vgl. Siebert 2010).

Die Lehrerausbildung hat den Charakter der Selbstqualifizierung, wenn Kompetenz im Lehrerhandeln durch selbstgesteuertes Lernen erschlossen wird. Sie setzt vor dem Hintergrund der wissenschaftlichen Qualifikation der Auszubildenden (Wissenschaftsorientierung) auf das selbstbestimmte Lernen und auf ihre Fähigkeit zur Selbstbewertung der eigenen Leistung durch metakognitive Kontrolle. Selbstgesteuertes Lernen in der Ausbildung erfordert ein Instrumentarium, das die Analyse und Reflexion der eigenen Erfahrungen kontrolliert, ermöglicht und fortzuschreiben erlaubt. Die selbstreflexive Arbeit am professionellen Selbst lässt sich durch interne und externe Selbstaufklärung verwirklichen. In der zweiten Phase der Lehrerausbildung eignen sich dafür diese Formate:

- personenbezogene Beratung
- Portfolio
- Selbstlerngruppen

In diesem Kapitel werden die Grundsätze dieser Methode erläutert. Im Zentrum steht die Frage: **Wie kann ein Referendar intern am Selbst die Qualifizierung erreichen und dadurch Kompetenz aufbauen und weiterentwickeln?** Arbeit in Lerngruppen verweist auf Gruppenarbeit und Formen, wie sie im Unterricht praktiziert werden. Im Rahmen der Ausbildung ist Lerngruppenarbeit auf die Reflexion der beruflichen Praxis auszurichten. Die zentrale Frage lautet: Was sind die typischen Merkmale der Arbeit in Selbstlerngruppen? Lerngruppenarbeit ist von der „Kollegialen Fallberatung" zu unterscheiden.

4.3 Portfolios in der Ausbildung

Portfolio als Entwicklungsportfolio

Die Selbstqualifizierung wird formalisiert, indem Referendare Portfolios anlegen. Das Verfahren **zielt darauf, sich selbst als Gegenüber zu betrachten**. Es erfordert die Auseinandersetzung mit Anliegen und Problemen der eigenen Ausbildung. Charakteristisch dafür ist die schriftliche Form, durch die eine Selbstklärung kontrolliert vollzogen wird und wiederholt vorgenommen werden kann. Die schriftliche Reflexion ist dabei besonders wichtig! Die Verschriftlichung hat gegenüber der bloß gedanklichen, aber vielfach flüchtigen Auseinandersetzung zwei **Vorzüge: 1.) Man kann das Fortschreiten beim Auffinden von Lösungen und den Entscheidungsrahmen einer Handlung genauer (nach)verfolgen. 2.) Die Ausgangssituation, die man beobachtet und beschreibt, kann man durch die Verschriftlichung einer weitreichenden Reflexion zugänglich machen** (vgl. Brunner / Häcker / Winter 2006).

Die schriftliche Auseinandersetzung stellt einen **reflektierten Entwicklungsprozess** dar. Er kann jederzeit aufgerufen und unter anderen Bedingungen erneut diskutiert werden; man hält die Auseinandersetzung schriftlich fest und als Unterlage bereit. So lassen sich Entscheidungen und Begründungen an Hand der Aufzeichnungen jederzeit überprüfen, zur Diskussion stellen und für Entscheidungen in neuen Situationen heranziehen. Über die Auseinandersetzungen mit verschiedenen Situationen und Ereignissen entstehen Unterlagen, die als Sammlung eine **Dokumentation über die reflektierte Unterrichtspraxis** darstellen. Diese Sammlung wird als Portfolio bezeichnet, in der Funktion für die Lehrerausbildung spricht man genauer von Entwicklungsportfolio. Es kann als eine sich fortschreibende Betriebsanweisung für behandelte und ausgewählte Regelungen von Situationen im Schulalltag angesehen werden. **Damit ist das Portfolio eine Art Nachschlagewerk für das Lehrerhandeln schlechthin.** Die Bearbeitungsweise ist kennzeichnend und wird als Portfolio-Methode bezeichnet (Engel / Wiedenhorn 2010; Häcker 2006).

Durch die reflektierte Auseinandersetzung mit Praxissituationen kann der Referendar Probleme des beruflichen Handelns aufdecken, alternatives Verhalten prüfen und dadurch seine Professionalisierung voranbringen. Die Suche nach alternativen Lösungen setzt voraus, sich mit verschiedenen Sichtweisen zu einer Praxissituation zu beschäftigen. Dabei sind Perspektivwechsel nützlich! Sie können helfen, die eigene Sichtweise grundsätzlich in den Blick zu nehmen und dabei blinde Flecken und Vorlieben selbstkritisch zu reflektieren (s. Raben 2010).

Die Portfolio-Methode zielt aber nicht allein auf die Entwicklung des Lehrerhandelns, sondern auch auf Klärung und Entwicklung des eigenen Lehrerbildes. Das Hineinfinden und -wachsen in eine professionelle Lehrerrolle sind entscheidende Prozesse der Persönlichkeitsentwicklung, die Referendare durchmachen müssen. Die Arbeit mit einem Portfolio kann den Referendaren bei dieser Entwicklung in der Statuspassage Referendariat entscheidend helfen. Unter diesem Gesichtspunkt kann die Portfolio-Methode mehr leisten, als lediglich singuläres Handeln zu fördern. Im Blick stehen die **Entwicklung der Lehrerpersönlichkeit und deren Kompetenzprofil**. Das Hineinwachsen in die Lehrrolle muss dabei im Kontext der Ressourcen bedacht sein, die der Referendar mitbringt.

Das Portfolio ist die Zusammenstellung von eigenen Berichten und Stellungnahmen, die eine Situation oder ein Ereignis der Ausbildungsarbeit beschreiben und die eigene Lernbiografie dokumentieren. In den „Arbeitspapieren" werden Lernerfahrungen und -erfolge systematisch wiedergegeben. Damit hat man eine Grundlage, die persönliche Arbeit zu reflektieren und zu planen. Das Portfolio ist also eine individuelle

Plattform eines Referendars, eine Art Lern- und Handlungstagebuch. Die private Lernsphäre soll und kann im Verborgenen bleiben; Fehler und Schwächen werden nicht öffentlich und entziehen sich der Kommentierung und Bewertung durch andere Personen. Die ehrliche und kritische Selbsteinschätzung ist eine wichtige Voraussetzung für eine „Selbstaufklärung". **Das Portfolio als schriftliches Dokument ist etwas Persönliches, das darin ermittelte Ergebnis sollte aber jederzeit kommunizierbar sein.** Es handelt sich um einen erreichten Reflexionsstand, den der Referendar in einer distanzierten Auseinandersetzung mit der Fremdsicht weiterer Personen wie Ausbilder oder Berater bearbeiten kann. Das Portfolio kann daher auch Grundlage sowohl für Ausbildungs- als auch für personenorientierte Beratungen sein. Der Referendar kann das Portfolio auch nutzen, um das Eingangs- und Entwicklungsgespräch vor- und nachzubereiten und damit zu Beginn der Ausbildung Kompetenzen klären und Ziele abstecken (vgl. MSW NRW 2011, § 15).

Auf dem Weg durch die Ausbildung wird auch der Bezugsrahmen für Ziele und Anforderungen analysiert und bestimmt. Die Kompetenzentwicklung orientiert sich zu Beginn der Ausbildung zunächst an Vorstellungen über die Lehrertätigkeit, die vom theoretischen Hintergrund im Studium geprägt sind (vgl. das Kapitel zum Eingangs- und Perspektivgespräch in Kliebisch / Meloefski 2011b). Die Qualität der eigenen Tätigkeit misst die Ausbildung daran, inwieweit das Lehrerhandeln den gültigen Standards und Kompetenzen entspricht (vgl. KMK 2004; MSW NRW 2011b, Anlage 1).

Portfolio-Methode als Selbstlernweg

Die Grundlage für die Selbstqualifizierung ist die genaue und objektive Beschreibung einer Situation oder eines Ereignisses. Auf das Beobachtete soll bei der Entwicklung und auch bei der Revision einer Lösung immer wieder zurückgegriffen werden können. Eine genaue und objektive Beschreibung ist daher notwendig. Die Bearbeitungsaufträge ergeben sich aus der Praxis der Ausbildung von selbst. Bezugspunkte sind die Handlungsfelder der Lehrertätigkeit (siehe oben in diesem Kapitel) und damit konkrete Praxissituationen, die sich auf den Handlungsfeldern ereignen.

Die selbstreflexive Bearbeitung im Portfolio sollte bestimmten Arbeitsschritten folgen, so dass sie immer gleich strukturiert ist. Als grundlegende Schritte der Portfolio-Methode haben sich bewährt:

Behandlung eines Falles

A: Arbeitsschritte

1. Beschreibung, Analyse und Bewertung einer Praxissituation
2. Entwicklung von Lösungen und Entscheidung für einen Lösungsvorschlag
3. a) Umsetzung des Lösungsvorschlags (erreichtes Ergebnis, Beschreibung und Bewertung der neuen Situation)
3. b) Gegebenenfalls Neuverhandlung, Prüfung der Bedingungen, Klärung von Handlungsalternativen
4. Prüfung der Übertragbarkeit des neuen Handlungsmusters (Transfer)

B: Das Verfahren in der Praxis

Die Betrachtung geht von einem Einzelfall aus (Praxissituation). Die Lösung des Einzelfalles führt zu einem allgemeinen Verhaltensmuster, das man als Lösung ähnlicher Fälle nutzen kann.

Nehmen wir als Beispiel den Fall „Kurth stört“: Die Information ist so noch sehr allgemein; eine Lösung für das Problem lässt sich nicht sinnvoll angeben. Man muss dafür die Klasse und die Klassensituation genau(er) kennen. Im ersten Schritt muss man daher die Situation und das Verhalten der verschiedenen Beteiligten möglichst objektiv beschreiben.

Die eigenen Beobachtungen kann man durch folgende Fragen ordnen:

- In welchem Zusammenhang der Unterrichtsarbeit tritt die Störung auf?
- Welche Mitschüler sind betroffen beziehungsweie beteiligt?
- Wie reagiert der Lehrer und mit welcher Konsequenz?
- Wie verhält sich der „Störenfried“?
- Wie verhalten sich andere Schüler nach einer Intervention des Lehrers?

Im Folgeschritt wird man sich in der Regel mit Ursachen für das Schülerverhalten beschäftigen. Bevor man Lösungsvorschläge entwickelt, wird man verschiedene Hypothesen über mögliche Ursachen haben. Dabei wird zunächst Kurt im Blick sein; das reicht nicht aber nicht aus. Man muss auch die Bedingungen prüfen, die ihn zum

Störer werden ließen. Die Lernbedingungen in der Klasse rücken zum Beispiel dann in den Fokus, wenn Kurts Störverhalten mit seiner Lernfähigkeit oder Motivation zusammenhängt. Auf der Basis dieser und weiterer Überlegungen, die sich aus der Handlungssituation ergeben, wird man am Ende einen Lösungsvorschlag für das eigene Lehrerverhalten in dieser Situation ableiten.

Bei der Umsetzung des Lösungsvorschlags überprüft man gleichzeitig den Erfolg und die Annahmen, die zum Handlungsvorschlag führten. Der Erfolg wird meistens nicht durch eine einmalige Aktion erkennbar. Der Fall ist noch nicht gelöst, wenn sich der Erfolg nicht oder nicht eindeutig einstellt; dann muss man weiter nach einer tragfähigen Lösung suchen. Das Verfahren kann sich durchaus mehrmals wiederholen. Das macht Sinn, denn es geht ja darum, die Fähigkeit zur Analyse und Bewertung eines Ereignisses zu trainieren und die Bedingungen für Lösungen zu erkennen. Das Ziel: Ein Repertoire von Handlungsmustern für zukünftiges Handeln auch in anderen Fällen verfügbar zu machen. Handlungsmuster, die erfolgreich sind, muss man aber prinzipiell und kontinuierlich auf ihre pädagogische Gültigkeit prüfen. **Nicht jedes wirkungsvolle Verhalten passt zu jeder Lehrerpersönlichkeit bzw. zu den Standards und Wertvorstellungen, die das Lehrersein in einer demokratischen Gesellschaft kennzeichnen.**

4.4. Selbstlerngruppen

Ein Ausbilder muss die Lerngruppe zu Beginn der Ausbildung in die Arbeitsweise einführen. Anders als bei der Kollegialen Fallberatung nehmen bei der Lerngruppenarbeit alle Mitglieder in gleicher Weise an der Behandlung eines Falles und der Entwicklung alternativer Lösungsvorschläge teil. **In den Selbstlerngruppen geht es nicht um die Erarbeitung eines Produktes, sondern um die berufliche Selbstqualifizierung.** Man spricht von Lerngruppenarbeit. In der Lerngruppenarbeit sollen die Referendare eine Praxissituation selbständig und kooperativ bearbeiten und reflektieren. Der Praxisinhalt kann jedem Handlungsfeld der Lehrertätigkeit entstammen und wird in der Regel von den Mitgliedern der Gruppe selbst bestimmt, keinesfalls von einem Ausbilder vorgegeben. Die aktuellen Bedürfnisse der Referendare sind bei der Auswahl der Praxissituationen maßgebend.

Das Ergebnis der Arbeit in Selbstlerngruppen zielt auf die Erweiterung der Handlungskompetenz in der Praxis. Die Auseinandersetzung hat aber nicht allein die Lösung eines Einzelfalls zum Ziel. Anders als bei der Methode des Entwicklungsportfolios geht es hierbei auch darum, Lösungen theoretisch zu begründen und ein berufsfähiges Handlungsmuster zu erstellen. Zu bearbeiten sind daher relevante und übergreifende Anliegen, zu entwickeln ist kompetentes Handeln für die Praxis. **Die Selbstqualifizierung wird durch selbstgesteuertes und selbstverantwortetes Lernen initiiert** (vgl. Herold / Herold 2010; Konrad / Traub 2010). Im Zuge der Selbstqualifizierung behandeln die Referendare in den Selbstlerngruppen reale und komplexe Probleme und Aufgaben der Lehrertätigkeit (Praxissituationen). Bezugsgrößen sind die sechs Handlungsfelder, die die Arbeit des Lehrers ordnen (vgl. Kliebisch / Meloefski 2011b). Die Arbeitsweise in den Selbstlerngruppen ähnelt der der Portfolio-Methode. **Probleme der Praxis werden analysiert, Lösungen werden erarbeitet, Handlungsmuster für die Praxis entwickelt.** Die Lerngruppenarbeit stellt sozusagen ein Gruppentraining dar, bei dem unterschiedliche Erfahrungen der Mitglieder gemeinsam beraten werden. Es geht auch hier um selbstgesteuertes Lernen sowohl des Einzelnen als auch der Lerngruppe; Eigensicht und Fremdsicht können unmittelbar zur Diskussion gestellt und miteinander verglichen werden. Handlungsmuster werden entwickelt, die sich in der Praxis bewähren müssen und in ihrer Praxisrelevanz reflektiert werden sollen (s. a. Arnold / Schüßler 2010).

Für das Arbeiten in der Lerngruppe bietet sich als Methode die **Fallstudie** an. In praxisbezogenen Ausbildungen wie in der Medizin hat die Fallstudie Bedeutung erlangt (s. Brändli / Lüthi / Spuhler 2009; Dorsch 2009; Ellet 2008). Die Referendare sind herausgefordert, Probleme selbstständig zu erkennen und die Praxisrelevanz von Lösungen zu bewerten. Das Vorgehen nach der Fallmethode erfordert strukturiertes und organisiertes Arbeiten. Diese Bedingung müssen die Referendare selbstständig einlösen; es wird ökonomisches und ergebnisorientiertes Arbeiten verlangt, also ein Vorgehen, das auch die Praxis des Schulalltags bestimmt. Die Fallstudie ist immer problemorientiert, das Anliegen entstammt der Praxis; die Lösung führt auch wieder auf die Praxis zurück.

Die Fallstudie wird in der Regel in folgenden Schritten durchgeführt:

- Beschreibung eines Ereignisses / einer Situation aus der beruflichen Praxis (Beobachtungsprotokoll) ⇨ Konfrontation

- Analyse / Auswertung der Beobachtungen / Formulierung von Bearbeitungsaufgaben
- Formulierung von Annahmen und Lösungsvorschlägen ⇨ Exploration
- Bewertung der Lösungsvorschläge / Entscheidung hinsichtlich der Überprüfung von Vorschlägen
- Umsetzung (Überprüfung / Anwendung) in die Praxis

Die Fallstudie nimmt ihren Ausgang immer an dem beobachteten Fall. Ein genaues Beobachtungsprotokoll ist eine wichtige Unterlage auch für die, die den Fall selbst nicht erlebt haben. Die konkrete Auseinandersetzung ordnet die Praxissituation immer einem theoretischen Zusammenhang zu (Wissenschaftsorientierung) und sucht Lösungen mit Bezug zu den gültigen Standards und Kompetenzen der Lehrerausbildung.

Eine Fallstudie wird meistens nicht in kurzer Zeit zu erledigen sein. Häufig hat die Umsetzung das Ziel, Vorschläge in der Praxis auf ihre Relevanz zu überprüfen. Dabei können neue Bedingungen und Schwierigkeiten auftreten. Vom Ergebnis des Praxistests hängt es ab, ob und wie der Fall weiter bearbeitet wird. In dem Fall kann es erforderlich sein, vor der Bewertung der Lösungsvorschläge externe Studien (z. B. aus der Bildungsforschung) heranzuziehen (Recherche in Veröffentlichungen) oder sich mit dem theoretischen Hintergrund der Lösungsvorschläge zu beschäftigen.

Beispiel für eine Fallstudie

„Klasse 9: Lehrerfrage – Welche Vorstellung vermittelt ein Schüler über einen Gegenstand durch die Antwort, die er im Unterricht gibt. Welche Vorstellung hat der Schüler überhaupt von der Sache?“

Für die Bearbeitung als Fallstudie wird das Beobachtungsprotokoll eines konkreten Ereignisses aus dem Unterricht zugrunde gelegt (einschließlich eines Protokolls eines Unterrichtsgesprächs, auf das sich die Frage bezieht).

Die Untersuchung hat grundsätzliche Bedeutung für den Lehr-/Lernprozess, denn es sind folgende Fragen zu klären:

- Auf Basis welcher (klaren / unklaren) Vorstellungen des Schülers über die Sache führt der Lehrer den Unterricht?
- Welche Bedeutung haben (klare / unklare) Vorstellungen, die der Schüler über die Sache hat, für die Unterrichtsarbeit des Lehrers?

- Welches Vorgehen des Lehrers ist nötig, damit ein Schüler eine Sache versteht und mit ihr umgehen kann?

Hinweis:

Der Lernerfolg der Schüler hängt davon ab, ob sie ihre Vorstellungen zu einer Sache darstellen können und wie die Lehrperson mit diesen Vorstellungen umgeht. Die Vorstellungen der Schüler über die Sache sind das Material, das der Lehrer bei der Vermittlung neuen Wissens effektiv nutzen muss. Daher muss der Lehrer die Vorstellungen kennen, die die Schüler sich zur Sache machen. Die Beschäftigung mit diesem Zusammenhang in der Fallstudie weist über den konkreten Einzelfall hinaus; es geht um Verstehen und Verständigung im Unterricht vor dem Hintergrund der anthropogenen und soziokulturellen Bedingungen der Schüler.

4.5. Personenorientierte Beratung in der Lehrerausbildung

Welche Ziele hat eine personenorientierte Beratung in der Ausbildung der Referendare?

Die Ziele einer personenorientierten Beratung sind vergleichbar mit denen eines Coachings. Wesentliche Aspekte einer personenorientierten Beratung sind (vgl. zu den Aufgaben des Beraters auch DGfC 2011):

- Personenorientierte Beratung geht von der konkreten Ausbildungssituation des Referendars aus.
  - ✓ Personenorientierte Beratung ist berufsbezogen und beschäftigt sich daher vorwiegend mit der Entwicklung einer professionellen Lehrerpersönlichkeit. Personenorientierte Beratung ist also keine Psychotherapie!
- Personenorientierte Beratung ist eine Begleitung des Referendars während dessen gesamter Ausbildungszeit.
  - ✓ Personenorientierte Beratung ist ein Instrument zur Professionalisierung der Referendare; sie ist kein Instrument zur Krisenintervention. Professionalisierung bedeutet vor allem das Entwickeln berufsbezogener Einstellungen und Handlungsroutinen, die sich in einer gefestigten und selbstreflektierten Lehrerpersönlichkeit zeigen. Diese Entwicklung gelingt nicht von heute auf morgen. Professionalisierung ist daher immer ein Prozess; personenorientierte Beratung begleitet die Referendare auf diesem Wege.

- Personenorientierte Beratung stärkt und entwickelt die Potenziale, die der Referendar mitbringt.
  - ✓ Der Berater spiegelt dem Referendar dessen Selbstverständnis und bisheriges Wissen und Können. Dies ermöglicht dem Referendar, die eigene Lehrerpersönlichkeit in der Auseinandersetzung mit Selbst- und Fremdwahrnehmung eigenen Tuns und Wirkens zu entwickeln. Orientierungspunkt für den Ausbilder und den Referendar sind die Standards und Kompetenzen, die seit den KMK-Beschlüssen (2004; 2008) vorliegen und in verschiedenen Ausbildungsordnungen konkretisiert sind.
- Personenorientierte Beratung nutzt die Ressourcen, die der Referendar mitbringt.
  - ✓ Personenorientierte Beratung setzt auf vorhandenem Wissen und Können des Referendars auf, statt dieses Wissen und Können zu vermitteln. Das Wissen und Können der Referendare ist in Bezug auf die Berufssituation zu Anfang der Ausbildung geringer als an deren Ende. So wird man zu Beginn der Ausbildung eher auf Alltagswissen und biographische Erfahrungen treffen.
- Personenorientierte Beratung versteht den Referendar in sozialer Interaktion mit anderen Personen wie Mitreferendaren, Ausbildern und Ausbildungslehrern (systemischer Ansatz; vgl. z. B. König / Volmer 2009).
  - ✓ Auf den Beruf bezogene Werthaltungen, Einstellungen und Verhaltensweisen des Referendars sind keine isolierte Größen. Sie werden zu dem, was sie sind und wie sie wirken, immer erst in sozialer Interaktion. Personenorientierte Beratung fördert den Blick des Referendars auf diese Interaktionsprozesse und seine eigenen Rollenfindung, die durch diese Prozesse unterstützt wird. Der Ausbilder spiegelt dem Referendar in der Beratung die Standards und Kompetenzen, die für die Ausbildung gelten, und bringt diese in ein konstruktives Verhältnis zum aktuellen Entwicklungsstand des Referendars.
- Personenorientierte Beratung stellt den zu beratenden Referendar in den Mittelpunkt des gemeinsamen Prozesses (individueller Ansatz; vgl. z. B. Rogers 2008, DeShazer 2010a).
  - ✓ Personenorientierte Beratung ist insoweit immer eine Einzelberatung (Vier-Augen-Prinzip), die im geschützten Raum stattfindet. Dies schließt die Verschwiegenheit des Ausbilders über die Beratungsgespräche ein. Zudem sollte einen personenorientierte Beratung möglichst vom Referendar selbst ausge-

hen. Er sollte seinen individuellen Entwicklungsbedarf und den Wunsch artikulieren, sich berufsbezogen weiterzuentwickeln.

Personenorientierte Beratung ist Hilfe zur Selbsthilfe: Sie ist eine auf die Bedürfnisse des Referendars zugeschnittene Begleitung während der gesamten Ausbildung. Das bedeutet: **Personenorientierte Beratung hilft den Referendaren, in spezifischen beruflichen Kontexten persönliche Kompetenzen zu erkennen, zu entwickeln und zu nutzen** (vgl. Manalex 2011; Migge 2007; 2011; Rauen 2008; 2009; Wehrle 2010). **Der Ausbilder, der die Beratung durchführt, optimiert Kompetenzen, die der Referendar aus früheren Erfahrungskontexten mitbringt oder in der Ausbildung selbst erwirbt. Die personenorientierte Beratung betont besonders das Eigeninteresse des Referendars und setzt auf seine Initiative, die Beratung selbst anzustoßen, also eigene Fragen und Probleme zu entdecken und zum Gegenstand der Beratung zu machen. Ziel der personenorientierten Beratung ist stets eine Steigerung der Selbstwirksamkeit des Referendars.**

Die Frage lautet also:
Wie kann der Referendar sich helfen, seine Ressourcen für die berufliche Entwicklung wahrzunehmen und zu entwickeln?
Die Beantwortung dieser Frage führt zwingend nah an die Person des Referendars heran. Auch personenorientierte Beratung ist ein Akt der Selbstqualifizierung, die immer selbstinitiiert sein muss. Die Selbstinitiierung erfordert im Blick auf die personenorientierte Beratung beim Referendar sowohl eine hohe Sozial- als auch eine hohe Handlungskompetenz. Nötig für eine erfolgreiche personenorientierte Beratung sind einmal eine besondere Offenheit und Vertrauen des Referendars in die Person des Ausbilders und in den Beratungsprozess (Akzeptanz). Der Referendar muss die Beratung wollen und mit diesem Gedanken kongruent sein! Er sollte mit Hilfe der personenorientierten Beratung die Kompetenzen entwickeln wollen, die für ihn berufsbezogen wichtig sind. Daher sollte zum anderen möglichst der Referendar die Beratung anregen und den Anstoß zur Beratung nicht seinen Ausbildern überlassen. Die Forderung nach Eigeninitiative des Referendars ist besonders bedeutsam, weil in der Lehrerausbildung die personenorientierte Beratung für die Referendare verpflichtend ist. Nur der selbstbestimmte Referendar wird bei sich selbst den (scheinbaren) Widerspruch zwischen Verpflichtung zur Beratung und Eigeninitiative aufzulösen, die

Beratung selbst in Angriff zu nehmen. Der Widerspruch ist vergleichbar mit der berechtigten Forderung und Möglichkeiten, in Grenzen frei zu handeln.

Was sind mögliche Inhalte einer personenorientierten Beratung mit Coachingelementen?

Personenorientierte Beratung kann ein Referendar zum Beispiel in diesen Fällen nutzen:

- **Probleme im Umgang** mit Seminarausbildern, Referendaren, Ausbildungslehrern oder Schulleitung
- **Interesse an der eigenen Weiterentwicklung** auf bestimmten Handlungsfeldern des Lehrerseins (z. B. Gesprächsführung im Unterricht, Angst oder Unsicherheit im Umgang mit Disziplinproblemen, Schwierigkeiten in Entscheidungssituationen)
- **Fragen zur eigenen Lehrerrolle** (z. B. Wirkung auf Kollegen, Ausbilder und Schüler, Entwicklung weiterer Fähigkeiten zur Stabilisierung des Selbstverständnisses als Lehrer)
- **Probleme im Selbst-Management** (z. B. Zeitmanagement, Motivation, Sinn- und Lebenskrisen, die die berufliche Situation ungünstig beeinflussen)

Wie kann ich als Referendar meinen Beratungsbedarf feststellen?

Dazu können Sie diese Items nutzen:

- Ich möchte wissen, wie ich als Lehrer auf Schüler und als Kollege auf Kollegen wirke. Ungünstige Wirkungen möchte ich abstellen.

Ja, in jedem Fall	Wenn's sein muss	Eher nicht

- Ich möchte mit einem Ausbilder besprechen, inwieweit ich die Lehrerrolle (schon) ausfülle.

Ja, in jedem Fall	Wenn's sein muss	Eher nicht

- Ich möchte mein Erzieherverhalten Schülern gegenüber besprechen..

Ja, in jedem Fall	Wenn's sein muss	Eher nicht

- Ich möchte mein Kommunikationsverhalten im Unterricht hinterfragen.

Ja, in jedem Fall	Wenn's sein muss	Eher nicht

Werten Sie Ihre Antworten aus. Je häufiger Sie die linke Spalte (Ja) angekreuzt haben, desto mehr sind Sie bereit, eine personenorientierte Beratung wahrzunehmen. Im anderen Fall: Überlegen Sie, worauf genau sich Ihre eher ablehnende Haltung gründet. Wichtig: Sprechen Sie darüber mit Ihrem Ausbilder. Er wird Ihnen helfen, auch mit dieser Frage konstruktiv umzugehen und Sie nicht etwa zur Beratung nötigen.

4.5.1. Kompetenzen als Zugang zur personenorientierten Beratung

Wie finden Sie als Referendar Themen, die für eine personenorientierte Beratung mit Coachingelementen geeignet sind?

Grundsätzlich gibt es hierfür mindestens zwei Zugänge:

A. Kompetenzorientierung

B. Handlungsfeldorientierung

A. Kompetenzorientierter Zugang zur personenorientierten Beratung

Der **Beratungszugang über Kompetenzen** kann über zwei Wege erfolgen:

a) Orientierung am Kompetenzbereich

b) Orientierung am Kompetenzmix

Beide Wege setzen ein ganzheitliches Kompetenzmodell voraus. Das KODE®-Konzept von Heyse / Erpenbeck (2007b; siehe auch Kliebisch 2011 sowie in diesem Band, S. 60ff.) basiert auf vier Säulen, mit denen man die Gesamtheit der menschlichen Kompetenzen abbilden kann:

- **Personale Kompetenz**
- **Handlungs- und Aktionskompetenz**
- **Fach- und Methodenkompetenz**
- **Sozial-kommunikative Kompetenz**

Mit Hilfe valider Tests (KODE®- bzw. KODE®X-Fragebogen) lassen sich auf der Grundlage des Vier-Säulen-Modells Kompetenzprofile ermitteln (vgl. Heyse / Erpenbeck 2007b; Heyse / Erpenbeck / Ortmann 2010; siehe auch den Transfer von KODE® auf den Schulbereich bei Kliebisch 2011). Die Grundannahmen des KODE®-Modells sind:

- **Jeder Mensch besitzt Anteile aller vier Kompetenzen.**
- **Jeder Kompetenzbereich kann übertrieben entwickelt sein.**
- **Die Summe aller vier Kompetenzen ist bei jedem Menschen gleich.**
- **Menschen unterscheiden sich hinsichtlich ihres Kompetenzprofils im Blick auf die Anteile, die die einzelnen Kompetenzen an der Gesamtheit der Persönlichkeit haben.**
- **Alle Kompetenzbereiche sind durch Beratung und Coaching entwicklungsfähig.**

a) Zugang über Kompetenzbereiche

Zur **Konkretisierung der einzelnen Kompetenzbereiche für das Berufsfeld des Lehrers** folgen einige Beispiele:

1. Personale Kompetenz

Aspekte, die für Lehrer wichtig sein können:

- Wie gut kenne ich meine berufsbezogenen Stärken und Schwächen?
- Welche Botschaften und Visionen möchte ich vermitteln?
- Wie groß schätze ich meinen Selbstwert ein?
- Wie intensiv erlebe ich die Selbstwirksamkeit meines beruflichen Handelns?
- Wie motiviert bin im Blick auf meine berufliche Tätigkeit?
- Wie kreativ bin ich in Bezug auf meine Tätigkeit als Lehrer?
- Wie gut kann ich mich während und außerhalb meiner Tätigkeit entspannen?
- Wie gut kann ich mit Kritik umgehen?
- Welches Verständnis von Schule und Unterricht habe ich?
- Wie nehme ich mich besonders während des Unterrichtens in der Schule wahr?
- Wie stabil bin ich in meinen Gefühlen Kollegen, der Schulleitung und den Schülern gegenüber?
- Wie mutig bin ich, pädagogisch Neues zu wagen und mich von Altem zu trennen?
- Welche Werte prägen meinen Unterrichts- und Erziehungsstil?
- Welche Werte möchte ich Kindern und Jugendlichen vermitteln?

- Wie gut kann ich gegenüber Erwartungen von Kollegen, Schulleitung und Schülern Grenzen ziehen?
- Wie erlebe ich die Verantwortung, die ich als Lehrer für junge Menschen habe?
- Wie gelassen und zufrieden bin ich, wenn ich an meinen Beruf denke?
- Wie stark ist mein Selbstbewusstsein im Blick auf meine Tätigkeit als Lehrer?

2. Handlungs-/Aktionskompetenz

Aspekte, die für Lehrer wichtig sein können:

- Wie professionell ist mein Handeln?
- Wie schnell finde ich Lösungen für Probleme?
- Wie entschlossen setze ich Ziele um?
- Wie bestimmt definiere ich Grenzen gegenüber Schülern oder Kollegen?
- Inwieweit verstehe ich Probleme als Herausforderungen?
- Wie initiativ bin ich im Blick auf außerunterrichtliche Aktivitäten?
- Wie selbstverständlich übernehme ich in der Schule Aufgaben, die über meine Pflichten hinausgehen?
- Wie kreativ setze ich Ideen um?
- Wie gut organisiere ich zum Beispiel Projekte oder Exkursionen?
- Wie schnell kann ich mich entscheiden, wenn man mir neue Aufgaben anträgt?
- Wie gut kann ich in der Schule Spielräume nutzen?
- Wie leicht fällt es mir, Schülern im Unterricht Freiräume zu gewähren?
- Wie gut kann ich Aktivitäten von Schülern in Gang bringen oder aufgreifen?
- Wie leicht fällt es mir, mich im Unterricht zurückzuziehen?
- Wie gut kann ich Verantwortung an Schüler oder Kollegen abgeben?

3. Fach-/Methodenkompetenz

Aspekte, die für Lehrer wichtig sein können:

- Wie sicher fühle ich in meinen Unterrichtsfächern?
- Wie wichtig ist mir, viel Fachwissen zu haben?
- Wie setze ich meine Fachkenntnisse im Unterricht ein?
- Wie gut kenne ich mich in der Didaktik und Methodik meiner Fächer aus?
- Welche psychologischen Kenntnisse habe ich?
- Wie gut kann ich selbst Neues lernen und behalten?

- Wie bereit bin ich, Neues zu lernen und Bekanntes immer wieder zu überdenken und bei Bedarf zu korrigieren?
- Wie und wie oft evaluiere ich meinen Unterricht?
- Wie beteilige ich Schüler an der Evaluation meines Unterrichts?
- Wie produktiv kann ich meinen Unterricht reflektieren?
- Wie intensiv bilde ich mich in den Inhalten und in der Didaktik meiner Fächer fort?

4. Sozial-kommunikative Kompetenz

Aspekte, die für Lehrer wichtig sein können:

- Wie vorbildlich verhalte ich mich Schülern gegenüber?
- Wie verantwortungsbewusst bin ich?
- Wie gewissenhaft handle ich?
- Wie gut kann ich meine Gefühle kontrollieren?
- Wie gut kann ich mit den Reaktionen von Schülern oder Kollegen umgehen, wenn mein Handeln soziale Missbilligung auslöst?
- Wie einfühlsam bin ich, wenn ich mit Schülern in Problemsituationen rede?
- Wie gut nutze ich Gesprächstechniken und -strategien, wenn ich Schüler berate?
- Wie gut kann ich Unterrichtsgespräche strukturieren?
- Wie intensiv lasse ich mich auf Konflikte ein?
- Wie gut kann ich mit Kritik umgehen, die Schüler oder Eltern formulieren?
- Wie gut beherrsche ich Metaplan- oder Moderationsmethoden?
- Wie tolerant und offen bin ich gegenüber Vorschlägen der Schüler?
- Wie flexibel kann ich im Unterricht auf Unvorhergesehenes reagieren?
- Wie problemlos kann ich Schüler auf Fehler und Versäumnisse aufmerksam machen?
- Wie gut kann ich mit Schülern umgehen, die im Unterricht stören oder sich sozial auffällig verhalten?
- Wie weitreichend wirke ich im Unterricht sozialintegrativ?
- Wie engagiert fördere ich Schüler im Blick auf ihre Fähigkeiten und Probleme?
- Wie gut kann ich mit heterogenen Lernvoraussetzungen der Schüler umgehen?
- Wie intensiv lobe ich Schüler für ihr schulisches und außerschulisches Verhalten sowie für ihre fachlichen Leistungen?

Wie bereiten Sie sich als Referendar inhaltlich konkret auf eine personenorientierte Beratung vor, wenn Sie dabei die Kompetenzbereiche nutzen wollen?

1. Schritt

- Machen Sie den Selbsttest: Gehen Sie die Fragen der Liste oben noch einmal sorgfältig durch. Beantworten Sie jede Frage. Nutzen Sie dabei eine dreistufige Bewertungsmatrix:
  a. **+** bedeutet: Die Kompetenz, die die Frage anspricht, ist bei Ihnen stark oder sehr stark ausgeprägt.
  b. **O** bedeutet: Die Kompetenz ist bei Ihnen weder stark noch schwach ausgebildet.
  c. **–** bedeutet: Diese Kompetenz ist bei Ihnen nur schwach oder sehr schwach entwickelt.
- Ermitteln Sie nun die Kompetenzen, die Sie mit einem Minuszeichen versehen haben. Notieren Sie im Kasten unten für jeden Kompetenzbereich höchstens zwei der Minuskompetenzen.
- Überlegen Sie noch einmal genau: In welchen Situationen sind Ihnen die Minuskompetenzen aufgefallen?

Personale Kompetenz
Handlungskompetenz
Fach-/Methodenkompetenz
Sozial-kommunikative Kompetenz

2. Schritt

- Prüfen Sie jetzt noch einmal die Liste der Minuskompetenzen, die Sie im Kasten oben notiert haben. Gehen Sie dann so vor:
  a. Markieren Sie insgesamt höchstens vier Kompetenzen, die Sie in Zukunft über den aktuellen Stand hinaus entwickeln möchten.
  b. Wählen Sie aus der Liste der Kompetenzen, die Sie entwickeln möchten, eine aus, die Sie von morgen an weiterentwickeln wollen. Begründen Sie sorgfältig Ihre Entscheidung.
- Klären Sie Ihre Motivation für diese Auswahl. Stellen Sie sich dazu Ihre Zielsituation vor: Wie fühlt es sich an, wenn Sie Ihr Ziel erreicht haben und die Kompetenz, die Sie weiterentwickeln wollen, stärker ausgeprägt ist als heute?

Höchstens vier Kompetenzen, die ich entwickeln möchte
1.
2.
3.
4.
Die Kompetenz, die ich ab morgen weiterentwickeln möchte:
Begründung
Die Zielsituation beschreibe ich so:

3. Schritt

Nach Klärung möglicher Inhalte bereiten Sie sich auf das Beratungsgespräch weiter vor, indem Sie Ihre Aufzeichnungen zu den Schritten eins und zwei für sich selbst verbalisieren. Sprechen Sie dazu laut. Stellen Sie sich dazu vor, Sie würden ein Referat vor einer Gruppe halten, die sie nicht kennen.

Diese Fragen können Ihnen helfen, Ihre Gedanken zu strukturieren:

- Welche Kompetenz möchte ich entwickeln?
- Was motiviert mich, diese Kompetenz zu entwickeln?
- Was genau möchte ich durch die Entwicklung dieser Kompetenz für mich erreichen?
- Wann möchte ich das Ziel erreicht haben?
- Wie stelle ich mir eine Entwicklung dieser Kompetenz vor?
- Was genau müsste ich für diese Entwicklung tun?
- Wie leicht würde es mir fallen zu tun, was ich für die Entwicklung der Kompetenz tun möchte?
- Was genau erwarte ich von meinem Berater bzw. Coach?
- Was genau erwarte ich von mir selbst während der Beratung?

b) Zugang über Kompetenz-Mix

Das KODE®-Modell hat den Vorteil, Aussagen über das Verhältnis von Kompetenzbereichen zueinander zu machen, statt vermeintlich oder tatsächlich notwendige Kompetenzen oder Kompetenzstandards nur einzeln aufzulisten. Dadurch entsteht eine Vernetzung von Kompetenz(bereich)en, die auch einer Beschreibung von Lehrerkompetenzen zugutekommt.

Die Gesamtheit vorhandener Kompetenzen ist bei Menschen sehr unterschiedlich entwickelt. Dadurch entstehen sehr unterschiedliche Kompetenzprofile, die für berufliche Situationen mehr oder weniger geeignet sind. **Manche Lehrer haben daher für ihre Tätigkeit besonders günstige, andere weniger günstige Kompetenzprofile** (siehe Abb. S. 220). Ein Beispiel: Eine hohe Sozialkompetenz zu haben ist für Lehrer auf den ersten Blick günstig. Sie hilft, Schülerinteressen ernst zu nehmen, sich in Schüler hineinzuversetzen, die Sprache der Schüler zu treffen und mit ihnen bei Konflikten zu tragfähigen Lösungen zu kommen. Zugleich birgt eine hohe Sozialkompetenz das Risiko, sich wie ein Fähnlein im Winde zu verhalten und sich stets anzupassen. Mögliche Folgen: Ständiges Nachgeben, um Konflikten auszuweichen und sich beliebt zu machen. Anders gesagt: Lehrer mit hoher Sozialkompetenz sind gefährdet, ihre Erziehungsaufgabe nicht angemessen wahrzunehmen.

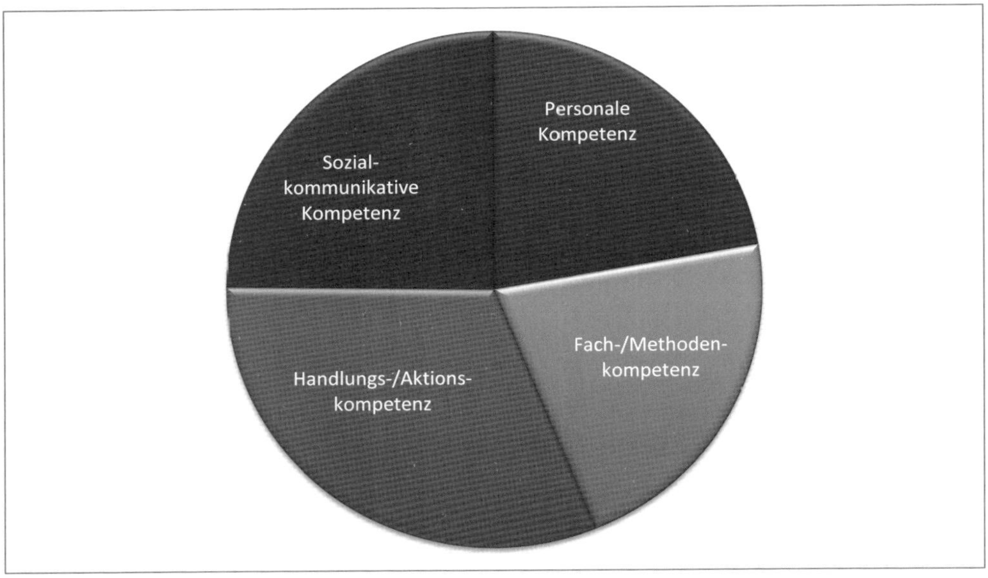

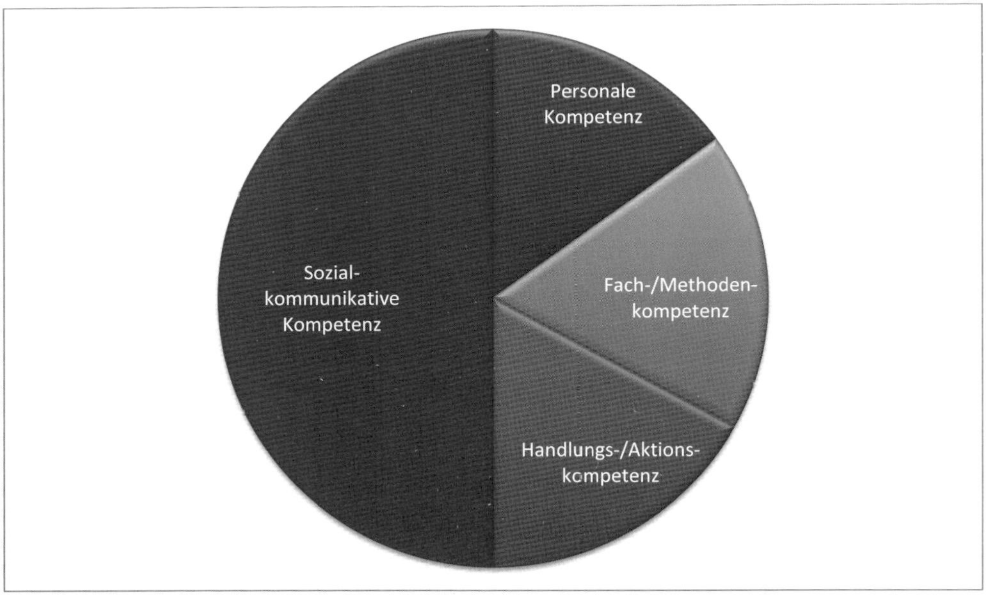

Ein gutes Korrektiv bei hoher Sozialkompetenz liegt in einer ähnlich hohen personalen Kompetenz. Verinnerlichte Wertvorstellungen und Überzeugungen, also Grundhaltungen zum Leben, halten Menschen meist auch dann durch, wenn sie dafür soziale Missbilligung erfahren. Sozial tolerantes Verhalten endet oft dort, wo nachhaltig Überzeugungen beschädigt werden. Lehrer mit hoher sozial-kommunikativer Kompetenz und genügend hoher personaler Kompetenz können ihren Erziehungsaufgaben nachkommen, ohne im Falle von Unstimmigkeiten sofort ein schlechtes Gewissen zu spüren. Dies ist eine gute Voraussetzung zum Beispiel für das Durchsetzen von Regeln im Klassenzimmer und allgemein für ein gutes Classroom Management.

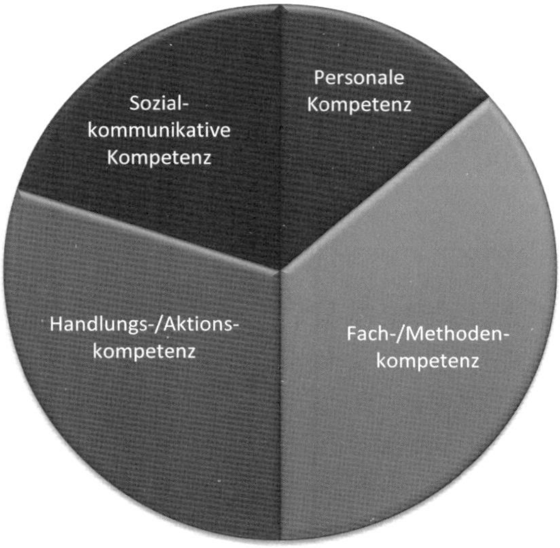

Ein weiteres Beispiel (siehe Abbildung oben): Auch Lehrer mit überdurchschnittlich hoher Fach- und Methodenkompetenz können ungünstige Wirkungen auf Schüler haben. Achtung: Mit Fachkompetenz ist nicht das Wissen des Lehrers gemeint. Viel von seinen Fächern zu wissen ist für jeden Lehrer wichtig und ebenso nützlich für den Unterricht, den er führt. Interessant ist hier der Umgang des Lehrers mit seinen Kenntnissen: Setzt der Lehrer sein Wissen für oder gegen Schüler ein? Nutzt der Lehrer seine Fachkompetenz, um Macht über die Schüler zu haben? Oder nutzt er sein Wissen, um die Ressourcen der Schüler zu aktivieren? Ein Übermaß an Fach- und Methodenkompetenz auf Lehrerseite kann – in diesem Sinne verstanden –

Schüler überfordern, abschrecken, ihre Motivation herabsetzen, insbesondere wenn es sich um schwierige und komplexe Sachverhalte geht.

Wie bereiten Sie sich als Referendar inhaltlich konkret auf eine personenorientierte Beratung vor, wenn Sie dabei als Zugang Ihren Kompetenzmix nutzen wollen?

1. Schritt

- Lesen Sie in diesem Band Kapitel 2.1. und machen Sie dort den Selbsttest zu den Kompetenzbereichen (S. 62ff.).
- Schauen Sie sich Ihr Ergebnis anhand des Auswertungsbogens an.
- Stellen Sie Hypothesen darüber an, welche beiden Kompetenzbereiche bei Ihnen dominant vertreten sind.

2. Schritt

- Überprüfen Sie Ihre Hypothesen zu Ihren dominanten Kompetenzbereichen anhand der Fragen zu den Kompetenzbereichen in diesem Kapitel (S. 201ff.). Legen Sie eine Liste der Fragen an, die Ihre Vermutungen besonders stützen.

  Wichtiger Hinweis:

  Aussagen über Ihren Kompetenzmix können Sie so, wie es hier geschieht, natürlich nicht mit Eindeutigkeit formulieren. Dafür müssten Sie den KODE®- beziehungsweise KODE©X-Test durchführen. Die Durchführung des Tests ist lizensierten Trainern vorbehalten.

3. Schritt

Wenn Sie sich im Blick auf Ihre dominanten Kompetenzbereiche sicher sind:

- Welche Vor- bzw. Nachteile hat Ihre Kombination der beiden dominanten Kompetenzbereiche für Ihre berufliche Tätigkeit?
- Machen Sie eine Liste mit mindestens fünf konkreten Handlungssituationen aus Ihrer beruflichen Praxis, in denen Ihre dominanten Kompetenzen Ihnen Vor- bzw. Nachteile bringen würden. Beschreiben Sie die Handlungssituationen möglichst genau. Formulieren Sie dann, welche Vor- und Nachteile in diesen Situationen

entstehen könnten. Denken Sie dabei sowohl an sich selbst als auch an die Lerngruppe; denken Sie zudem an kurz-, mittel- und langfristige Folgen.

Handlungssituation	Vorteile (Lehrer / Schüler) kurz-, mittel-, langfristig	Nachteile (Lehrer / Schüler) kurz-, mittel-, langfristig

- Vergleichen Sie die Handlungssituationen und die Vor- und Nachteile Ihres Kompetenzmix mit Ihren tatsächlichen Erfahrungen im beruflichen Alltag oder auch mit Erfahrungen aus Praktika, die Sie während Ihrer Ausbildung an der Universität abgeleistet haben. Markieren Sie in der Liste oben die Handlungssituationen, bei denen Sie jetzt Übereinstimmungen mit Ihrer Praxiserfahrung feststellen.

4. Schritt

Jetzt können Sie so fortfahren, wie es im nächsten Abschnitt 4.3.2. beschrieben wird.

⇨ Bevor Sie weiterlesen:

- Überlegen Sie grundsätzlich: Was haben Sie in diesem Abschnitt bis hierher über Ihre eigenen Kompetenzen gelernt, was Sie noch nicht wussten?
- Wie bedeutsam erscheinen Ihnen Ihre neuen Erkenntnisse im Blick auf Ihre berufliche Tätigkeit als Lehrer?
- Wie nützlich erscheint es Ihnen, wenn man den Zugang zur personenorientierten Beratung mit Coachingelementen über Kompetenzbereiche oder einen Kompetenzmix wählt?
- Welche Kompetenzen möchten Sie in jedem Fall gern weiterentwickeln?

1.

2.

3.

4.

4.5.2. Handlungsfelder als Zugang zur personenorientierten Beratung

Der Handlungsfeldbezug ist in der reformierten Lehrerausbildung stark gewichtet und in dieser Form neu. Er hebt die bisherige Theorie-Praxis-Verschränkung als verbindliches Element für den Zugang zu den Inhalten der Ausbildung keineswegs auf, sondern unterstützt und verstärkt sie: **Die Reflexion von Handlungssituationen, die Lehrer alltäglich bestehen müssen, geht jetzt stets von der Situation selbst aus und bezieht dann Theoriewissen ein.** Dieses Vorgehen hat weitreichende methodische Konsequenzen zum Beispiel für die Gestaltung von Seminarveranstaltungen, aber auch für die Ausbildungsberatung.

Die konsequente Handlungsorientierung des reformierten Vorbereitungsdienstes können Referendare aber auch nutzen, um personenorientierte Beratung vor- und nachzubereiten.

Wie bereiten Sie sich als Referendar inhaltlich konkret auf eine personenorientierte Beratung vor, wenn Sie dabei den Handlungsfeldbezug nutzen wollen?

1. Schritt

- Beschreiben Sie Ihr Anliegen oder auch Problem möglichst genau. Beantworten Sie dabei vor allem diese Fragen:
  a) Auf welches der sechs Handlungsfelder bezieht sich Ihr Problem?
  b) In welchen Handlungssituationen genau tritt das Problem auf?
  c) Worin genau zeigt sich das Problem?
  d) Wie verhalten Sie sich in Situationen, in denen Sie das Problem haben?
  e) Welche Gemeinsamkeiten haben die Problemsituationen?
  f) Welche Unterschiede kommen in den Problemsituationen vor?
  g) Welche Wirkungen entstehen durch Ihr Verhalten in den Problemsituationen?

Mein Problem ist: Das Problem kommt vor, wenn ....   Dann verhalte ich mich so: Und das Ergebnis ist:

2. Schritt

- Prüfen Sie Ihre bisherigen Bemühungen, mit dem Problem fertig zu werden.
  a) Was genau haben Sie in der Vergangenheit unternommen, um das Problem zu beheben?
  b) Wie erfolgreich waren Sie bei Ihren Versuchen, das Problem zu bewältigen?
  c) Was genau wollen Sie erreichen?
  d) Was müssen Sie noch tun, um Ihr Ziel zu erreichen?
  e) Was hindert Sie bisher daran zu tun, was nötig ist, um Ihr Ziel zu erreichen?
- Formulieren Sie nun präzise Ihr Anliegen an den beratenden Ausbilder. Nehmen Sie sich Zeit für diesen Schritt!

Ich möchte erreichen: Dafür habe ich bisher getan: Dabei ist dies herausgekommen: Erfolgreich war ich nicht, weil ....

3. Schritt

- Bereiten Sie sich auf das Beratungsgespräch weiter vor, nachdem Sie die ersten beiden Schritte erledigt haben. Ihr Vorgehen könnten Sie so planen:
- Schauen Sie Ihre Aufzeichnungen zu den Schritten eins und zwei an und verbalisieren Sie sie. Sprechen Sie laut. Stellen Sie sich dazu vor, Sie würden ein Referat halten.

Die folgende **Visualisierungsübung** kann Sie zusätzlich auf die Beratung einstimmen und Sie motivieren:

✓ 1. Schritt
Stellen Sie sich innerlich vor, Sie wären schon am Ziel: Ihr Problem ist beseitigt! Sehen Sie den Film, in dem Sie selbst mitspielen, so, als ob die Situation jetzt stattfinden würde. Sie erleben in dem Film, wie Sie Ihre Fähigkeit einsetzen und Ihr Problem beseitigt ist.

✓ 2. Schritt
Wählen Sie für Ihren Film eine berufliche Handlungssituation, die denen gleicht, in denen das Problem schon aufgetreten ist.

✓ 3. Schritt
Genießen Sie das Gefühl, das Ihnen diese Vorstellung bringt.

Prüfen Sie anschließend: Haben Sie durch die Visualisierung neue Einsichten gewonnen, die für die Beratung wichtig sind? Machen Sie sich – falls nötig – Notizen!

Ergebnis der Visualisierung

⇨ **Bevor Sie weiterlesen:**

- Überlegen Sie grundsätzlich: Welche jeweils drei Aspekte erscheinen Ihnen für Ihre persönliche Vorbereitung auf ein Beratungsgespräch mit Coachingelementen a) besonders wichtig und b) schwierig? Begründen Sie Ihre Nennung.
- Wie wichtig ist Ihrer Meinung nach Ihre Vorbereitung auf die Beratung für deren Erfolg?

- Welche Einstellung zu einer personenorientierten Beratung haben Sie? Inwieweit halten Sie diese Einstellung für wünschenswert?

Aspekte a)   b)   c)   Bedeutung der Vorbereitung für den Erfolg der Beratung   Meine Einstellung

4.6. Arbeitsanregungen

Selbst-Qualifizierung

Die personenorientierte Beratung findet im benotungsfreien Raum statt. Überlegen Sie, welche Folgen sich aus dieser Situation ergeben (können).

Personenorientierte Beratung ist eine berufsbezogene Begleitung der Referendare. Denken Sie an Sinn- und Lebenskrisen, die während der Ausbildung auftreten können. Inwieweit soll und darf sich personenorientierte Beratung auch mit diesen Bereichen beschäftigen? Begründen Sie Ihre Einschätzung differenziert.

Für die Referendare ist die Unterscheidung zwischen Ausbildungsberatung und personenorientierter Beratung schwierig. Grenzen Sie die beiden Bereiche voneinander ab. Nennen Sie für beide Bereiche konkrete Beratungsanlässe.

Denken Sie über sich selbst als Coachee nach. Welche Fähigkeiten sollten Sie entwickeln beziehungsweise nutzen, um möglichst intensiv von der personenorientierten Beratung mit Coachingelementen zu profitieren?

Bestimmen Sie Ihre Bereitschaft, sich personenorientiert beraten zu lassen, auf einer Skala von 1 bis 10. Die 1 steht dabei für *„Ich bin gar nicht bereit dazu.“* Und die 10 bedeutet *„Ich werde jede Gelegenheit nutzen, mich coachen zu lassen.“* Notieren Sie Gründe für Ihre Haltung.

Vergleichen Sie Ihre Einstellung zur personenorientierten Beratung mit der von Mitreferendaren. Diskutieren Sie Ihre Einstellungen.

Meine Bereitschaft zum Coaching

Gründe für meine Haltung

Vergleich mit der Einstellung meiner Mitreferendare

5. Literaturverzeichnis

„Die Entwicklung und Optimierung von Lehrstrategien hat – im Gegensatz zu anderen Sozialwissenschaften – konstruktiven Charakter.“

(Felix von Cube)

Adler, A. (2008): Menschenkenntnis. Frankfurt
Adorno, T. W. (2008): Erziehung zur Mündigkeit. Frankfurt
Aebli, H. (2006): Zwölf Grundformen des Lehrens. 13. Aufl. Stuttgart
Altrichter, H. / Posch, P. (2006): Lehrerinnen und Lehrer erforschen ihren Unterricht. Unterrichtsentwicklung und Unterrichtsevaluation durch Aktionsforschung. 4. Aufl. Stuttgart
Anderson, L. W. / Krathwohl, D. R. / Bloom, B. S. (2001): A Taxonomy for Learning, Teaching, and Assessing: A Revision of Bloom's Taxonomy of Educational Objectives, Complete. Boston
Arnold, K.-H. / Jaumann-Graumann, O. / Rakhkochkine, A. (2008): Handbuch Förderung. Weinheim
Arnold, R. / Schüßler, I. (2010): Ermöglichungspädagogik. Erwachsenenpädagogische Grundlagen und Erfahrungen. Hohengehren
Baacke, D. (2001): Die 6- bis 12jährigen. Einführung in Probleme des Jugendalters. 4. Aufl. Weinheim
Baacke, D. (2007): Jugend und Jugendkulturen. Darstellung und Bedeutung. 5. Aufl. München
Baacke, D. (2009): Die 13- bis 18jährigen. Einführung in Probleme des Jugendalters. 8. Aufl. Weinheim
Balke, S. (2003): Die Spielregeln im Klassenzimmer: Das Trainingsraum-Programm. 2. Aufl. Bielefeld
Balliet, M. (2009): Risikofaktor Referendariat. Ein Therapieansatz: In: Seminar 1
Balliet, M. / Kliebisch, U. (Hrsg.) (2012): Lehrer*Handeln*. Kompetent – effizient – kongruent. Baltmannsweiler (i. V.)
Bamberger, G. (2010): Lösungsorientierte Beratung. Weinheim
Bandler, R. (2006): Veränderung des subjektiven Erlebens. 7. Aufl. Paderborn
Bandler, R. / Grinder, J. (2009): Kommunikation und Veränderung. Die Struktur der Magie II. 9. Aufl. Paderborn
Bandler, R. / Grinder, J. (2010a): Kommunikation und Veränderung. Die Struktur der Magie I. 12. Aufl. Paderborn
Bandler, R. / Grinder, J. (2010b): Reframing. 9. Aufl. Paderborn
Bandura, A. (1976): Lernen am Modell. Stuttgart
Bauer, J. (2008): Prinzip Menschlichkeit: Warum wir von Natur aus kooperieren. München
Bittner, S. (2006): Das Unterrichtsgespräch. Formen und Verfahren des dialogischen Lehrens und Lernens. Bad Heilbrunn
Blaser, T. (2008): Klafkis bildungstheoretische Didaktik im Überblick. München
Bloom, B. S. (1972): Taxonomy of Educational Objectives. Cognitive and Affective Domains. Philadelphia
Blum, W. / Drüke-Noe, C. (2006): Praxisbuch – Lernkompetenz: Mathematik, Biologie, Physik, Chemie: Praxisbuch: Bildungsstandards Mathematik: konkret - Sekundarstufe I mit CD-ROM. Berlin
Bohl, T. (2009): Prüfen und Bewerten im Offenen Unterricht. 4. Aufl. Weinheim
Bohl, T. / Kucharz, D. / Jürgens, E. (2010): Offener Unterricht heute. Weinheim
Borner, J. (2008): Die Entwicklung und Strukturierung des Kompetenzbegriffes. Von der Qualifikation zur Kompetenz. http://kmgne.de/front_content.php?idcat=102
Bovet, S. / Huwendiek, V. (2008) (Hrsg.): Leitfaden Schulpraxis. 5. Aufl. Berlin
Brändli, S. / Lüthi, B. / Spuhler, G. (2009): Zum Fall machen, zum Fall werden. Frankfurt
Braunmühl, E. (2006): Antipädagogik. Studien zur Abschaffung der Erziehung. Leipzig
Brezinka, W. (1999): Erziehung in einer wertunsicheren Gesellschaft. München / Basel
Brüggemann, H. / Ehret-Ivankovic, K. / Klütmann, C. (2010): Systemische Beratung in fünf Gängen. Ein Leitfaden. 3. Aufl. Göttingen
Brüggemeier, B. (2010): Wertschätzende Kommunikation im Business. Paderborn
Brüning, L. / Saum, T. (2009a): Erfolgreich unterrichten durch Kooperatives Lernen. Strategien zur Schüleraktivierung. 4. Aufl. Essen
Brüning, L. / Saum, T. (2009b): Erfolgreich unterrichten durch Kooperatives Lernen II. Essen

Bueb, B. (2008): Ein Lob der Disziplin. Eine Streitschrift. München

Bueb, B. (2009): Von der Pflicht zu führen: Neuen Gebote der Bildung. München

Caswell, C. / Neill, S. (2003): Körpersprache im Unterricht. 2. Aufl. Münster

Cohn, R. (2009): Von der Psychoanalyse zur themenzentrierten Interaktion. 15. Aufl. Stuttgart

Cube, F. V. (2002): Die kybernetisch-informationstheoretische Didaktik. In: Gudjons, H. / Winkel, R.: Didaktische Theorien. 11. Aufl. Hamburg. 57-76

Cube, F. v. (2005): Führen durch Fordern. München

Dammann, M. (2010): Neu im Lehrerberuf. Hamburg

Danner, H. (2005): Methoden geisteswissenschaftlicher Pädagogik. München

Derbolav, J. (1982): Pädagogik und Politik. Eine systematisch-kritische Analyse ihrer Beziehungen. Stuttgart

Derbolav, J. (1987): Grundriß einer Gesamtpädagogik. Frankfurt/M.

DeShazer, S. (2010a): Der Dreh. Überraschende Wendungen in der Kurzzeittherapie. 11. Aufl. Heidelberg

DeShazer, S. (2010b): Wege der erfolgreichen Kurztherapie. 9. Aufl. Stuttgart

Deutsch, M. (2000): The Handbook of Conflict Resolution. Theory and Practice. San Francisco

Dewey, J. (2000): Demokratie und Erziehung. 2. Auf. Weinheim

Dewey, J. / Horlacher, R. / Oelkers, J. (2002): Wie wir denken. Zürich

Dilthey, W. (1960): Pädagogik, Geschichte und Grundlinien des Systems. Ges. Schriften Bd. IX. 2. Aufl. Göttingen

Dilts, R. u. a. (2003): Strukturen subjektiver Erfahrung – Ihre Erforschung und Veränderung durch NLP. 6. Aufl. Paderborn

Dohnke, H. (2002): Lernziele. www.learn-line.nrw.de/angebote/

Dorsch, M. (2009): Abenteuer Wirtschaft. 40 Fallstudien mit Lösungen. München

Eichhorn, C. (2011): Classroom Management. 4. Aufl. Stuttgart

Eikenbusch, G. / Heymann, H. W. (2010): Was wissen wir über guten Unterricht. Hamburg

Eikenbusch, G. / Spiczock v. Brisinski, I. (Hrsg.) (2010): Jugendkrisen und Jugendinterventionen in der Schule. 2. Aufl. Hamburg

Eckert, P. (2009): Evaluation von Unterricht in Theorie und Praxis. Hamburg

Ellet, W. C. (2008): Das Fallstudien-Handbuch der Harvard Business School Press. Bern

Ellis, A. (2007): Training der Gefühle. Wie Sie sich hartnäckig weigern, unglücklich zu sein. München

Ellis, A. (2008): Grundlagen und Methoden der Rational-Emotiven Verhaltenstherapie. Stuttgart

Erpenbeck, J. / Heyse, V. (2007): Die Kompetenzbiographie. Wege der Kompetenzentwicklung. 2. Aufl. Münster

Erpenbeck, J. / Rosenstiel, L. v. (2007): Handbuch Kompetenzmessung. Stuttgart

Fischer-Epe, M. (2011): Coaching. Miteinander Ziele erreichen. Reinbek

Flitner, A. / Scheuerl, H. (Hrsg.) (2000): Einführung in pädagogisches Sehen und Denken. 2. Aufl. Weinheim

Foerster, H. v. / Glasersfeld, E. v. (2010): Wir uns erfinden. Eine Autobiografie des radikalen Konstruktivismus. 4. Aufl. München

Frederking, V. / Heller, H. / Scheunpflug, A. (2005): Nach PISA. Wiesbaden

Frey, K. (2010): Die Projektmethode. Der Weg zum bildenden Tun. Weinheim

Giesecke, H. (2005): Wie lernt man Werte? München

Gieth, H.-J. v. d. (2005): Lernzirkel – Die neue Form des Unterrichts. Kempen

Glasersfeld, E. v. (2008): Radikaler Konstruktivismus. Frankfurt / M.

Gordon, T. (2011): Lehrer-Schüler-Konferenz. Wie man Konflikte in der Schule löst. München

Green, N. / Green K. (2009): Kooperatives Lernen im Klassenraum und im Kollegium. Das Trainingsbuch. Stuttgart

Grell, J. / Grell, M. (2010): Unterrichtsrezepte. 12. Aufl. Weinheim

Greving, J. / Linser, H. J. / Paradies, L. (2007): Diagnostizieren, Fordern und Fördern. Berlin

Gudjons, H. (2007): Frontalunterricht – neu entdeckt. Integration in offene Unterrichtsformen. 2. Aufl. Bad Heilbrunn
Gudjons, H. (2008a): Handlungsorientiert lehren und lernen. 7. Aufl. Bad Heilbrunn
Gudjons, H. (2008b): Pädagogisches Grundwissen. 10. Aufl. Bad Heilbrunn
Gudjons, H. / Winkel, R. (Hrsg.) (2002): Didaktische Theorien. 11. Aufl. Hamburg
Gugel, G. (2011): 2000 Methoden für Schule und Lehrerbildung. Weinheim
Habermas, J. (2008): Erkenntnis und Interesse. Hamburg
Häcker, T. (2006): Portfolio: Ein Entwicklungsinstrument für selbstbestimmtes Lernen. Hohengehren
Haring, M. / Rohlfs, C. u. a. (Hrsg.) (2010): Freundschaften, Cliquen und Jugendkulturen. Peers als Bildungs- und Sozialisationsinstanzen. Wiesbaden
Hasenauer, M (2010): Der pädagogische Bezug als ein Element in der Erziehung. Saarbrücken
Hechler, O. (2010): Pädagogische Beratung. Stuttgart
Hecht, M. (2008): Sie haben eine E-Mail. In: Psychologie Heute. H 9. 30ff.
Hegele, I. (2010): Stationenarbeit. Ein Einstieg in den offenen Unterricht. In: Wiechmann, J. (Hrsg.): 12 Unterrichtsmethoden. Vielfalt für die Praxis. 5. Aufl. Weinheim. 58-71
Heidemann, R. (2009): Körpersprache im Unterricht. 9. Aufl. Wiebelsheim
Heimann, P. / Otto, G. / Schulz, W. (1997): Unterricht – Analyse und Planung. 10. Aufl. Hannover
Heller, K. A. / Mönks, F. J. / Sternberg, R. J. (2000): International Handbook of Giftedness and Talent. Amsterdam
Helmke, A. (2010): Unterrichtsqualität und Lehrerprofessionalität. Seelze
Hennig, C. / Knödler, U. (2010): Schulprobleme lösen. Ein Handbuch für die systemische Beratung. Weinheim
Hentig, H. v. (2008). Die Schule neu denken. 5. Aufl. Weinheim
Herold, C. / Herold, M. (2010): Selbstorganisiertes Lernen und Schule und Beruf. Weinheim
Herrmann, P. (2010): Blockaden lösen. Systemische Interventionen in der Schule. Göttingen
Herrmann, U. (2009): Neurodidaktik. Weinheim
Heyse, V. / Erpenbeck, J. (1999): ILK = Institut für selbstorganisiertes Lernen und multimediale Kommunikation e. V.: Materialien „Train-the-Trainer-Seminar". Berlin
Heyse, V. / Erpenbeck, J. (2007a): Handbuch Kompetenzmessung. 2. Aufl. Düsseldorf
Heyse, V. / Erpenbeck, J. (2007b): Kompetenzmanagement. Methoden, Vorgehen, KODE® und KODE®X im Praxistest. Münster
Heyse, V. / Erpenbeck, J. (2009): Kompetenztraining. 2. Aufl. Düsseldorf
Heyse, V. / Erpenbeck, J. / Max, H. (2004): Kompetenzen erkennen, bilanzieren und entwickeln. Münster
Heyse, V. / Erpenbeck, J. / Ortmann, S. (Hrsg.) (2010): Grundstrukturen menschlicher Kompetenzen. Münster
Homberger, D. (2005): Lexikon Schulpraxis. 2. Aufl. Baltmannsweiler
Horkheimer, M. (1990): Gesellschaft im Übergang. Bodenheim
Horkheimer, M. (2005): Traditionelle und kritische Theorie. Vier Aufsätze. 6. Aufl. Frankfurt
Hurrelmann, K. (2006): Einführung in die Sozialisationstheorie. 9. Aufl. Weinheim
Hurrelmann, K. (2009): Lebensphase Jugend. 10. Aufl. Weinheim
Hurrelmann, K. / Albert, M. (2006): Jugend 2006. 15. Shell Jugendstudie. Frankfurt
Hurrelmann, K. / Andresen, S. (2007): Kinder in Deutschland 2007. Frankfurt
Hurrelmann, K. / Bründel, H. (2008): Gewalt an Schulen. Weinheim
Huschke-Rhein, R. (2003): Einführung in die systemische und konstruktivistische Pädagogik. München u. a.
Husserl, E. (2007): Die Krisis der europäischen Wissenschaften und die transzendentale Phänomenologie. Hamburg
Hüther, G. (2009): Biologie der Angst. Wie aus Stress Gefühle werden. 9. Aufl. Göttingen
Hüther, G. (2010): Die Macht der inneren Bilder. 6. Aufl. Göttingen
Hüther, G. (2011): Was wir sind und was wir sein könnten. Göttingen
ILK = Institut für selbstorganisiertes Lernen und multimediale Kommunikation e. V. (1999): Materialien „Train-the-Trainer-Seminar". Berlin

Imhof, M. (2006): Portfolio und Reflexives Schreiben in der Lehrerausbildung. Osnabrück

Ingenkamp, K.-H. / Lissmann, U. (2008): Lehrbuch der Pädagogischen Diagnostik. 6. Aufl. Weinheim

Jank, W. / Meyer, H. (2005): Didaktische Modelle. 7. Aufl. Berlin

Jürgens, E. (2010): Leistung und Beurteilung in der Schule. 7. Aufl. St. Augustin

Jürgens, E. / Sacher, W. (2008): Leistungserziehung und pädagogische Diagnostik in der Schule. Stuttgart

Kant, I. (2005): Kritik der reinen Vernunft. Paderborn

Kehribar, P. (2009): Zu: Thomas Gordon: Lehrer-Schüler-Konferenz. München

Kerstiens, L. (1978): Erziehungsziele neu befragt. Bad Heilbrunn

Kindl-Beilfuss, C. (2010): Worte können wie Küsse schmecken. Systemische Fragetechniken für Anfänger und Fortgeschrittene. 2. Aufl. Heidelberg

Klafki, W. (1986): Allgemeine Probleme der Unterrichtsmethodik. In: Klafki u. a.: Funk-Kolleg Erziehungswissenschaft 2. Frankfurt / M. 131-166

Klafki, W. (2002): Die bildungstheoretische Didaktik. In: Gudjons, H. / Winkel, R.: Didaktische Theorien. Hamburg. 13-34

Klafki, W. (2007): Neue Studien zur Bildungstheorie und Didaktik. Beiträge zur kritisch-konstruktiven Didaktik. 5. erw. Aufl. Weinheim

Klafki, W. (2010): Aspekte kritisch-konstruktiver Erziehungswissenschaft. Weinheim

Klauer, K. J. / Leutner, D. (2007): Lehren und Lernen. Einführung in die Instruktionspsychologie. Weinheim

Klein, K. / Oettinger, U. (2007): Konstruktivismus. Die neue Perspektive im (Sach-)-Unterricht. 2. überarb. Aufl. Baltmannsweiler

Kliebisch, U. (2010a): Erfolgreich beraten bei Unterrichtsnachbesprechungen. In: Seminar 4

Kliebisch, U. (2010b): Glauben Sie sich gesund! Die Kraft der Überzeugungen und ihre Bedeutung für die Gesundheit der Lehrerinnen und Lehrer. In: Seminar 2.

Kliebisch, U. (2011): Lehrer*Ziele*. Kompetenzen haben – Kompetenzen vermitteln. Baltmannsweiler

Kliebisch, U. / Basten, K. H. / Schmitz, P. (2001): Methodentrainer Sekundarstufe I. Berlin

Kliebisch, U. / Meloefski, R. (2009a): Lehrer*Alltag*. Erfolgreich handeln in der Praxis. Band 1. 3. überarb. u. erw. Aufl. Baltmannsweiler

Kliebisch, U. / Meloefski, R. (2009b): Lehrer*Alltag*. Erfolgreich handeln in der Praxis. Band 2. 3. überarb. u. erw. Aufl. Baltmannsweiler

Kliebisch, U. / Meloefski, R. (2009b): Lehrer*Gesundheit*. Anregungen für die Praxis. Baltmannsweiler

Kliebisch, U. / Meloefski, R. (2011a): Beratungstrainer für junge Lehrer. Buxtehude

Kliebisch, U. / Meloefski, R. (2011b): Lehrer*Sein*. Erfolgreich handeln in der Praxis. Band 2. 5. überarb. u. erw. Aufl. Baltmannsweiler

Kliebisch, U. / Schmitz, P. (2005): Besser beraten. Gespräche mit Eltern, Schülern und Kollegen. Lichtenau

Klieme, E. / Maag-Merki, K. / Hartig, J. (2007): Kompetenzbegriff und Bedeutung von Kompetenzen im Bildungswesen. In: Hartig, J. / Klieme, E.: Möglichkeiten und Voraussetzungen technologiebasierter Kompetenzdiagostik. Bonn / Berlin. 5-16

Klieme, E. u. a. (2010): PISA 2009. Bilanz nach einem Jahrzehnt. Münster

Klippert, H. (2004): Lehrerbildung. Weinheim / Basel

Klippert, H. (2007): Eigenverantwortliches Arbeiten und Lernen. 5. Aufl. Weinheim

Klippert, H. (2010a): Heterogenität im Klassenzimmer. Weinheim

Klippert, H. (2010b): Kommunikations-Training. 12. Aufl. Weinheim

Klippert, H. (2010c): Methoden-Training. 19. Aufl. Weinheim

Klippert, H. (2010d): Teamentwicklung im Klassenraum. 9. Aufl. Weinheim

KMK (2004): Beschluss zu „Standards für die Lehrerbildung Bildungswissenschaften". Verfügbar unter: http://www.kmk.org/bildung-schule/allgemeine-bildung/lehrer/lehrerbildung.html [Zugriff: 12.6.2011]

KMK (2005): Bildungsstandards der Kultusministerkonferenz – Erläuterungen zur Konzeption und Entwicklung. München

KMK (2008): Beschluss zu „Ländergemeinsamen inhaltlichen Anforderungen für die Fachwissenschaften und Fachdidaktiken in der Lehrerbildung“. Fassung v. 16.9.2010. Verfügbar unter: Verfügbar unter: http://www.kmk.org/bildung-schule/allgemeine-bildung/lehrer/lehrerbildung.html [Zugriff: 12.6.2011]
Knowles, M. (1983): Self-Directed Learning. A Guide for Learners and Teachers. Cambridge
König, E. / Volmer, G. (2009): Handbuch Systemisches Coaching. Weinheim
Konrad, K. / Traub, S. (2008): Kooperatives Lernen. 3. Aufl. Baltmannsweiler
Konrad, K. / Traub, S. (2010): Selbstgesteuertes Lernen. 2. Aufl. Baltmannsweiler
Kounin, J. S. (2006): Techniken der Klassenführung. Münster
Krathwohl, D. R. / Bloom, B. S. / Masia, B. B. (1975): Taxonomie von Lernzielen im affektiven Bereich. Weinheim
Kummrich, W. / Maul-Kummerich, G. (2010): Gut vorbereitet im Unterricht. Weinheim
Kunze, I. / Solzbacher, C. (2010): Individuelle Förderung in der Sekundarstufe I und II. Hohengehren
Latzko, B. (2006): Werteerziehung in der Schule. Leverkusen
Lay, R. (1991): Ethik für Wirtschaft und Politik. München
Lehmann, G. / Nieke, W. (2001): Zum Kompetenz-Modell. Verfügbar unter: http://www.bildung-mv.de/export/sites/lisa/de/publikationen/rahmenplaene/ergaenzende_texte/ [Zugriff: 23.5.2011]
Lewin, K. / Lippit, R. / White, R. K. (1939): Patterns of aggressive behavior in experimentally created social climates. Journal of Social Psychology 10, 271-301
Lichtenstern, S. (2010): Pädagogik der Kommunikation. Zur Entwicklung von Klaus Schallers Konzeption. Würzburg
Lorenz, K. (1999): Die Rückseite des Spiegels. Versuch einer Naturgeschichte menschlichen Erkennens. 2. Aufl. München
Mager, R. F. (1994): Lernziele und Unterricht. Weinheim / Basel
Malti, T. / Perren, S. (Hrsg.) (2008): Soziale Kompetenz bei Kindern und Jugendlichen: Entwicklungsprozesse und Förderungsmöglichkeiten. Stuttgart
Manalex (2011): Das große Management Lexikon. http://www.manalex.de/ [Zugriff: 20.05.2011]
Matthes, E. (2010): Geisteswissenschaftliche Pädagogik. Ein Lehrbuch. München
Maturana, H. R. / Varela, F. J. (2009): Der Baum der Erkenntnis. Die biologischen Wurzeln des menschlichen Erkennens. Frankfurt
Meinberg, E. (1996): Das Menschenbild moderner Erziehungswissenschaft. Darm-stadt
Meixner, J. / Müller, K. (2004): Angewandter Konstruktivismus. Aachen
Meixner, J. / Müller, K. (2005): Konstruktivistische Schulpraxis. Beispiele für den Unterricht. Weinheim
Menzel, J. (2011): Feedback geben – Feedback als Kommunikation. München
Meyen, M. (2006): Wir Mediensklaven. Warum die Deutschen ihr halbes Leben auf Empfang sind. Hamburg
Meyer, H. (2003a): Unterrichtsmethoden. Bd. I u. II. 10. Aufl. Berlin
Meyer, H. (2005): Was ist guter Unterricht? 2. Aufl. Berlin
Mienert, M. / Pitcher, S. (2011): Pädagogische Psychologie. Wiesbaden
Miller, A. (2008): Am Anfang war Erziehung. Frankfurt
Möger, M. (2010): Zu Klaus Mollenhauers „Erziehung zur Emanzipation“. München
Möller, C. (1994): Technik der Lernplanung. 5. Aufl. Weinheim
Mohl, A. (2010): Der Zauberlehrling. Das NLP-Lern- und Übungsbuch. 10. Aufl. Paderborn
Molcho, S. (2006): ABC der Körpersprache. München
Mollenhauer, K. (1972): Was ist Erziehung. In: Weber: Der Erziehungs- und Bildungsbegriff im 20. Jahrhundert. Bad Heilbrunn, 121ff.
Mollenhauer, K. (1986): Erziehung und Emanzipation. Polemische Skizzen. 9. Aufl. München
Möller, C. (1976): Technik der Lernplanung. 5. Aufl. Weinheim / Basel
Möller, C. (2002): Die curriculare Didaktik. In: Gudjons, H. / Winkel, R.: Didaktische Theorien. Hamburg. 75ff.

MSW NRW (2004): Rahmenvorgabe für den Vorbereitungsdienst in Studienseminar und Schule. RdErl – 423.6.05.07.03 Nr. 2984/04
MSW NRW (2009): LZV 2009. Verfügbar unter: http://www.schulministerium.nrw.de/BP/Schulrecht/Lehrerausbildung/ [Zugriff: 15.5.2011]
MSW NRW (2010a): Entwurf einer Konzeption für den reformierten Vorbereitungsdienst für Lehrämter an Schulen vom 25. Oktober 2010 (unveröffentlicht)
MSW NRW (2010b): Schulgesetz für das Land Nordrhein-Westfalen. Verfügbar unter: http://www.schulministerium.nrw.de/BP/Schulrecht/Gesetze/SchulG_Info/index.html [Zugriff: 30.5.2011]
MSW NRW (2011a): Chancen NRW. Portal zur individuellen Förderung NRW. http://www.schulministerium.nrw.de/Chancen/index.html [Zugriff: 16.5.2011]
MSW NRW (2011b): Curriculare Vorgaben. Standardsicherung. Kernlehrpläne G 8. http://www.standardsicherung.nrw.de/lehrplaene/kernlehrplaene-sek-i [Zugriff: 22.5.2011]
MSW NRW (2011c): Verordnung über die Ausbildung und die Abschlussprüfungen in der Sekundarstufe I. http://www.schulministerium.nrw.de/BP/Schulrecht/APOen [Zugriff: 14.5.2011]
MSW NRW (2011d): Verordnung zur Reform der Vorbereitungsdienste für Lehrämter an Schulen vom 10.4.2011 (Zitiert als OVP 2011). Verfügbar unter: https://recht.nrw.de/lmi/owa/br_vbl_detail_text?anw_nr=6&vd_id=12664&ver=8&val=12664&sg=0&menu=1&vd_back=N [Zugriff: 3.5.2011]
Müller, F. (2010): Selbstständigkeit fördern und fordern. 4. Aufl. Weinheim
Migge, B. (2007): Handbuch Coaching und Beratung. 2. Aufl. Weinheim
Migge, B. (2011): Handbuch Business Coaching. Weinheim
Mutzek, W. (2008): Methodenbuch Kooperative Beratung. Supervision, Teamberatung, Coaching, Mediation, Unterrichtsberatung, Klassenrat. Weinheim
Neubauer, W. F. / Gampe, H. / Knapp, R. (2008): Schulische Konflikte bewältigen. Neuwied
Nieke, W. (2008): Kompetenz und Kultur: Beiträge zur Orientierung in der Moderne. Wiesbaden
Nohl, H. (2002): Die pädagogische Bewegung in Deutschland und ihre Theorie. 11. Aufl. Frankfurt/M.
OECD (2005): Projekt DeSeCo – Definition and Selection of Key Competencies. http://www.oecd.org/searchResult/0,3400,en_2649_33723_1_1_1_1_1,00.html
PÄDAGOGIK (2011): Heft 2, Schwerpunkt „Schüler beim Lernen beraten“. Weinheim
Peschel, F. (2010): Offener Unterricht. Band 1: Idee, Realität, Perspektive und ein praxiserprobtes Konzept zur Diskussion. Teil I: Allgemeindidaktische Überlegungen. 6. Aufl. Baltmannsweiler
Popp, K. / Melzer, C. / Methner, A. (2011): Förderpläne entwickeln und umsetzen. München
Popper, K. R. (2007): Logik der Forschung. Tübingen
Popper, R. / Kiesewetter, H. (2003): Gesammelte Werke Bd. 1: Die offene Gesellschaft und ihre Feinde. Tübingen
Raben, B. v. (2010): Portfolios in der Ausbildung pädagogischer Fachkräfte. Selbstorganisiert lernen – Lernentwicklung dokumentieren. Mülheim
Rahmenvorgabe für den Vorbereitungsdienst in Studienseminar und Schule (2004). RdErl. d. Ministeriums für Schule, Jugend und Kinder
Ratelband, E. (2005): Der Feuerläufer. 6 CDs. So schaffst du, was immer du willst! Konstanz
Rauen, C. (2008): Coaching: 2. Aufl. Göttingen
Rauen, C. (2009): Coaching-Tools II. 2. Aufl. Bonn
Reich, K. (2010): Systemisch-konstruktivistische Pädagogik. 6. Aufl. Weinheim
Reich, K. (2008): Konstruktivistische Didaktik. 4. Aufl. Weinheim
Reichel, R. / Svoboda, U. (2008): Selbstverantwortung fördern. Linz
Reichenbach, R. (2007): Soft skills. Destruktive Potentiale des Kompetenzdenkens. In: Pongratz, L. / Reichenbach, R. / Wimmer, M. (Hrsg.): Bildung – Wissen – Kompetenz. Bielefeld. 64ff.
Retzmann, T. (Hrsg.) (2006): Methodentraining für den Ökonomieunterricht. Schwalbach

Rheinberg, F. (2008): Grundriss der Psychologie. Motivation. 7. Aufl. Stuttgart
Rogers, C. R. (2004): Therapeut und Klient. 18. Aufl. Stuttgart
Rogers, C. R. (2005): Die klientenorientierte Gesprächspsychotherapie. 17. Aufl. Frankfurt
Rogers, C. R. (2008): Entwicklung der Persönlichkeit. 17. Aufl. Stuttgart
Rohlfs, C. / Harring, M. / Palentien, C. (Hrsg.) (2008): Kompetenz-Bildung: Soziale, emotionale und kommunikative Kompetenzen von Kindern und Jugendlichen. Wiesbaden
Roth, G. (2007): Fühlen, Denken, Handeln. Wie das Gehirn unser Verhalten steuert. 4. Aufl. Frankfurt
Roth, G. (2008): Persönlichkeit, Entscheidung und Verhalten: Warum es so schwierig ist, sich und andere zu ändern. 5. Aufl. Stuttgart
Roth, G. (2009): Aus Sicht des Gehirns. Frankfurt/M.
Roth, G. / Spitzer, M. / Caspary, R. (2008): Lernen und Gehirn. Der Weg zu einer neuen Pädagogik. 4. Aufl. Freiburg
Roth, H. (1971): Pädagogische Anthropologie Bd. 1. Hannover
Roth, H. (1993): Pädagogische Psychologie des Lehrens und Lernens. 16. Aufl. Hannover
Rousseau, J.-J. (1998): Emil oder Über die Erziehung. Bes. v. L. Schmidts. Stuttgart
Rüedi, J. (2007): Disziplin in der Schule. Plädoyer für ein antinomisches Verständnis von Disziplin und Klassenführung. 3. Aufl. Bern
Saum-Aldehoff, T. (2007): Big Five: Sich selbst und andere erkennen. Düsseldorf
Schaarschmidt, U. (2009): Die Potsdamer Lehrerstudie im Überblick. In. Seminar 1
Schäfer, K.-H. / Schaller, K. (1985): Kritische Erziehungswissenschaft und kommunikative Didaktik. Stuttgart
Schaffner, K. (2011) : Checkliste Coaching. Verfügbar unter: http://io-business.de/checklisten-personal-management-fuehrung-finanzen-controlling/coaching/ [Zugriff am: 20.05.2011]
Schaller, K. (1976): Einführung in die kritische Erziehungswissenschaft. In: Schäfer / Schaller: Kritische Erziehungswissenschaft und kommunikative Didaktik. 3. Aufl. Heidelberg. 9-74
Schaller, K. (1986): Einführung in die Kommunikative Pädagogik. Ein Studienbuch. Freiburg
Schaller, K. (1987): Pädagogik der Kommunikation. Annäherungen. Erprobungen. Sankt Augustin
Schmidt-Tanger, M. (2009): Gekonnt coachen. 2. Aufl. Paderborn
Schnack, J. / Timmermann, U. (2008): Kernkompetenz Selbstständigkeit. Was junge Menschen heute lernen müssen. In: PÄDAGOGIK 9, S.6-9
Schnebel, S. (2007): Professionell beraten. Beratungskompetenz in der Schule. Weinheim
Schulz v. Thun, F. (2011): Miteinander reden. Bd. 1: Störungen und Klärungen. Allgemeine Psychologie der Kommunikation. Bd. 2: Stile, Werte und Persönlichkeitsentwicklung. Differentielle Psychologie der Kommunikation. Bd. 3: Das „Innere Team“ und situationsgerechte Kommunikation. Reinbek
Schulz, W. (2002): Die lehrtheoretische Didaktik. In: Gudjons, H. / Winkel, R.: Didaktische Theorien. Hamburg 35-56
Schweer, M. (2008) (Hrsg.): Lehrer-Schüler-Interaktion. Pädagogisch-psychologische Aspekte des Lehrens und Lernens in der Schule (völlig neu überarb. Auflage). Wiesbaden
Schweer, M. (2010): Vertrauensforschung 2010. A state oft he Art. Frankfurt
Sedlaczek, R. (2006): Leet & Leiwand. Das Lexikon der Jugendsprache. Wien
Seifert, J. W. (2009): Visualisieren – Präsentieren – Moderieren. 23. Aufl. Bremen
Seitz, H. / Capaul, R. (2007): Schulführung und Schulentwicklung: Theoretische Grundlagen und Empfehlungen für die Praxis. 2 Aufl. Bern
Seiwert, L. J. (2006): Noch mehr Zeit für das Wesentliche. Zeitmanagement neu entdecken. München
SEMINAR (2010): Heft 4, Schwerpunkt „Beratung – Coaching – Supervision“. Hohengehren
Seyler, K.-H. (2007): Bildungsstandards Deutsch / Mathematik 5./6. Klasse: Tests zur Leistungsfeststellung. Puchheim
Siebert, H. (2009): Didaktisches Handeln in der Erwachsenenbildung. Didaktik aus konstruktivistischer Sicht. 6. Aufl. Augsburg

Siebert, H. (2010a): Methoden für die Bildungsarbeit. Leitfaden für aktivierendes Lehren. Bielefeld
Siebert, H. (2010b): Selbstgesteuertes Lernen und Lernberatung. Konstruktivistische Perspektiven. 3. Aufl. Augsburg
Skowronek, H. (1982): Psychologische Grundlagen einer Didaktik der Denkerziehung. Kognitive Prozesse und kognitive Strukturen. Hannover
Standop, J. (2005): Werte-Erziehung. Weinheim
Stangl, W. (o. J.): Lernziele. www.paedpsych.jku.at
stern.de (2007): Online-Sucht betrifft oft Jugendliche v. 19.11.2007. [15.08.2008]
Stiller, E. (2005): Lehrer werden – Lerner bleiben. Kompetenzen, Standards und Berufsbiografie. In: Kostrzewa, F. (Hrsg.); Kompetenzen von Lehrerinnen und Lehrern. Tagungsband. Eitorf 2005. 97ff.
Szabó, P. / Berg, I. K. (2009): Kurz(zeit)coaching mit Langzeitwirkung. Dortmund
Tausch, M. W. / Haas, L. (2003): Die Standard-Matrix, ein Paradigma für den Chemieunterricht. In: Praxis der Naturwissenschaften – Chemie in der Schule, 52 (1), 7
Tausch, R. / Tausch, A.-M. (1998): Erziehungspsychologie. 11. Aufl. Göttingen u. a.
Thiele, H. (1994): Lehren und Lernen im Gespräch. Gesprächsführung im Unterricht. Bad Heilbrunn
Terhart, E. (2009): Didaktik. Eine Einführung. Stuttgart
Thömmes, A. (2005): Produktive Unterrichtseinstiege. Mülheim
Tulodziecki, G. / Herzig, B. (2002): Computer & Internet im Unterricht. Berlin
Unruh, T. / Petersen, S. (2011): Guter Unterricht. 10. Aufl. Buxtehude
Walen, S. R. / DiGiuseppe, R. / Wessler, R. L. (2005): RET-Training. Stuttgart
Walker, J. (2008): Der gefühlte Sprachverfall. In: taz online 14.6.2008. [15.08.2008]
Watzlawick, P. (2007): Wie wirklich ist die Wirklichkeit? 14. Aufl. München
Watzlawick, P. (2008): Die erfundene Wirklichkeit. München
Watzlawick, P. / Beavin, J. H. / Jackson, D. D. (2010): Menschliche Kommunikation. 12. Aufl. Bern / Stuttgart / Wien
Wehlinger, U. (2010): Eltern beraten, begeistern, einbeziehen. Freiburg
Wehrle, M. (2010): Die 100 besten Coaching-Übungen. Bonn
Weick, G. / Schur, W. (2008): Wenn E-Mails nerven. Frankfurt/M
Weidenmann, B. (2006): Gesprächs- und Vortragstechnik. Für alle Trainer, Lehrer, Kursleiter und Dozenten. 4. Aufl. Weinheim
Weinert, F. E. (2001a): Vergleichende Leistungsmessung in Schulen – eine umstrittene Selbstverständlichkeit. In: Weinert, F. E. (Hrsg.): Leistungsmessung in Schulen. Weinheim und Basel
Weinert, F. E. (Hrsg.) (2001b): Leistungsmessung in Schulen. Weinheim und Basel
Wengert, H. G. (2008): Leistungsbeurteilung in der Schule. In: Bovet, S. / Huwendiek, V. (Hrsg.): Leitfaden Schulpraxis. 5. Aufl. Berlin. 294ff.
Wiechmann, J. (Hrsg.) (2011): 12 Unterrichtsmethoden. 5. Aufl. Weinheim
Willenberg, H. (2007): Kompetenzhandbuch für den Deutschunterricht. Baltmannsweiler
Willmann, O. (1998): Didaktik der Bildungslehre. 7. Aufl. Freiburg
Winkel, R. (2002): Die kritisch-kommunikative Didaktik. In: Gudjons, H. / Winkel, R.: Didaktische Theorien. Hamburg. 93-112
Winkel, R. (2004): Pädagogische Psychiatrie für Eltern, Lehrer und Erzieher. 4. Aufl. Baltmannsweiler
Winkel, R. (2009): Der gestörte Unterricht. 9. Aufl. Baltmannsweiler
Winter, F. (2011): Leistungsbewertung. Eine neue Lernkultur braucht einen anderen Umgang mit Schülerleistungen. 4. unveränderte Aufl. Baltmannsweiler
World Vision Deutschland (Hrsg.) (2010): Kinder in Deutschland 2010. Frankfurt
Ziener, G. (2009): Bildungsstandards in der Praxis. Seelze
Zimmermann, P. (2011): Grundwissen Sozialisation. 4. Aufl. München